회계
무작정 따라하기

회계 무작정 따라하기
The Cakewalk Series - Accounting

초판 발행 · 2025년 5월 9일

지은이 · 박동흠
발행인 · 이종원
발행처 · (주)도서출판 길벗
출판사 등록일 · 1990년 12월 24일
주소 · 서울시 마포구 월드컵로 10길 56(서교동)
대표전화 · 02)332-0931 | **팩스** · 02)322-0586
홈페이지 · www.gilbut.co.kr | **이메일** · gilbut@gilbut.co.kr

책임편집 · 이재인(jlee@gilbut.co.kr) | **마케팅** · 정경원, 김진영, 조아현, 류효정
제작 · 이준호, 손일순, 이진혁 | **유통혁신** · 한준희 | **영업관리** · 김명자, 심선숙, 정경화 | **독자지원** · 윤정아

편집 및 교정교열 김동화 | **전산편집** 예다움 | **CTP 출력 및 인쇄** 금강인쇄 | **제본** 경문제책

▶ 이 책은 저작권법의 보호를 받는 저작물로 이 책에 실린 모든 내용, 디자인, 이미지, 편집 구성은 허락 없이 복제하거나 다른 매체에 옮겨 실을 수 없습니다.
▶ 인공지능(AI) 기술 또는 시스템을 훈련하기 위해 이 책의 전체 내용은 물론 일부 문장도 사용하는 것을 금지합니다.
▶ 잘못 만든 책은 구입한 서점에서 바꿔 드립니다.

ⓒ박동흠, 2025

ISBN 979-11-407-1316-5 03320
(길벗도서번호 070530)

정가 22,000원

독자의 1초를 아껴주는 길벗출판사

(주)도서출판 길벗 IT단행본, 성인어학, 교과서, 수험서, 경제경영, 교양, 자녀교육, 취미실용 www.gilbut.co.kr
길벗스쿨 국어학습, 수학학습, 주니어어학, 어린이단행본, 학습단행본 www.gilbutschool.co.kr

회계
무작정 따라하기

박동흠 지음

프롤로그

이 세상 모든 안영이 씨에게

〈미생〉이라는 드라마 혹은 웹툰을 본 적이 있나요? 한 직장 상사가 안영이 씨에게 빨리 회계 공부를 하라고 이야기합니다. 왜일까요? 회계는 기업의 ○○이기 때문입니다. 그렇다면 ○○는 무엇일까요?

정답은 '언어'입니다. 보통 회계를 '기업의 언어', '경영의 언어'라고 이야기합니다. 기업의 구성원들은 각자의 부서에서 매일매일 아주 많은 활동을 합니다. 조달한 자본으로 연구개발을 하기도 하고, 시설투자를 하기도 합니다. 구매 부서에서는 원재료를 사고, 생산 부서에서는 제조를 합니다. 영업 부서에서는 판매를 하고 대금을 회수하죠. 인사, 총무, 자금, 회계 부서에서는 회사 관리와 관련된 전반적인 업무를 지원합니다. 기업마다 부서의 명칭이 다르고, 하는 일도 조금씩 차이가 있지만 대개 이렇게 움직입니다.

기업 내부에서 일어나는 활동들은 기업의 목표 달성과 위험 회피를 위해 통제를 받습니다. 모든 행위는 문서화되어야 하고, 그 문서는 검증을 받고 상급자의 승인을 얻어야 합니다. 그 과정에서 현금이 유입되기도 하고 유출되기도 하죠. 유입된 현금은 자산의 처분이거나 수익의 발생일 수 있습니다. 유출된 현금은 부채의 상환이거나 비용의 발생일 수 있습니다. 이런 부분들은 회계 처리를 거쳐 재무상태표, 손익계산서로 작성됩니다.

〈미생〉에서 안영이 씨는 정치외교학을 전공했지만, 상사는 회계 공부를 하라고 이야기합니다. 관련 전공을 살려 커리어를 잘 쌓으면 되는데, 왜 굳이 그녀와 관련 없어 보이는 공부를 하라고 한 것일까요? 안영이 씨를 회사의 핵심 인재로 키우고 싶어서가 아니었을까요?

커리어상 성공을 하려면 회계는 필수입니다. 어떤 행위가 회사의 자산과 수익 증가에 얼마나 기여하는지, 비용과 부채 감소에 도움이 되는지 등을 판단하는 것은 물론이고, 회사 전체의 숫자를 보는 힘을 키워야 임원 승진까지 바라볼 수 있습니다. 물론 자신이 속한 부서 안에서만 잘해도 큰 문제는 없지만, 성장에는 분명 한계가 올 수밖에 없습니다.

기업 내부에서 일어나는 모든 활동의 결과물은 결국 자산, 부채, 수익, 비용으로 표현됩니다. 그렇기 때문에 기업에 속한 모든 구성원은 회계와 떼려야 뗄 수 없는 사이입니다. 전공과 관련 없이 어느 정도는 알고 있어야 한다는 이야기입니다.

필자는 재무제표 분석 실무와 관련하여 은행과 증권사에서 강의를 많이 합니다. 기업 부실 여부나 투자 목적으로 기업을 분석해야 하기 때문에 금융권 강의가 많은 편이죠. 그렇다고 금융권에서만 강의를 하는 것은 아닙니다. 대기업, 중견기업, 공기업 등에서도 강의를 많이 합니다.

신입사원들에게 재무 교육을 시키는 곳도 있지만, 대부분은 일정 직급 이상에게 교육을 시킵니다. 중간관리자 이상의 위치가 되면 다른 부서와 협업도 해야 하고, 회사의 전체적인 흐름을 알아야 하기 때문이죠. 많은 기업이 IT 부서, 조선소에서 선박을 용접하는 부서, 원자재를 매입하는 부서 등 회계와 전혀 관련 없어 보이는 부서의 구성원들에게도 회계 공부를 시킵니다.

비경상 계열 전공자들은 회계가 어렵다고 이야기합니다. 사실 회계로 먹고사는 필자는 IT나 제조 관련 부서 일이 100배는 더 어려워 보입니다. 결국은 상대적인 것이죠.

커리어 성장을 위해 회계와 기업 분석 등을 공부해야 하는 비전공자라면 어려워 보이는 이론적인 내용을 자신의 경제활동과 접목시키면서 상식적으로 이해하는 것이 가장 좋습니다. 그런 다음 유명 기업들의 다양한 사례를 살펴보면 잘 와닿을 것입니다.

이 책은 그런 식으로 접근했습니다. 따라서 실무와 분석, 2마리 토끼를 모두 잡을 수 있을 것입니다. 또한 커리어에 도움이 되었으면 하는 바람으로 회사에서 많이 다루는 원가관리회계 파트도 포함시켰습니다. 회사에서 관리회계를 잘하면 보다 빨리 성공의 길에 오를 수 있으니 펜과 연습장을 준비해 계산 문제들을 풀어보기 바랍니다.

회계는 언젠가는 넘어야 할 산입니다. 중간에 무너지지 말고, 이번 기회에 꼭 정복하기 바랍니다. 내려오는 발걸음을 가볍게 하고, 다가올 미래를 설계하는 데 이 책이 조금이나마 도움이 되었으면 좋겠습니다.

박동흠

차례

프롤로그 이 세상 모든 안영이 씨에게 · · · 004

준비마당 — 우리집 재무제표를 만들어보자

001 기업 살림은 재무제표를 보면 알 수 있다 · · · 020
회사의 성적표 · · · 020

002 연말정산 자료로 손익계산서를 만들어보자 · · · 022
올해 내 살림 솜씨는 몇 점? · · · 022
【잠깐만요】 비용과 지출의 차이 · · · 024
【잠깐만요】 투자 성향에 따른 구분 · · · 024
사례로 익히는 손익계산서 · · · 025
【잠깐만요】 손익계산서 작성 기준은 세전? 세후? · · · 027

003 수익과 비용을 인식하는 기준 · · · 028
신용카드를 쓰면 지출은 오늘일까, 결제일일까? · · · 028
기업은 발생일이 기준 · · · 029
【잠깐만요】 발생주의와 현금주의의 차이 · · · 030

004 우리집 자산은 모두 얼마일까? · · · 031
재무상태표 작성 요령 · · · 031
사례로 익히는 재무상태표 · · · 032
【잠깐만요】 차변과 대변 · · · 033

005 기업 회계가 어려워 보이는 이유 · · · 034
3가지만 극복하면 회계가 쉬워진다 · · · 034
【무작정 따라하기】 나의 재무상태표를 그려보자 · · · 036

첫째마당

알쏭달쏭 회계 상식

006 회계 기간은 1월 1일부터 12월 31일까지? — 044
1년간의 결과보고서 — 044
기업마다 다른 회계 기간 — 045

007 자본과 자산의 차이 — 047
자산은 돈이 되는 것들 — 047
자본은 자산을 만들기 위한 밑천 — 048

008 차입금과 부채 — 050
차입금은 부채의 한 종류 — 050

009 유동자산과 비유동자산을 나누는 기준 — 052
유동과 비유동의 기준은 1년 — 052
구분할 필요 없는 자본 — 053

010 수익과 비용은 현금의 이동이다? — 054
거래가 발생했다는 사실 — 054
감가상각비는 사용한 비용 — 055

011 수익과 이익은 무엇이 다를까? — 057
수익보다 중요한 이익 — 057
기업의 매출액부터 당기순이익까지 — 058
[잠깐만요] 수익·비용 대응의 원칙 — 059

012 기업 재무제표는 어디에서 볼 수 있을까? — 060
재무제표가 모여 있는 '다트' — 060
[잠깐만요] 감사 결과에 따른 구분 — 062
[무작정 따라하기] 알쏭달쏭 회계 퀴즈 — 064

둘째마당

회계 처리의 시작, 자산=부채+자본

013 초간단 복식부기의 원리 — 070
왼쪽에 한 번, 오른쪽에 한 번 — 070
[잠깐만요] 대차대조표에서 재무상태표로 — 071
차변과 대변의 합은 항상 같다 — 071

014 16가지 경우의 수만 알면 회계 처리 끝 — 074
회계 처리 발생의 원인과 결과 — 074
결국 자산은 부채와 자본의 합 — 075

015 자산이 증가하는 4가지 경우 — 077
경우 ① 부채 증가 — 077
경우 ② 자본 증가 — 078
[잠깐만요] 주식 거래의 역사 — 078
경우 ③ 자산 감소 — 079
경우 ④ 수익 발생 — 079

016 부채가 감소하는 4가지 경우 — 080
경우 ⑤ 부채 증가 — 080
경우 ⑥ 자본 증가 — 081
경우 ⑦ 자산 감소 — 082
경우 ⑧ 수익 발생 — 082

017 자본이 감소하는 4가지 경우 — 083
경우 ⑨ 부채 증가 — 083
경우 ⑩ 자본 증가 — 084
경우 ⑪ 자산 감소 — 085
경우 ⑫ 수익 발생 — 086

018 비용이 발생하는 4가지 경우 — 087
경우 ⑬ 부채 증가 — 087
경우 ⑭ 자본 증가 — 088
경우 ⑮ 자산 감소 — 089
경우 ⑯ 수익 발생 — 089
[무작정 따라하기] 직접 해보며 익히는 회계 처리 — 091

셋째 마당 › 사업을 운영할 때

019 자본을 투입해 사업을 시작합니다 — 100
자본과 자본금 — 100
(잠깐만요) 비상장 주식회사 — 101
사무실 임차비용의 회계 처리 — 102

020 투자를 받았습니다 — 104
주식 발행하기 — 104
(잠깐만요) 기업의 가치는 어떻게 정할까? — 105
받은 투자금의 회계 처리 — 105

021 직원을 채용했습니다 — 107
급여의 회계 처리 — 107
(잠깐만요) 월급 날짜의 비밀 — 107
(잠깐만요) 근로소득세의 원리 — 109
급여에 따른 세금의 회계 처리 — 109

022 신제품을 연구개발합니다 — 111
연구개발비의 회계 처리 — 111
연구개발비는 투자일까, 비용일까? — 112

023 인수·합병을 통해 회사를 키우려고 합니다 — 115
인수와 합병의 차이 — 115
인수의 회계 처리 — 116
(잠깐만요) 권리금을 내고 인수한 국수집이 장사가 잘 안 된다면? — 119
(무작정 따라하기) 알쏭달쏭 회계 퀴즈 — 121

넷째 마당 — 자산을 취득할 때

024 땅을 샀습니다 — 128
- 선급금의 회계 처리 — 128
- 토지 사용에 따른 회계 처리 — 129

025 대출을 받아 공장을 짓습니다 — 132
- 차입금의 회계 처리 — 132
- 건설중인자산의 회계 처리 — 133
- 유형자산 취득 — 135

026 사용한 만큼 감가상각을 해보겠습니다 — 137
- 시간이 흐른 만큼 가치가 감소하는 감가상각 — 137
- 감가상각 기간은 어떻게 정할까? — 138
- 감가상각을 하는 2가지 방법 — 139
- [무작정 따라하기] 감가상각비 계산하기 — 141

027 사용하던 자산을 매각했습니다 — 142
- 사용하던 유형자산 매각 시 회계 처리 — 142
- [잠깐만요] 아직 더 쓸 수 있다고? — 143
- [무작정 따라하기] 알쏭달쏭 회계 퀴즈 — 145

다섯째 마당 — 제품을 생산하고 판매할 때

028 판매를 위해 보유 중인 재고자산 — 152
- 제품과 상품의 차이 — 152
- 재고자산의 종류 — 153
- [잠깐만요] OEM과 ODM — 155

029 생산을 위해 원재료를 구매했습니다 — 156
- 원재료 구매 시 회계 처리 — 156
- 환율 변동에 따른 회계 처리 — 157

| 잠깐만요 | 환율의 기준 | 159 |

030 재고자산의 단위원가 방법을 결정합니다   160
평균법과 선입선출법   160
원가 결정 방식에 따라 달라지는 단위원가   161
| 잠깐만요 | 평균법과 선입선출법의 장단점   162

031 제품을 만들어 판매합니다   164
제품 생산 시 발생한 비용에 대한 회계 처리   164
재공품에 대한 회계 처리   166

032 고객이 제품을 구매했습니다   168
현금매출, 외상매출, 선수금 거래의 회계 처리   168
장기 구독형 상품의 회계 처리   170
| 잠깐만요 | 할인쿠폰의 회계 처리   171
| 잠깐만요 | 배송비는 어떻게 처리될까?   171

033 부가가치세를 회계 처리합니다   172
부가가치세란?   172
팔 때는 부가세예수금, 살 때는 부가세대급금   173
부가세 신고 방법   174

034 1년 이상의 장기 사업 매출 관리하기   176
사업 첫해 매출 회계 처리   176
사업 종료까지의 회계 처리   177

035 거래처가 외상대금을 갚지 않아요   179
떼인 돈 받을 때까지 대손충당금   179
외상대금을 받았을 때의 회계 처리   182
외상대금을 받지 못했을 때의 회계 처리   183

036 제품을 폐기해야 합니다   184
원가와 이익 구하기   184
제품 폐기 시 회계 처리   186

037 고객이 제품을 환불/반품했어요   188
미리미리 반품충당부채   188
반품 시 회계 처리   189

| 038 | **제품을 떨이로 팔았어요** | **191** |

재고자산 평가하기 　191
손실로 처리한 제품을 팔았을 때의 회계 처리 　192
[무작정 따라하기] 알쏭달쏭 회계 퀴즈 　194

여섯째마당
효율적인 사업 운영을 위한 원가관리회계

| 039 | **회계의 4가지 종류** | **202** |

회계 종류별 특성 　202
[잠깐만요] 일반회계기준과 한국채택국제회계기준 　204

| 040 | **원가에 영향을 미치는 직접비와 간접비** | **205** |

냉면의 원가는 얼마일까? 　205
냉면집 순이익을 계산하자 　207
원가 계산이 중요한 이유 　210

| 041 | **활동마다 비용을 계산하는 활동원가계산** | **211** |

활동원가계산(ABC)이란? 　211
활동원가계산 적용 사례 　212
[잠깐만요] 활동원가계산 도입 시 주의해야 할 점 　214

| 042 | **손익분기점을 계산해봅시다** | **215** |

이익과 손실을 나누는 기준 　215
손실 방어막 안전한계 　216
[잠깐만요] 신사업의 손익분기점 구하기 　217

| 043 | **이익을 늘리는 고정비 절감 효과** | **218** |

영업레버리지란? 　218
[잠깐만요] 고정비의 종류 　220
고정비를 줄일 수 없다면 판매량을 늘려라 　220
[잠깐만요] 이익을 늘리기 위해 줄여야 하는 것들 　222

| 044 | **제품 판매가격을 결정합시다** | **223** |

최소 판매가격 구하기 　223

045 적자가 나는데 계속 팔아야 할까요?   **225**

고정비는 사라지지 않는다   225
[잠깐만요] 제품 생산을 중단해야 하는 때   227

046 어떤 제품을 주력으로 팔아야 할까요?   **228**

시간당 공헌이익을 살펴보자   228
[무작정 따라하기] 알쏭달쏭 회계 퀴즈   230

일곱째마당 — 자금을 운용해 투자할 때

047 기업도 투자 성향에 따라 투자합니다   **238**

기업마다 다른 투자 성향   238

048 예적금에 투자합니다   **242**

장·단기금융상품의 회계 처리   242
이자수익과 이자비용의 회계 처리   244

049 주식과 채권에 투자합니다   **248**

매도가능증권이란?   248
주식과 채권을 팔았을 때의 회계 처리   250

050 부동산에 투자합니다   **252**

투자 목적의 부동산 회계 처리   252
매각 시 회계 처리   253
[무작정 따라하기] 알쏭달쏭 회계 퀴즈   255

여덟째 마당 — 재무상태표와 손익계산서를 작성합니다

051 유동자산의 종류와 회계 처리 사례 — 264
- 분개장과 재무제표 — 264
- 유동자산의 회계 처리 — 266

052 비유동자산의 종류와 회계 처리 사례 — 271
- 비유동자산의 회계 처리 — 271

053 유동부채의 종류와 회계 처리 사례 — 275
- 유동부채의 회계 처리 — 275

054 비유동부채의 종류와 회계 처리 사례 — 283
- 비유동부채의 회계 처리 — 283

055 자본의 종류와 회계 처리 사례 — 287
- 자본의 회계 처리 — 287

056 손익계산서 작성과 회계 처리 정리 — 291
- 상장 기업과 비상장 기업의 손익계산서 — 291
- 손익계정의 회계 처리 — 294
- [무작정 따라하기] 알쏭달쏭 회계 퀴즈 — 300

아홉째 마당 — 회사의 재무제표를 분석합니다

057 재무제표를 볼 줄 알아야 하는 이유 — 308
- 누구에게나 재무제표는 필수 과목 — 308

058 재무 안정성을 검토해봅시다 — 310
- 자본이 많으면 안정적이다? — 310
- 유동성이 풍부하면 안정적이다? — 312
- 안정성은 뚜껑을 열어봐야 알 수 있다 — 314

059 재무상태표 분석을 위해 계정을 분류해봅시다 — **320**
- 자산을 비영업자산과 영업자산으로 구분 — 320
- 부채를 차입부채와 영업부채로 구분 — 325
- 기업 재무제표 분석해보기 — 329

060 손익계산서를 제대로 읽어봅시다 — **339**
- 손익계산서의 의미 — 339
- 기업의 위치가 중요하다 — 342
- 매출 증가 가능성을 분석하자 — 349
- 기업의 이익극대화는 비용에 달렸다 — 354

061 영업 외 부분에서 중요한 것 — **364**
- 영업외수익과 영업외비용 — 364
- 그래도 결국은 영업이익 — 367

062 재무비율을 구해봅시다 — **370**
- 재무비율의 6가지 종류 — 370
- 1. 수익성비율 — 371
- 2. 성장성비율 — 376
- 3. 안정성비율 — 379
- 4. 채무 상환 능력 — 383
- 5. 유동성비율 — 387
- 6. 효율성비율 — 391

063 현금흐름표를 분석해봅시다 — **401**
- 현금흐름표를 만드는 이유 — 401
- 현금흐름표의 구성 — 402
- 1. 영업활동현금흐름 — 405
- 영업활동으로 인한 자산부채의 변동 — 408
- 2. 투자활동현금흐름 — 414
- 재무활동현금흐름을 결정하는 잉여현금흐름 — 418
- 3. 재무활동현금흐름 — 420
- 현금흐름이 좋은 기업과 나쁜 기업 — 423
- [무작정 따라하기] 알쏭달쏭 회계 퀴즈 — 428

- **001** 기업 살림은 재무제표를 보면 알 수 있다
- **002** 연말정산 자료로 손익계산서를 만들어보자
- **003** 수익과 비용을 인식하는 기준
- **004** 우리집 자산은 모두 얼마일까?
- **005** 기업 회계가 어려워 보이는 이유

준비마당

우리집 재무제표를 만들어보자

회계 무작정 따라하기

회계 이야기

회계 공부를 해야 하는 이유

회계 실무자 외에 어떤 사람들이 회계 공부를 해야 할까요? 정답은 '누구나'입니다. 재무 직군에 속한 사람들 외에도 모든 사람이 회계를 알아야 더 나은 삶을 살 수 있습니다. 왜일까요?

첫 번째, 취업 준비생 또는 이직을 준비하는 직장인이라면 누구나 자신이 들어가는 회사가 얼마나 안정적인지, 돈을 잘 벌고 있는지 반드시 점검해야 합니다. 합격의 기쁨도 잠시, 회사가 부도가 나 문을 닫거나 재정이 어려워져 월급을 받지 못하는 일이 벌어져선 절대 안 되겠죠. 매년 실적이 성장 추세에 접어든 회사라면 성과급도 잘 나올 것입니다. 그런 회사는 놓치지 말아야겠죠.

두 번째, 투자자에게 회계 공부는 전공 필수 과목이나 마찬가지입니다. 피땀 흘려 번 돈을 좋은 회사에 투자해 이익을 거두려면 투자하려는 회사가 정말 좋은 곳인지 검증해봐야겠죠? 재무적으로 탄탄하고 수익과 이익이 잘 나오는 회사인지 구분할 줄 알아야 합니다. 잘 모르는 회사에 투자했는데 거래정지나 상장폐지를 당하는 일이 발생해선 안 되겠죠. 일이 터지고 나서 그 회사의 재무제표를 보면 만년 적자에 자본잠식이 코앞임을 뒤늦게 알게 될 것입니다.

세 번째, 이커머스 채널이 많아지다 보니 플랫폼에 입점해 판매 사업을 하는 창업자가 많아졌습니다. 네이버나 쿠팡 같은 대기업이 아닌 곳에 입점했다가 피해를 본 사례가 꽤 있었습니다. 티몬, 위메프가 대표적인 예죠. 사전에 이들 기업의 재무상태표를 살펴봤다면 불안한 재무구조와 계속해서 쌓이는 부채로 대금 미지급에 대한 위험을 어느 정도 감지할 수 있었을 것입니다. 사업하기 바빠 재무상태표를 살피기 어려운 것도 어느 정도 이해는 하지만, 이렇게 일이 터지면 재산상의 피해를 입게 됩니다. 따라서 거래하기 전에 상대의 재무제표를 보는 습관을 기르는 것이 좋습니다.

네 번째, 소비자도 회사의 숫자를 봐야 합니다. 물론 자동차나 스마트폰을 사면서 현대차와 삼성전자의 재무제표까지 살펴볼 필요는 없습니다. 그러나 향후 A/S가 필요할 수도 있는 중소기업 제품이나 가방 등을 구매할 때는 회사의 안정성 정도는 살펴보는 것이 좋습니다. 제품을 구매했는데 이후에 회사가 망해 서비스를 받지 못하는 일이 발생하면 굉장히 난감해질 수도 있습니다.

작은 상조회사에 가입할 때도 마찬가지입니다. 추후에 힘든 일을 당했을 때 상조 서비스를 받아야 하는데, 회사가 회원들에게 받은 상조회비를 금융자산으로 굴린 게 아니라 사장님이 개인 용도로 쓰다 모두 날린 경우도 있었습니다.

또 여행사에 상품을 예약하고 돈까지 다 지불했는데 갑자기 여행사가 부도가 난 경우도 있었고, 낸 돈보다 더 많은 포인트를 제공한다며 수많은 고객을 모집했는데 갑자기 서비스를 중지한 회사도 있었습니다. 이런 일을 당하지 않으려면 반드시 회계 공부를 해야 합니다.

'굳이 회계를 몰라도 사는 데 아무 지장이 없어'라고 생각할 수도 있습니다. 하지만 우리 삶의 궤적을 둘러보면 회계야말로 여기저기에서 꽤 많이 필요하다는 사실을 알게 될 것입니다. 곤란한 일이 생기기 전에 미리 준비해 잘 대응해나가기 바랍니다.

001 기업 살림은 제무제표를 보면 알 수 있다

회사의 성적표

재무제표는 회사에서 숫자와 관련해 발생한 여러 거래나 사건을 회계 처리한 결과물과 같습니다.

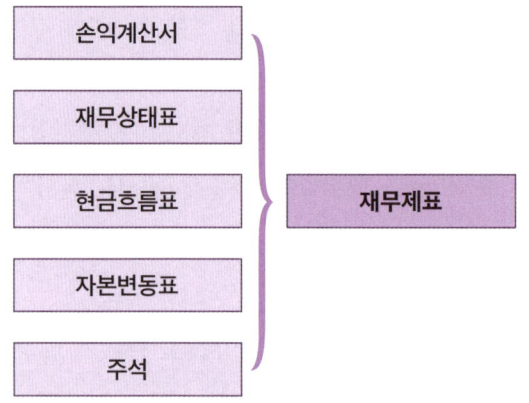

1년 동안 사고팔면서 발생한 수익과 비용을 집계하면 손익계산서가 만들어집니다. 그러면 우리는 이 회사가 1년 동안 얼마나 많은 수익을 냈는지, 적자인지 혹은 흑자인지 알 수 있습니다.

연말에 갖고 있는 자산과 갚아야 하는 부채가 얼마나 남았는지 정리하면 재무상태표가 됩니다. 이 표를 통해 우리는 회사의 재무 구조가 안정적인지 불안정한지를 판단할 수 있습니다.

또한 회사가 1년 동안 번 돈과 쓴 돈의 흐름을 정리해 현금흐름표라는 것도 만듭니다. 나중에 차차 살펴보겠지만 기업의 수익과 비용에는 외상 거래*도 있고, 현금 자체가 아예 발생하지 않는 수익과 비용도 있어 손익계산서로 현금흐름을 따라가는 건 무척 어렵습니다. 그래서 현금흐름표를 만드는 것입니다.

이외에도 자본변동표와 재무제표 주석사항이 있습니다. 지금 다 설명하면 너무 복잡하고 길어지니 하나씩 알아가는 것이 좋겠죠? 어쨌든 재무제표는 회사 숫자와 관련된 여러 표를 합쳐서 말하는 것이며, 회사의 성적표라고 생각하면 됩니다.

> **알아두세요**
>
> **외상 거래**
>
> 상품을 구입하거나 서비스를 제공받을 때 그 시점에 대금을 지급하지 않고 일정 기간이 지난 후에 지급하는 것을 말합니다.
>
> 외상 거래를 하는 가장 큰 이유는 결제의 간편성 때문입니다. 지갑에 무겁게 돈뭉치를 들고 다니는 것보다 신용카드를 들고 다니는 게 편하니까요.
>
> 기업은 여러 가지 이유로 외상 거래를 합니다. 결제의 간편성도 있지만, 제품에 하자가 있는지 확인한 뒤 대금을 주고 싶기 때문이죠. 그 제품을 다시 판매하는 사업을 하는 입장에서는 판매대금이 들어오면 입금해주고 싶은 마음이 클 것입니다.
>
> 기업들이 이런저런 이유로 외상 거래를 많이 하다 보니 연말에 주고받을 돈 성격의 채권, 채무가 기업의 재무상태표에 많이 표시될 수밖에 없습니다.

회계
무작정 따라하기

002 연말정산 자료로 손익계산서를 만들어보자

올해 내 살림 솜씨는 몇 점?

손익계산서는 일정 기간 동안 발생된 수익과 비용을 집계하는 표입니다. 주식시장에 상장된 기업들은 분기마다 손익계산서를 작성해 공시합니다. 수많은 주주가 궁금해하기 때문에 공시 기간이 짧습니다. 반면 비상장 기업은 이해관계자가 적어 1년에 한 번 작성합니다.

여러분은 매일매일 가계부를 쓰나요? 가계부 애플리케이션(이하 '앱') 기능이 좋아 매일 쓰는 분들도 있을 것입니다. 하지만 바빠서 그럴 시간이 없다면 1년에 한 번 연말정산을 할 때 손익계산서를 만들어보는 것이 어떨까요? 지난 1년간 얼마를 벌었고 모았는지 확인하면 개인적인 결산도 되고, 새해 목표도 세울 수 있어 큰 보람을 느낄 수 있습니다.

직업병이라고 생각할 수 있지만, 저는 사회초년생이었을 때부터 지금까지 20년 넘게 손익계산서를 만들고 있습니다. 제가 꾸린 집안 살림이 조금씩 늘어나는 것을 확인하면 무척이나 뿌듯하고, 내년에는 일도 많이 하고 열심히 재테크도 해야겠다고 다짐하게 됩니다.

개인의 손익계산서를 만드는 일은 전혀 어렵지 않습니다. 직장인이라면 다니는 회사에서 연말정산 때 받는 소득 자료가 수익이 될 것입니다. 소비를 할 때는 주로 체크카드와 신용카드를 사용하니 국세청의 연말정산 간소화 자료를 통해 1년 치 내역을 확인할 수 있습니다. 대중교통, 도서 및 공연, 전통시장 항목으로 분류까지 해주는데, 통신비, 외식비, 생활용품, 식자재비, 사교육비 등으로 더 자세히 분류하고 싶다면 가계부 앱을 쓸 것을 추천합니다.

많은 사람이 근로나 사업 등을 통해 창출한 소득에서 생활비를 쓰고 남은 돈으로 저축을 합니다. 이 돈이 부족하다면 재테크를 하거나 아르바이트를 할 것입니다. 여기서 발생하는 소득과 비용도 우리의 자본을 구성하니 개인의 손익계산서는 다음과 같이 만들 수 있습니다.

손익계산서 작성 요령

손익계산서	
	수익(급여, 사업소득)
−	비용(생활비)
=	이익
+	재테크 관련 수익
−	재테크 관련 손실
−	대출이자
−	소득세(연말정산)
=	순이익(남은 돈)

급여나 사업소득은 주 수입원이고, 생활비는 거의 매일 발생되는 비용입니다. 그래서 반복적으로 발생되는 수익과 비용을 윗단에 표시했습니다. 수익에서 비용을 뺀 것을 '이익'이라고 합니다. 이외에 비반복적으로 발생하는 수익과 비용도 있습니다.

개인 성향에 따라 재테크 방법도 다를 것입니다. 공격형 투자자는 주식, 채권, 코인 등 여러 상품에 투자할 것이고, 안정형 투자자는 예금, 적금 위주로 선택할 것입니다. 상황이 여의치 않으면 아예 투자를 하지 못하는 경우도 있겠죠. 여기서 발생하는 이자수익, 배당수익, 매도이익(손실)은 재테크 관련 수익과 손실로 집계할 수 있습니다.

대출이자 역시 사람마다 다를 것입니다. 대출이 없어 아예 내지 않는 사람도 있고, 몇 년 내에 갚고 끝나는 경우도 있고, 매년 일정 금액 이상을 상당 기간 동안 내야 하는 경우도 있을 것입니다.

이런 성격의 수익과 비용은 비반복적이므로 이익 아랫단에 표시했습니다. 최종적으로 소득세까지 내고 나면 연간 순이익이 계산됩니다.

잠깐만요 | 비용과 지출의 차이

비용과 지출은 무엇이 다를까요? 우리가 어떤 상품을 구입할 때 수중에 있는 돈이 빠져나가면 '지출'이라고 합니다. 그런데 기업은 외상 거래가 일상이기 때문에 실제로 거래하면서 돈이 나가지 않는 경우도 있습니다. 그리고 돈이 나가지 않는데 비용으로 인식해야 하는 경우도 있죠. 나중에 살펴볼 감가상각비가 대표적인 예입니다. 그래서 기업들은 거래하면서 돈이 나간 지출, 돈은 나가지 않았지만 지출 성격의 비용, 외상 구매 등을 다 합쳐 '비용'으로 처리합니다.

잠깐만요 | 투자 성향에 따른 구분

여윳돈을 굴리는 방법은 예금, 적금, 주식, 채권, 펀드, ETF, 코인, 부동산 등 정말 다양합니다. 더 세분화하면 시중은행 예금, 저축은행 예금, 한국 주식, 미국 주식, 아파트, 기타 부동산 등으로 나눌 수도 있습니다.

그런데 이런 투자처에 돈을 넣기 전에 먼저 자신의 투자 성향을 파악하는 것이 좋습니다. 증권계좌를 개설할 때 투자자 정보확인서라는 것을 작성하면서 본인의 투자 경력이나 성향을 입력하게 되어 있습니다. 성향이 바뀔 수도 있으니 주기적으로 업데이트할 것을 요구하죠.

증권사의 투자자 정보확인서는 원금 손실 가능성을 어디까지 인내하고 얼마나 높은 수익을 원하는가에 따라 공격투자형, 적극투자형, 위험중립형, 안정추구형, 안정형 등으로 나누고 있습니다.

대개 원금 손실 가능성과 수익률 등에 따라 투자 성향이 결정됩니다. 예금과 적금은 은행이 망하지 않는 한, 원금 손실 위험이 전혀 없습니다. 대신 이자수익률이 매우 낮죠. 이런 작은 이자수익도 만족스럽다면 안정형 투자자일 것입니다. 반대로 원금 손실 가능성이 있지만 높은 수익을 가져다줄 수 있는 주식, 채권, 펀드, 코인, 부동산 등에 투자하는 데 망설임이 없다면 공격형 투자자일 것입니다.

사례로 익히는 손익계산서

연봉 5,000만 원과 상여 1,000만 원을 받는 4인 가족의 가장 김알뜰 씨의 실수령액은 5,000만 원입니다. 김 씨 가족은 이 돈의 80%를 생활비로 사용합니다. 재테크에 관심이 많은 김 씨는 올해 코인투자로 800만 원의 이익을 실현했고, 주식투자로 500만 원을 잃었습니다. 주택담보대출을 받아 1년에 400만 원의 이자를 지불하고 있고, 연말정산을 통해 소득세 50만 원을 더 납부했습니다.

김 씨의 손익계산서는 다음과 같이 만들 수 있습니다.

김알뜰 씨의 손익계산서

	손익계산서	
	수익	50,000,000원
−	비용	40,000,000원
=	이익	10,000,000원
+	재테크 관련 수익	8,000,000원
−	재테크 관련 손실	5,000,000원
−	대출이자	4,000,000원
−	소득세(연말정산)	500,000원
=	순이익	8,500,000원

마지막에 계산된 순이익이 김 씨의 남은 돈 개념이고, 이것이 자본을 구성할 것입니다. 김 씨는 순이익을 키우기 위해 수익을 높여야 합니다. 매년 꾸준히 연봉을 올려야 하니 경력을 잘 관리해야 하고, 재테크도 적극적으로 해야 합니다. 비용을 줄이는 것도 순이익을 늘리는 방법이니, 가계부 앱을 통해 생활비를 분석해 줄일 수 있는 여지가 있는지 꼼꼼하게 살펴봐야 합니다.

실수령액 6,000만 원을 받는 이살뜰 씨와 7,000만 원을 받는 배우자 차정숙 씨는 경제공동체로서 손익계산서를 합쳐 만들기로 했습니다. 3인 가족인 이 씨 부부는 총소득의 40%를 생활비로 사용합니다. 재테크에 관심이 없어 예금이자 100만 원만 추가로 발생하고, 대출이자는 500만 원입니다. 연말정산을 통해 부부가 납부한 소득세는 200만 원입니다. 이 씨 부부의 손익계산서는 다음과 같이 만들 수 있습니다.

이 씨 부부의 손익계산서

	손익계산서	
	수익	130,000,000원
-	비용	52,000,000원
=	이익	78,000,000원
+	재테크 관련 수익	1,000,000원
-	재테크 관련 비용	-
-	대출이자	5,000,000원
-	소득세(연말정산)	2,000,000원
=	순이익	72,000,000원

알아두세요

연결재무제표

수원에 있는 삼성전자가 자회사인 삼성전자아메리카와 합쳐 재무제표를 만들면 '연결재무제표'라고 합니다. 자회사를 제외하고 삼성전자 혼자 재무제표를 만들면 '별도재무제표'라고 하죠.
연결재무제표를 만드는 이유는 삼성전자가 삼성전자아메리카를 지배하고 있어 부부처럼 경제공동체라고 보기 때문입니다. 삼성전자의 주식을 사는 사람은 삼성전자가 지배하고 있는 삼성전자아메리카 주식도 같이 사는 것과 같은 효과가 발생합니다. 그래서 두 회사를 합쳐 1년에 어느 정도의 수익을 내는지 연결재무제표를 통해 주주들에게 알려주는 것입니다.

이렇게 한 집에서 두 사람이 재무제표를 합쳐서 만드는 것을 연결재무제표*라고 합니다. 기업으로 따지면 모회사와 자회사를 합쳐서 만드는 것을 의미합니다. 부부 관계가 모자 관계는 아니므로 비유가 어색할 수 있지만 '재무제표를 합친다'라는 것으로 이해하면 좋겠습니다.

두 사람이 각자 결산을 하다 1년에 한 번 만나서 합친다고 가정해보겠습니다. 돈을 잘 버는 차정숙 씨가 남편인 이살뜰 씨에게 매년 500만 원의 용돈을 준다면 차정숙 씨는 이를 '비용'으로, 이살뜰 씨는 이를 '수익'으로 인식할 것입니다.

그러면 이 집안의 수익은 1억 3,500만 원이 되고, 비용은 5,700만 원이 됩니다. 하지만 한 집안에서 주고받은 돈이므로 당연히 상계해야 합니다. 예를 들어 삼성전자가 자회사인 삼성디스플레이로부터 스마트폰용 패널을 매입한다면 삼성전자에는 비용이고, 삼성디스플레이에는 수익입니다. 이 두 회사는 연말에 만나 재무제표를 합칩니다. 즉 연결재무제표를 만들면서 서로 주고받은 수익과 비용을 차감합니다. 이를 '내부거래 제거'라고 합니다.

가계의 손익계산서를 예로 든 이유는 기업이나 개인이나 별 차이가 없기 때문입니다. 기업은 사업을 하기 때문에 계정과목*이 많고, 개인과 명칭이 다르다는 것, 금액 단위가 크다는 것 정도가 다릅니다. 회계는 어려워 보일 뿐, 실제로는 전혀 어렵지 않습니다.

> **알아두세요**
>
> **계정과목**
>
> 계정은 자산, 부채, 수익, 비용 등을 구성하는 각 항목의 변동을 기록하는 계산 단위입니다. 예를 들어 현금 계정은 현금을 주고받는 거래로 발생한 현금의 증가, 감소를 집계하기 위해 설정된 기록 단위입니다. 이런 계정의 명칭을 '계정과목'이라고 합니다.

잠깐만요 | 손익계산서 작성 기준은 세전? 세후?

김알뜰 씨, 이살뜰 씨의 소득을 계산할 때 실수령액을 기준으로 했습니다. 사실 우리가 직장에서 연봉 계약을 할 때는 세전 금액 기준입니다. 보통 "연봉이 얼마 정도 되세요?"라는 질문을 받으면 세전 금액으로 이야기하는 것이 일반적입니다.

우리가 직장과 계약하는 연봉총액에는 소위 말하는 갑근세(갑종근로소득세)가 포함되어 있습니다. 우리가 국가에 일일이 세금을 신고할 수 없으니 기업이 월급에서 세금 부분을 떼어 놓았다가 한 번에 신고·납부합니다. 그래서 우리가 받는 실수령액은 계약된 연봉보다 많이 적습니다.

이외에도 4대 보험료와 회사의 여러 공제비 등을 차감합니다. 4대 보험은 국민연금, 건강보험, 고용보험, 산재보험으로 구성됩니다. 1인당 내야 할 보험료의 50%를 회사가 내주고, 나머지 50%는 본인이 부담합니다. 단, 산재보험은 기업이 100% 납부합니다. 이런 보험료 역시 우리가 일일이 보험공단에 납부하는 것이 원칙이나 현실적으로 그렇게 할 수 없으니 기업이 월급에서 보험료 부분을 떼어 놓았다가 한 번에 신고·납부합니다. 이 중 국민연금은 나중에 돌려받을 돈입니다. 언론에서 수익률이나 고갈 문제 등을 자주 언급하지만, 국민연금은 분명 우리의 든든한 노후자금입니다.

만약 우리가 손익계산서를 만들 때 수익을 세전 기준으로 한다면, 보험료와 갑근세 등도 비용으로 차감시켜야 합니다. 나중에 돌려받는 국민연금과 회사에서 적립해주는 퇴직연금은 자산 처리를 해야 합니다. 하지만 이 역시 매우 복잡하기 때문에 우리 가계의 손익계산서 수익은 실수령액으로 계산하는 것이 좋습니다.

단, 이는 우리 가계의 사례이고, 실제 기업은 세후 금액 기준이 아닌 세전 금액 기준으로 손익계산서를 작성하고, 마지막에 세금(법인세비용)을 차감합니다.

003 수익과 비용을 인식하는 기준

신용카드를 쓰면 지출은 오늘일까, 결제일일까?

김알뜰 씨와 이살뜰 씨 부부의 사례를 통해 연말정산 자료를 활용해 누구나 나만의 손익계산서를 만들 수 있겠다고 생각했을 것입니다. 이번에는 여기서 조금 더 깊이 들어가 보겠습니다.

성과급을 주는 기업에 근무하는 직장인 대다수는 연초에 보너스를 받습니다. 기업이 이때 보너스를 지급하는 이유는 결산이 연초에 끝나기 때문입니다. 결산이 끝나야 이익 규모가 확정되고, 보너스 총액도 결정할 수 있습니다. 예를 들어 삼성전자의 2024년 회계연도는 12월 31일에 종료되었고, 2025년 1월 8일에 영업이익을 잠정 발표했습니다. 그리고 2025년 1월 말에 성과급을 지급했죠.

성과급을 받은 삼성전자 구성원들은 이 소득을 2025년의 수익으로 인식할까요 아니면 2024년의 수익으로 인식할까요? 당연히 돈이 들어온 2025년의 수익으로 인식할 것입니다. 돈이 들어온 날에 수익으로 인식한다면, 비용도 현금이 나간 날에 인식하는 것이 맞지 않을까요?

그런데 우리는 그렇게 하지 않습니다. 우리가 이용하는 연말정산 자료는 신용카드, 직불카드 사용액 기준입니다. 즉 통장에서 카드대금이 빠져나간 날이 아니라 카드를 긁은 날 금액 기준으로 소득공제를 받습니다.

정리하면 수익은 입금일 기준으로, 비용은 거래 발생일 기준으로 처리합니다. 현금이 들어오고 나간 날에 수익과 비용으로 잡길 원한다면 카드대금 결제일 기준으로 가계부를 작성해야 합니다. 그렇게 하면 일이 복잡해지고 시간도 많이 뺏길 것입니다. 어차피 이번 달에 카드를 긁고, 다음 달에 카드대금이 나가는 건 길게 보면 조삼모사인데 말이죠.

기업은 발생일이 기준

개인은 편한 대로 수익과 비용을 잡으면 되지만, 기업들은 모두 같은 원칙을 따라야 합니다. 그래야 주주나 은행 등 이해관계자들이 회사들의 재무제표를 비교할 수 있습니다. 기업들은 정확하게 수익과 비용 인식 시점을 돈이 오간 날이 아닌 발생한 날 기준으로 합니다. 이를 발생주의 회계* 방식이라고 합니다.

삼성전자는 2025년에 성과급을 지급했으니 2025년 비용으로 인식할 것 같지만 그렇지 않습니다. 삼성전자는 이 성과급을 2024년 비용으로 인식합니다. 2024년에 전사 임직원이 열심히 일해 실적을 만들어냈기 때문에 2024년 인건비로 처리합니다.

기업은 이렇게 정해진 회계기준에 따라 수익과 비용을 처리해야 합니다. 그러다 보면 돈으로 들어오지 않은 수익도 있고, 돈으로 나가지 않는 비용도 생깁니다. 즉 기업의 손익계산서상 수익과 비용이 모두 입금, 출금을 의미하는 것은 아닙니다.

 알아두세요

발생주의 회계
수익과 비용을 입금 시점, 출금 시점이 아닌 거래나 사건이 발생한 시점에 인식하는 것을 말합니다. 전 세계 모든 기업이 발생주의 회계를 따릅니다.

잠깐만요 — 발생주의와 현금주의의 차이

발생주의와 현금주의는 수익과 비용을 인식하는 시점의 차이가 있습니다. 오늘 이마트에서 쇼핑을 하고 신용카드로 5만 원을 결제했다고 가정해봅시다. 우리는 이 5만 원의 생활비를 오늘의 비용으로 인식하는 게 맞을까요 아니면 카드대금이 빠져나가는 날의 비용으로 인식하는 게 맞을까요?

반대로 이마트에서는 물건을 판매한 오늘 수익으로 잡는 게 맞을까요 아니면 카드사에서 이마트로 5만 원이 입금되는 날에 수익으로 잡는 게 맞을까요?

개인은 생각이 다 다를 테니 카드를 긁은 날이나 카드대금이 빠져나간 날 중 하나를 골라 생활비 처리를 하면 됩니다. 전자가 발생주의이고, 후자가 현금주의입니다. 개인의 가계부는 누구에게 검사를 받는 것이 아니니 편하게 하면 됩니다.

그러나 이마트는 주식시장에 상장된 대기업이므로 마음대로 수익을 잡을 수 없습니다. 정해진 회계기준에 따라야 하죠. 회계기준에서는 돈이 들어온 날(현금주의)이 아닌, 거래가 발생한 날(발생주의)에 수익을 잡으라고 합니다.

돈이 들어오고 나간 날 수익과 비용을 잡으면 현금주의, 현금흐름과 관계없이 거래가 발생한 시점에 수익과 비용을 잡으면 발생주의입니다. 기업 회계는 현금주의가 아닌 발생주의가 원칙입니다.

004 우리집 자산은 모두 얼마일까?

재무상태표 작성 요령

대부분의 사람은 집이나 차 같은 자산을 취득할 때 차곡차곡 쌓아온 순이익을 이용합니다. 이러한 순이익을 '자본'이라고 합니다. 상속과 증여를 받는 사람도 있는데, 이 역시 모두 자본을 구성합니다. 즉 자본은 받은 돈과 모은 돈의 합입니다. 이 자본으로 우리는 자산을 구입합니다.

집이나 전세보증금은 규모 자체가 크기 때문에 생활비를 알뜰히 쓰고 열심히 모아도 부족합니다. 그래서 대출을 받기도 하죠. 즉 자산 취득에는 부채와 자본이 동원됩니다. 따라서 자산은 부채와 자본의 합으로 표현됩니다. 이런 자산, 부채, 자본을 보여주는 표를 '재무상태표'라고 합니다. 말 그대로 현재 갖고 있는 자산과 갚아야 하는 부채 그리고 그동안 쌓인 자본을 보여주는 표입니다.

재무상태표는 다음과 같이 구성됩니다.

재무상태표의 구성

재무상태표	
자산	부채
	자본

사례로 익히는 재무상태표

김알뜰 씨는 수도권 지역에 6억 원을 주고 아파트를 하나 장만했습니다. 결혼할 때 양가 부모님이 1억 원을 증여해주었지만, 돈이 부족해 은행에서 3억 원을 대출받았습니다. 김알뜰 씨는 3,000만 원짜리 자동차는 자산 목록에 올렸고, TV와 냉장고 같은 가전제품은 생략해 다음과 같이 재무상태표를 만들었습니다.

김알뜰 씨의 재무상태표

재무상태표			
자산	6억 3,000만 원	부채	3억 원
집	6억 원	대출	3억 원
자동차	3,000만 원	자본	3억 3,000만 원
		증여	1억 원
		순이익 누계	2억 3,000만 원

자산에서 부채를 차감한 것을 '순자산'이라고 합니다. 순자산은 '자본'의 다른 표현입니다. 김알뜰 씨의 자산은 6억 3,000만 원이지만, 부채가 3억 원이니 실제 그의 순자산은 3억 3,000만 원입니다. 그동안 소득에서 생활비를 빼고 얼마를 모았는지는 자산에서 부채를 차감해 구할 수 있습니다.

이번에는 비교적 여유가 있는 이살뜰 씨의 재무상태표를 살펴보겠습니다. 이살뜰 씨는 서울에서 8억 원의 전셋집에 살고 있습니다. 대출은 없고, 여유자금은 주식에 투자한 1억 원과 예금 2,000만 원 그리고 5,000만 원짜리 자동차가 있습니다. 물려받은 재산은 없고, 이런 결산을 한 지 2년밖에 되지 않아 그동안 모은 재산이 얼마인지 모르는 상태입니다. 하지만 자산, 부채 결산이 끝나면 자본은 자연스럽게 구해집니다.

이살뜰 씨의 재무상태표

재무상태표			
자산	9억 7,000만 원	부채	0원
예금	2,000만 원		
주식	1억 원	자본	9억 7,000만 원
자동차	5,000만 원	순이익 누계	9억 7,000만 원
전세보증금	8억 원		

김알뜰 씨와 이살뜰 씨는 이렇게 재무상태표를 만든 다음 해부터는 손익계산서에서 마지막에 남은 순이익을 자본에 가산하고, 자산, 부채 변동액만 관리하면 됩니다.

이렇게 연말에 한 번 정도 재무상태표와 손익계산서를 작성해볼 것을 권합니다. 굳이 매일 가계부를 쓰지 않더라도 연말정산 자료만 있으면 누구나 쉽게 만들 수 있습니다. 작성하는 재미가 쏠쏠한 것도 있지만 매년 경제활동에 대한 반성과 재산 증식에 관한 동기부여를 해주기 때문에 무척이나 좋습니다.

참고로 이자는 비용이므로 재무상태표에는 포함되지 않고 손익계산서에서 보여줍니다.

> **잠깐만요**
>
> **차변과 대변**
>
> 김알뜰 씨와 이살뜰 씨의 재무상태표를 보면 표 가운데 선을 기준으로 왼쪽에는 자산을, 오른쪽에는 부채와 자본을 배치했습니다. 표 가운데 선을 기준으로 자산이 배치된 왼쪽을 차변, 부채와 자본이 배치된 오른쪽을 대변이라고 합니다. 차변, 대변이라는 명칭과 배치는 약속으로 정한 것입니다. 부채와 자본을 오른쪽에 함께 적는 이유는 '자산=부채+자본'이기 때문입니다. 차변과 대변에 적는 방법은 〈둘째마당〉에서 자세히 알아보겠습니다.

005 기업 회계가 어려워 보이는 이유

회계 무작정 따라하기

3가지만 극복하면 회계가 쉬워진다

기업의 재무상태표와 손익계산서는 개인의 것과 큰 차이가 없습니다. 그럼에도 불구하고 왜 기업 회계는 어려워 보이는 걸까요?

첫 번째 이유는 금액 단위가 크기 때문입니다. 삼성전자의 자산 규모는 무려 455조 원이 넘습니다. 일십백천만… 세다가 지칩니다. 그럴까봐 금액 단위를 백만 원으로 끊어 표시하는데, 오히려 그게 더 헷갈리게 합니다.

자산총계	455,905,980백만 원

삼성전자의 재무제표에 표시된 이 자산총계를 읽으면 455조 9,059억 8,000만 원입니다.

두 번째 이유는 계정과목이 많기 때문입니다. 개인의 자산은 현금, 예금, 적금, 주식, 부동산(집, 전세보증금), 가전제품, 자동차 등으로 많지 않고, 부채는 대출이 유일합니다. 그러나 기업은 아무리 규모가 작아도 수십 가지나 됩니다. 제조업을 하는 기업이라면 생산시설을 갖추고 원재료를 구입해 제품을 만들어야 하니 여기서 벌써 계정과목이 10개가 나옵니다. 토지, 건물, 기계장치, 공구, 비품, 차량(이상 유형자산), 원재료, 부재료, 반제품, 제품(이상 재고자산) 등이 있죠.

세 번째 이유는 채권과 채무가 많기 때문입니다. 대부분의 개인은 현금이 들어오고 나가는 시기에 수익과 비용을 인식합니다. 그러나 기업은 거래가 발생한 시점에 수익과 비용을 잡습니다. 현금을 바로 주고받는 거래보다는 외상이나 선금 거래가 많다 보니 연말 결산 시점에 온갖 채권, 채무, 선급금, 선수금 등이 재무상태표에 생길 수밖에 없습니다.

이런 점들이 회계가 어렵다는 고정관념을 심어주는 것 같습니다. 반대로 이런 점들을 극복하면 회계가 쉬워집니다. 이런 점들을 제외하고는 개인 가계부와 별 차이가 없기 때문이죠.

회계를 배우는 이유는 저마다 다를 것입니다. 회사 업무 때문일 수도 있고, 투자한 기업의 재무제표를 분석하기 위함일 수도 있습니다. 지금부터 각자의 목표를 달성하기 위해 어려워 보이지만 사실은 쉬운 회계를 하나하나 격파해보도록 하겠습니다.

무작정 따라하기

나의 재무상태표를 그려보자

▼Q1 다음의 항목을 재무상태표에 올바르게 분류해보세요. 단, 자동차나 가전제품 같이 환금성이 떨어지고 장기간 사용할 목적으로 취득한 자산은 항목에서 제외했습니다.

> **항목**
> 현금, 예금, 적금, 주식 잔고, 채권 잔액, 코인 잔고, 집(부동산), 전세보증금, 대출 잔액, 상속액, 증여금, 순이익 누계

재무상태표	
자산	부채
	자본

▼정답

재무상태표	
자산	부채
현금, 예금, 적금, 주식 잔고, 채권 잔액, 코인 잔고, 집, 전세보증금	대출 잔액
	자본
	상속액, 증여금, 순이익 누계 (자산-부채)

▼해설 자산에 들어갈 항목은 현금, 예금, 적금, 주식 잔고, 채권 잔액, 코인 잔고, 집, 전세보증금이고, 부채에 들어갈 항목은 대출 잔액입니다.

자본에 들어갈 항목은 과거부터 지금까지 상속 또는 증여받은 금액과 경제활동을 시작한 이래 그동안 자신이 번 돈에서 생활비로 쓰고 남은 돈(순이익 누계)입니다.

만약 순이익 누계를 구할 수 없다면 자산과 부채를 먼저 채워보세요. 자산에서 부채를 차감한 차액이 결국 자본이기 때문에 상속 또는 증여받은 금액을 제외한 나머지가 순이익 누계가 됩니다.

▼ Q 2   자산과 부채, 자본에 대한 기본 개념이 어느 정도 잡혔다면 본인의 재무상태표를 직접 작성해보세요. 머리로만 익히는 것과 직접 해보는 것은 큰 차이가 있습니다. 일단 직접 써보면 궁금한 게 생길 것입니다. 그것이 바로 회계 공부의 첫걸음입니다.

재무상태표	
자산	부채
	자본

MEMO

- **006** 회계 기간은 1월 1일부터 12월 31일까지?
- **007** 자본과 자산의 차이
- **008** 차입금과 부채
- **009** 유동자산과 비유동자산을 나누는 기준
- **010** 수익과 비용은 현금의 이동이다?
- **011** 수익과 이익은 무엇이 다를까?
- **012** 기업 재무제표는 어디에서 볼 수 있을까?

첫째 마당

알쏭달쏭 회계 상식

회계 무작정 따라 하기

회계 이야기

회계의 기초를 튼튼하게

한 번쯤 들어봤고, 정확한 의미는 모르지만 '내가 알고 있는 게 맞을 거야'라고 생각해 용어의 뜻을 찾아보지 않는 경우가 종종 있습니다. 회계, 결산, 회계 기간, 자본, 자산, 유동성, 수익, 비용, 원가, 이익 같은 용어가 그럴 것입니다. 아마 여러분이 알고 있는 그 내용에서 크게 벗어나지 않을 거예요.

그런데 일부 용어는 그렇지 않은 경우도 있습니다. 앞서 재무제표의 종류를 살펴봤듯, 많은 사람이 재무상태표와 손익계산서를 재무제표라고 알고 있습니다. 조금 연령대가 있는 분들은 재무상태표 대신 대차대조표라는 용어를 사용하기도 합니다. 대차대조표는 옛날 용어, 재무상태표는 최신 용어라고 이해하면 됩니다. 재무제표는 이 2가지 외에 자본변동표, 현금흐름표, 주석이 더 있습니다.

수익과 이익은 뭔가 비슷하지만 아주 크게 다릅니다. 비용과 원가도 마찬가지입니다. 비용이 큰 개념인데, 원가는 비용 안에 포함됩니다. 가계에서는 수입과 지출이라는 용어가 더 익숙하겠지만 회계에서는 아예 쓰지 않습니다.

자산과 수익, 부채와 비용을 헷갈려 하는 분들도 많습니다. 정기적금이 만기가 되어 돈을 찾으면 수익 느낌이 나지만 사실은 자산의 증가입니다. 가입부터 만기까지 발생한 이자만 수익입니다. 그리고 대출을 갚으면 현금이 지출되니 비용으로 생각할 수 있지만 부채의 감소입니다. 대출 개시일부터 만기까지 발생한 이자만 비용입니다.

우리는 '재산'이라는 용어를 많이 사용하는데, 자산과 자본 그 사이 어딘가에 걸쳐 있는 느낌이 듭니다. 재산이라는 용어도 회계에서 사용되지 않습니다. 자산과 자본으로 구분해야 합니다.

모든 기업이 12월 31일이 지나고 1월부터 결산을 한다고 생각하는 사람이 많은데, 다 그렇지는 않습니다. 여름에 하는 기업도 있고, 봄이나 가을에 하는 기업도 있습니다. 심지어 1년에 2번 결산하는 기업도 있죠. 예외적인 경우인데, 리츠 회사들이 그렇습니다. 4월 1일부터 9월 30일까지가 1 회계 기간이고, 10월 1일부터 새 회계 기간이 시작되어 3월 31일에 끝나는 경우도 있습니다. 회사가 회계 기간을 어떻게 끊을지를 스스로 정하면 되기 때문입니다. 반드시 1월 1일부터 12월 31일까지로 해야 한다는 법은 없습니다.

미국 기업들은 날짜가 아닌 요일로 끊는 경우가 많습니다. 애플(Apple)의 회계 기간은 매년 9월 마지막 토요일에 끝납니다. 그렇다 보니 회계 기간이 종료되는 날짜가 매년 바뀝니다. 참고로 우리나라의 기업은 대부분 1월 1일에 시작해 12월 31일에 끝납니다.

본격적으로 회계와 재무제표 이야기를 하기 전에 상식적일 수 있는 개념들을 먼저 정리해보도록 하겠습니다. 이미 알고 있는 것과 차이가 없다면 다행이지만, 그렇지 않다면 이번 기회에 제대로 머릿속에 정리해 놓기 바랍니다.

회계 무작정 따라하기 006

회계 기간은 1월 1일부터 12월 31일까지?

1년간의 결과보고서

회사원은 회사와 연봉 계약을 합니다. 연봉이니 기간은 당연히 1년입니다. 국가는 국민과 기업에 1년 치 소득세와 법인세를 신고·납부할 것을 요구합니다. 이렇게 모두 기간이 설정되어 있습니다.

회계도 마찬가지입니다. 기업이 세금을 신고하려면 일정 기간 동안 벌어들인 수익에서 비용을 차감한 이익을 기준으로 납부해야 합니다. 그러려면 회계 장부도 시작과 끝을 정해 작성해야 합니다.

또한 주식회사는 주주들이 투자해 만든 회사이므로 주주들에게 1년 치 경영 성과(이익 또는 손실)를 보고해야 합니다. 은행은 회사의 1년 치 경영 성과를 보며 원금 상환 능력이 있는지, 대출을 실행할지 등을 판단합니다.

이런 1년의 기간을 '회계 기간' 또는 '보고 기간'이라고 합니다. 그리고 이 회계 기간이 끝나는 시점을 '회계 기간 종료일' 또는 '보고 기간 종료일'이라고 합니다. 회사는 재무제표의 주요 이용자인 주주, 채권자, 정부기관 등을 상대로 일정 시점 현재의 자산, 부채, 자본, 손익을 보고해야 하기 때문에 '보고 기간'이라는 명칭을 사용합니다.

상장 기업들은 1년의 회계 기간을 갖는데, 의무적으로 분기 결산을 해야 합니다. 이해관계자가 너무 많기 때문에 그들에게 재무 상태와 손익

등을 주기적으로 보고해야 합니다. 그래서 12월 말로 결산을 끊는 기업들은 3월 말, 6월 말, 9월 말, 12월 말 이렇게 4번 결산을 합니다. 반면 비상장 기업들은 이해관계자가 적기 때문에 보고 기간 종료일 기준으로 1번만 결산을 합니다.

회사 내부적으로 숫자를 관리하기 위해 월 결산을 하는 곳도 많습니다. 만약 재무 직군으로 취업이나 이직을 준비하고 있는데 그 회사의 업무 강도를 알고 싶다면 결산 시점과 주기 정보를 알아보면 도움이 됩니다.

기업마다 다른 회계 기간

1년의 시작이 1월 1일이고 끝나는 날이 12월 31일이므로 기업들도 이 기간에 맞춰 회계 기간을 설정하면 편하기는 합니다. 하지만 반드시 그러라는 법은 없습니다. 95%의 상장 기업은 회계 기간을 1월 1일부터 12월 31일까지로 합니다. 그러나 나머지 5%는 3월 말, 4월 말, 6월 말, 9월 말, 10월 말 등 다양합니다.

예를 들어 4월 1일부터 3월 31일까지를 회계 기간으로 정한 상장 기업은 19개나 됩니다. 비상장 기업은 너무 많아 셀 수 없지만 12월 31일에 회계연도가 종료되지 않는 경우도 꽤 있으니 '반드시 이때 끝난다'라는 편견은 갖지 않길 바랍니다.

참고로 미국 기업들은 전통적으로 회계 기간 종료일을 52주 마지막 특정 요일로 설정합니다. 단, 그 52주의 마지막이 반드시 12월을 의미하지는 않습니다. 애플은 9월 마지막 주 토요일, 엔비디아(NVIDIA)는 1월 마지막 주 일요일, 투자의 귀재 워런 버핏(Warren Buffet)이 이끄는 버크셔 해서웨이(Berkshire Hathaway)는 2월 마지막 주 월요일입니다. 이렇다 보니 매년 회계 기간이 바뀝니다. 애플의 2022년 회계 기간은 2021년 9월 26일부터 2022년 9월 24일이었는데, 2023년 회계 기간은 2022년 9월 25일부터

2023년 9월 30일이었습니다.

이는 일종의 전통과 다름없습니다. 하지만 비교적 업력이 짧은 신생 기업들은 그런 복잡함이 싫었나 봅니다. 알파벳(Alphabet)과 테슬라(Tesla)는 회계 기간을 1월 1일부터 12월 31일로 정했고, 마이크로소프트(Microsoft)는 7월 1일부터 6월 30일로 정했습니다.

이런 미국 기업들에 비하면 우리는 그나마 낫다는 생각이 듭니다. 대부분의 기업이 1월 1일에 시작해 12월 31일에 끝나니 말입니다.

007 자본과 자산의 차이

자산은 돈이 되는 것들

우리는 흔히 "내 자산은 얼마야", "나는 자본금 1,000만 원으로 사업을 시작했어"와 같이 말합니다. 자산과 자본은 비슷해 보이지만, 전혀 다른 개념입니다.

자산은 쉽게 말해 '돈이 되는 것'입니다. 예금, 적금, 금, 가상화폐, 주식, 명품, 그림 등이 이에 해당합니다. 잘못된 판단으로 돈이 되지 않는 것을 취득하게 되면 우리는 이를 자산이 아닌 손실로 생각합니다.

미래에 더 많은 돈을 벌어줄 것으로 기대해 가상화폐나 주식을 매수했는데 시세 변동에 따라 손실이 발생하면, 줄어든 금액만큼의 자산을 갖고 있다고 생각하는 것도 같은 맥락일 겁니다.

또한 자산은 사용 목적으로도 취득합니다. 집, 자동차, 가전제품 등이 대표적인 예죠. 이런 것들을 취득할 때 우리는 보통 생활비가 아닌 자산으로 인식하는데, 이런 자산을 취득하는 이유는 장기간 사용하기 위해서입니다. 물론 집은 돈 되는 것과 사용 목적, 둘 다 충족 가능합니다. 그렇다고 돈을 벌기 위해 살던 집을 팔 수는 없으니 사용 목적 때문에 취득했다는 게 좀 더 맞겠죠.

기업의 자산도 돈 되는 것들과 사용 목적의 것들입니다. 여기에 한 가지가 더 추가되는데, 바로 판매 목적의 자산입니다. 예를 들어 이마트가 농심에서는 신라면을, 매일유업에서는 우유를 잔뜩 사옵니다. 왜 그러는 거냐고 물으면 이마트는 당연히 '판매해서 돈을 벌려고'라고 대답할 것입니다. 이렇게 판매 목적으로 보유하는 자산을 '재고자산'이라고 합니다.

자본은 자산을 만들기 위한 밑천

자본은 이런 자산을 취득하기 위한 밑천입니다. 그렇다면 밑천은 어떻게 마련할까요? 개인은 소득에서 생활비를 쓰고 남은 돈을 모아 밑천을 마련합니다. 집안에 여유가 있다면 상속이나 증여를 받아 마련할 수도 있죠.

기업도 마찬가지입니다. 수익에서 비용을 쓰고 남은 이익이 매년 쌓여 자본이 됩니다. 기업은 주주들의 회사이기 때문에 주주들이 투자한 사업자금도 자본에 포함됩니다. 이를 '자본금'이라고 합니다.

그런데 우리가 집을 사거나 기업이 공장을 지을 때는 꽤 큰돈이 필요합니다. 자본을 많이 모았다면 그 돈으로 해결할 수 있지만, 그렇지 않다면 대출을 받아야 합니다. 즉 부채가 동원됩니다. 그렇기 때문에 자산은 자본과 부채의 합으로 표현할 수 있습니다. '부채도 자산이다'라는 말이 왜 나왔는지 이해가 되겠죠?

부채는 큰 것보다 작은 것이 나을까요? 반드시 그렇다고 볼 수는 없습니다. 일단 갚을 능력이 있어야겠죠. 개인의 상환 능력은 소득에서 생활비를 쓰고 남은 돈으로 이자와 대출 원금을 갚을 수 있는가로 결정됩니다.

기업도 마찬가지입니다. 빌린 돈으로 공장을 짓고 제품을 생산해 판매한 돈에서 생산원가, 각종 경비 등을 제외하고 남은 돈으로 이자와 원금을 상환해야 합니다. 그럴 능력이 있어야겠죠. 만약 그런 능력이 없다면 대출을 통해 취득한 자산의 가치가 올라가줘야 합니다. 무리해서 대출을 받아 부동산을 취득하는 사람들의 마음속에는 그런 기대가 있을 것입니다.

그렇기 때문에 대출이 많은 건 나쁜 것이고, 적은 건 좋은 것이라고 확언하기 어렵습니다. 개인이나 기업의 상환 능력과 자산가치에 달려 있다고 말할 수 있습니다.

008 차입금과 부채

차입금은 부채의 한 종류

차입금은 대출을 의미합니다. 개인이 마이너스 통장, 주택담보대출, 신용대출 등을 사용하는 경우가 있죠. 이런 대출을 사용하면 나중에 원금에 이자까지 쳐서 갚아야 합니다. 미래에 발생할 소득에서 생활비를 쓰고 남은 돈으로 갚아야 하기 때문에 대부분의 사람은 이를 부채라고 생각합니다. 즉 부채는 넓은 의미이고, 차입금은 부채의 한 종류입니다.

개인 입장에서 부채는 차입금, 카드대금 정도만 발생합니다. 쇼핑을 할 때 현금을 바로 지급하지 않고 신용카드로 결제하면 부채가 생깁니다. 카드대금 결제일에 돈이 빠져나갈 것이기 때문이죠. 이 정도가 개인에게 생기는 부채입니다.

그러나 기업은 다릅니다. 차입금 외에도 다른 부채가 많습니다. 왜일까요? 많은 거래를 외상으로 하기 때문입니다. 이마트가 매장에서 판매하기 위해 빙그레에 유제품 수천 박스를 구매한다고 생각해봅시다. 이때 이마트는 빙그레에 현금을 바로 주지 않고 외상을 합니다. 나중에 빙그레에 대금을 지급해야 하니 이마트 입장에 이 금액은 부채가 됩니다. 이때 생기는 계정과목을 '매입채무'라고 합니다. 즉 매입하면서 발생한 채무(부채)라는 의미입니다.

또 이마트는 신선식품을 판매하기 위해 LG전자에서 대형 냉장고를 수십 대 구매하는데, 이 역시 외상으로 거래가 이루어집니다. 이마트는 냉장고가 잘 작동하는지 확인한 뒤 대금을 지급하고 싶을 것입니다. 이 때 생기는 계정과목을 '미지급금'이라고 합니다. 즉 지급해야 할 돈을 아직 지급하지 않았고 앞으로 지급해야 한다는 의미입니다.

매입채무와 미지급금의 차이, 회계 처리 방식 등은 추후에 자세히 다룰 예정입니다. 아무튼 기업들은 이런 식으로 외상 거래를 많이 하기 때문에 대출 외에도 수많은 부채 계정과목이 생겨납니다.

009 유동자산과 비유동자산을 나누는 기준

유동과 비유동의 기준은 1년

기업은 자산과 부채를 크게 유동자산, 비유동자산, 유동부채, 비유동부채로 나눕니다. 이때 유동과 비유동을 나누는 기준은 무엇일까요? 정답은 '1년'입니다.

1년 이내에 현금화가 가능한 자산을 유동자산이라고 합니다. 그러면 비유동자산은 현금화하는 데 1년 이상 걸린다는 의미겠죠. 예를 들어 은행 2곳에서 정기예금에 가입했는데, 하나는 만기가 1년 이내 남은 A은행 예금이고, 다른 하나는 만기가 2년 이상 남은 B은행 예금입니다. 이럴 경우 A은행 예금은 유동자산, B은행 예금은 비유동자산이 됩니다. 참고로 A은행 예금의 계정과목은 단기금융상품, B은행 예금의 계정과목은 장기금융상품입니다.

아예 현금화가 되지 않을 수도 있는 자산도 있습니다. 제품을 생산하기 위해 가지고 있는 공장 토지나 건물 같은 유형자산은 사용 목적이지, 팔아서 돈으로 바꿀 목적은 아니니까요. 필요가 없어진 기계장치나 오래된 자동차 같은 유형자산은 중간에 매각하는 경우도 있지만, 원칙적으로 유형자산은 회사가 영업에 사용할 목적으로 갖고 있으므로 비유동자산으로 분류됩니다.

부채는 갚아야 하는 것이므로 1년 이내에 갚는 부채를 유동부채, 1년 이후에 갚는 부채를 비유동부채로 분류합니다. 예를 들어 은행에서 대출을 받았는데 하나는 만기가 1년 이내 남은 C은행 대출이고, 다른 하나는 만기가 2년 이상 남은 D은행 대출입니다. 이럴 경우 C은행 대출은 유동부채, D은행 대출은 비유동부채가 됩니다.

구분할 필요 없는 자본

자본은 유동, 비유동으로 나누지 않습니다. 자본은 과거에 주주들로부터 투자받은 자본금과 과거부터 지금까지 회사가 벌어들인 이익의 누계인 이익잉여금 등으로 구성됩니다. 자본은 주주의 몫이고 주주들이 배당금으로 조금씩 돌려받을 수 있지만, 소위 사업 밑천입니다. 특정 기간 내에 현금화시키거나 갚아야 하는 성격이 아니므로 유동, 비유동으로 나눌 필요가 없습니다.

기업의 재무상태표 구분

재무상태표	
자산	부채
유동자산	유동부채
비유동자산	비유동부채
	자본
	자본금
	이익잉여금 등

회계 무작정 따라하기 010

수익과 비용은 현금의 이동이다?

거래가 발생했다는 사실

수익은 돈이 들어왔다는 것을 의미할까요? 매출 100억 원은 현금 유입 100억 원을 의미할까요? 정답은 '반드시 그런 것은 아니다'입니다.

카지노, 경마 같은 사행 산업이나 금융업 등을 제외하고 현금 거래를 하는 기업은 많지 않습니다. 대부분 외상 거래를 하죠. 많은 사람이 물건을 구입하면 신용카드로 결제하고, 교통카드도 후불형을 씁니다.

기업은 거래가 발생한 시점과 돈이 들어오는 시점이 늘 다르기 때문에 언제 수익을 인식할 것인지를 결정해야 합니다. 고객이 신용카드를 긁은 날과 회사에 돈이 들어온 날 중 하루를 매출 발생일로 정해야 하는데, 정답은 신용카드를 긁은 날입니다. 이날이 재화가 오고 간, 소위 '거래'가 발생한 날입니다.

예를 들어 고객이 2024년 12월 30일에 백화점에 방문해 물건을 20만 원 어치 구입하고 모두 신용카드로 결제했습니다. 백화점으로 대금이 들어오는 날은 2025년 1월 초입니다. 이럴 경우 백화점은 언제 매출을 잡을까요?

정답은 2024년 12월 30일입니다. 비록 돈은 2025년에 들어오지만 물건을 주고받은 거래가 발생한 시점은 2024년이기 때문입니다. 즉 백화점은 2024년에 매출로 회계 처리하지만 실제 돈은 들어오지 않았기 때문에 수익(매출)이 반드시 돈을 의미하는 것은 아닙니다.

외상 거래를 하는 기업이 매출액 100억 원을 달성했다면 그만큼 거래가 발생했다는 것을 의미합니다. 그 돈이 모두 입금된 것을 의미하지 않죠. 돈이 약속대로 잘 들어왔는지 아닌지는 이후에 다시 살펴봐야 합니다.

감가상각비는 사용한 비용

그렇다면 비용은 돈이 나갔다는 것을 의미할까요? 팔 때도 외상이니 사올 때도 외상입니다. 회사에서 비용으로 처리하는 대부분의 금액은 발생 시점에 처리하고 돈은 나중에 빠져나갑니다. 비용으로 처리한 것 역시 현금 유출을 의미하지 않습니다.

그리고 기업 회계에서는 아예 현금 유출이 없는 비용도 있습니다. 감가상각비가 바로 그 예입니다. 10년 전에 3,000만 원을 주고 산 자동차를 타고 다니다가 최근에 중고차시장에 팔려고 알아봤더니 300만 원 정도 쳐준다고 합니다. 9년 동안 2,700만 원이 줄었습니다. 이것을 '감가'라고 부릅니다. 가치가 감소했다는 의미인데, 회사는 이 감가를 비용으로 인식합니다. 즉 9년 동안 300만 원씩 비용으로 처리하는 것이죠. 이것을 '감가상각비'라고 합니다.

자동차를 취득할 때는 목돈이 빠져나갑니다. 이때 우리는 이를 생활비가 아닌 자산으로 생각합니다. 오랫동안 사용할 예정이고, 매각할 때 일정 금액 회수도 가능하기 때문이죠. 결국 10년 뒤에 자산가치가 감소한 것은 사용 기간 동안 비용화된 걸로 봐야 합니다. 그래서 기업들은 감가상각비를 비용으로 처리합니다.

감가상각비의 이해

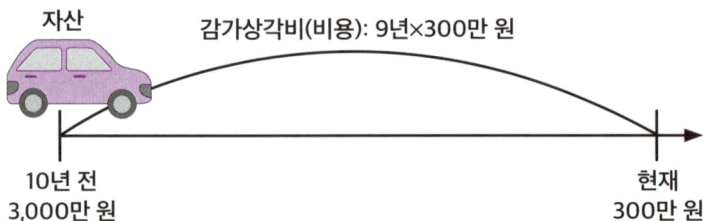

수익을 거래나 사건이 발생한 시점에 인식하듯, 비용 역시 발생한 시점에 인식합니다. 기업의 수익 그리고 비용과 관련된 회계 처리는 모두 발생 시점에 이루어집니다.

반도체, 스마트폰, 가전 등을 생산하는 삼성전자는 기계장치, 공기구, 시설장치, 건물 등 유형자산만 205조 원 이상 가지고 있습니다. 1년에 비용으로 처리하는 감가상각비만 39조 원이 넘습니다. 즉 제품을 생산하기 위해 사용한 유형자산에서 감가상각비라는 비용이 발생했다고 보는 것이고, 이렇게 1년 동안 비용으로 처리하는 감가상각비는 전체 비용 268조 원 중 15%나 됩니다. 이 39조 원은 현금으로 지출되지 않았어도 회계상 엄연히 비용입니다.

이렇게 비용으로는 처리하지만, 실제 돈으로 나가지 않는 경우도 꽤 됩니다. 또한 앞서 소개한 백화점 사례처럼 연말에 매입하고 다음 해에 대금이 빠져나가는 경우도 워낙 많기 때문에 손익계산서의 비용이 그 해에 나간 돈이라고 생각해서는 절대 안 됩니다.

회계를 정복하기 위해서는 수익은 현금 유입, 비용은 현금 지출이라는 편견부터 깨야 합니다.

011 수익과 이익은 무엇이 다를까?

회계 무작정 따라하기

수익보다 중요한 이익

"올해 회사 수익이 얼만데…", "작년보다 이익이 줄었어"와 같이 수익과 이익을 혼용해 사용하고 있진 않나요?

수익은 매출액을 의미합니다. 즉 판매가격(Price)과 판매량(Quantities)의 곱입니다. 그래서 매출액을 'P×Q'로 표현하죠. 한편 이익은 수익에서 비용을 차감한 것을 말합니다. 이익이 수익보다 작을 수밖에 없죠. 이때 수익보다 비용이 크면 '손실'이라고 말합니다.

- **수익**(매출액): 판매가격 × 판매량
- **이익**: 수익 – 비용(수익 〉 비용)
- **손실**: 수익 – 비용(수익 〈 비용)

기업들의 매출액에서 매출원가를 차감한 것을 '매출총이익'이라고 합니다. 매출액은 판매가격과 판매량의 곱으로 표현하지만, 생산원가에 마진을 붙인 것으로 표현할 수도 있습니다. 이 매출총이익에서 판매비와 관리비를 차감하면 영업이익이 되고, 이 영업이익에서 영업외수익과 비용, 법인세비용을 가감하면 당기순이익이 됩니다.

> - **매출액:** 생산원가+마진
> - **매출총이익:** 매출액-매출원가
> - **영업이익:** 매출총이익-판매비와관리비
> - **당기순이익:** 영업이익+영업외수익-영업외비용-법인세비용

즉 회사의 이익이 늘었다면 매출이 늘었거나 비용이 감소해서 그런 겁니다. 매출액은 작년과 비슷한데 매출총이익이 늘었다면 원가를 절감했다는 의미입니다. 작년과 비교했을 때 마진 차이도 없는데 영업이익이 늘었다면 판매비와관리비를 절감한 것으로 보면 됩니다. 작년과 영업이익이 차이가 나지 않는데 당기순이익이 늘었다면 영업외수익이 많아졌거나 영업외비용이 작아졌을 수 있습니다.

기업의 매출액부터 당기순이익까지

다음은 장수막걸리로 유명한 서울장수주식회사의 손익계산서입니다. 매출액 399억 원은 막걸리 판매가격에 판매량을 곱한 수익을 의미합니다. 매출원가 246억 원은 막걸리 생산원가입니다. 쉽게 생각하면, 246원에 만든 제품을 399원에 판매한다고 보면 됩니다. 그래서 153억 원의 마진이 발생했는데, 이를 '매출총이익'이라고 합니다.

제품을 판매하기 위해서는 유통비, 판매수수료, 광고선전비 등과 같은 판매비와 인건비, 임차료, 전기요금 등과 같은 관리비가 발생합니다. 이를 묶어 '판매비와관리비'로 표시합니다. 회사는 이런 비용들을 사용해 막걸리 사업으로 34억 원의 이익을 남겼습니다. 이를 '영업이익'이라고 합니다.

사업을 하다 보면 영업 외적인 수익과 비용들이 발생합니다. 은행에 여유자금을 예치하면 이자수익이 발생하고, 대출을 받으면 이자비용을 내야 합니다. 이런 수익과 비용은 막걸리 사업 때문에 발생하는 수익과 비용과는 관련이 없습니다. 그래서 영업외수익, 영업외비용으로 표시합니다.

모든 수익과 비용을 다 정리한 후에 마지막으로 법인세비용을 납부하면 순수하게 회사에 떨어지는 이익인 당기순이익이 계산됩니다. 주식회사는 주주들의 회사이므로 당기순이익이 많아질수록 배당금도 더 많이 기대할 수 있습니다.

이렇게 수익과 이익을 구분하고 어떤 이익인지도 알아야 정확하게 해석할 수 있습니다.

서울장수주식회사의 손익계산서 사례

손익계산서		
Ⅰ. 매출액	39,927,990,446원	→ 막걸리 판매가격×판매량
Ⅱ. 매출원가	24,627,549,295원	→ 막걸리 생산원가
Ⅲ. 매출총이익	15,300,441,151원	→ 마진
Ⅳ. 판매비와관리비	11,889,352,699원	→ 제품을 판매하고 회사를 관리하는 데 들어간 비용
Ⅴ. 영업이익	3,411,088,452원	→ 매출총이익−판매비와관리비
Ⅵ. 영업외수익	625,342,501원	→ 막걸리 사업 외 수익
Ⅶ. 영업외비용	221,311,816원	→ 막걸리 사업 외 비용
Ⅷ. 법인세차감전순이익	3,815,119,137원	
Ⅸ. 법인세 등	759,820,906원	
Ⅹ. 당기순이익	3,055,298,231원	→ 법인세차감전순이익−법인세

잠깐만요 | 수익·비용 대응의 원칙

수익·비용 대응의 원칙은 기업 회계에서 발생주의 회계와 함께 가장 중요한 원칙입니다. 회사가 이익을 창출하려면 비용을 투입해야 합니다. 비용을 투입하면 수익이 발생합니다. 수익과 비용은 같은 해에 대응됩니다. 그래서 수익·비용 대응의 원칙이라고 하는 것이죠.

수익(Output)−비용(Input)=이익

2024년에 대한 성과금을 2025년에 지급하지만 비용 처리는 매출이 발생한 2024년에 하는 이유는 수익·비용 대응의 원칙 때문입니다. 실제로는 돈이 나가지 않는 감가상각비를 매년 비용으로 처리하는 이유도 마찬가지입니다.

믹서기로 직접 갈아 만든 생과일 주스를 판매해 수익을 내는 가게가 있다고 가정합시다. 생과일 주스를 만들기 위해 투입된 비용에는 재료비와 인건비도 있지만 믹서기에 대한 감가상각비도 있습니다. 그래서 감가상각비를 매년 비용으로 처리하는 것입니다.

회계 무작정 따라하기

012 기업 재무제표는 어디에서 볼 수 있을까?

재무제표가 모여 있는 '다트'

기업은 주식시장 상장 여부에 따라 상장 기업, 비상장 기업으로 나뉩니다. 상장 기업은 많은 주주로부터 자본을 조달받아 설립되었기 때문에 그들에게 경영과 관련된 정보를 공유해야 합니다. 그래서 재무제표를 포함한 여러 기업 정보를 공시합니다. 이 자료들은 금융감독원이 운영하는 전자공시시스템(DART)에서 확인할 수 있습니다.

인터넷 검색창에 '전자공시시스템(dart.fss.or.kr)' 또는 '다트'를 검색하면 접속할 수 있습니다. 참고로 모바일 앱도 있으니 다운받아 활용해보기 바랍니다.

▲ 전자공시시스템 메인 화면

회사명이나 종목 코드, 예를 들어 '삼성전자' 또는 '005930'을 입력하면 회사가 최근까지 공시한 모든 내용을 찾아볼 수 있습니다. 재무제표는 사업보고서, 분기보고서, 반기보고서에서 확인하면 됩니다.

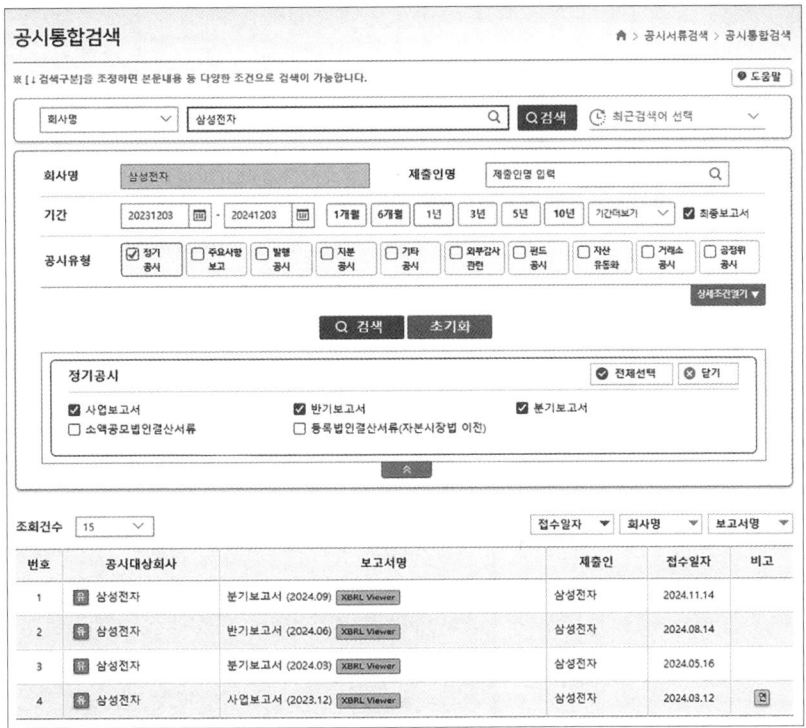

▲ 삼성전자의 재무제표 검색 결과

비상장 기업은 이해관계자가 매우 적기 때문에 재무제표 공개도 한정적입니다. 모든 기업이 다트에 공개하는 건 아니고, 외부감사를 받는 기업들만 공시 의무가 있습니다. 외부감사는 회사의 재무제표가 제대로 작성되었는지 확인하는 절차로, 공인회계사들로 구성된 회계법인이 수행합니다.

참고로 외부감사를 받아야 하는 비상장 기업의 범위는 자산 500억 원 이상 또는 매출액 500억 원 이상이거나 일정 외형 요건(자산 120억 원 이상, 부채 70억 원 이상, 매출 100억 원 이상, 종업원 수 100명 이상) 중 2가지 이상 해당되는 곳입니다.

외부감사를 받는 기업은 전자공시시스템에 감사보고서가 공시되고, 그 안에서 재무제표를 확인할 수 있습니다. 외부감사를 받지 않는 비상장 중소기업이나 개인사업자의 재무제표는 확인할 방법이 없습니다.

> **잠깐만요**
>
> ### 감사 결과에 따른 구분
>
> 재무제표가 회계기준에 따라 제대로 작성되었는지 확인하는 것을 '회계감사'라고 합니다. 산업 환경이 복잡하고 사업과 거래 방식이 다양해짐에 따라 기업의 회계 처리가 제대로 되고 있는지 누군가는 확인을 해야 합니다. 그래야 그 기업에 투자한 주주들, 돈을 빌려주는 은행, 외상 거래를 하는 거래처들이 안심할 수 있기 때문이죠.
>
> 그래서 기업과 독립된 제3자인 회계법인이 기업의 재무제표를 감사(監査, Auditing)합니다. 회계법인이 회계감사를 마치면 감사 결과를 보고서에 표명합니다. 감사 의견의 종류는 적정, 한정, 부적정, 의견거절로 나뉩니다.
>
> 적정 의견은 재무제표가 회계기준에 따라 제대로 작성되었다는 것을 의미합니다. 이해관계자들은 당연히 이런 기업에 투자하거나 거래를 해야 합니다. 적정 의견을 받지 못한 기업들은 재무제표의 신뢰성이 떨어지니 당연히 투자와 거래가 꺼려질 수밖에 없습니다.
>
> 한정 의견은 재무제표의 일부만 잘못되었고, 나머지는 제대로 작성되었을 때 표명됩니다. 예를 들어 테슬라코리아의 2023년 재무제표에 감사인이 한정 의견을 주었습니다. 테슬라코리아의 자산총계 5,649억 원 중 251억 원이 회계 처리가 잘못되었기 때문입니다. 잘못된 금액은 자산총계 대비 4.4% 정도로, 큰 편은 아닙니다. 단, 감사인이 한정 의견을 줄 때 몇 퍼센트까지 잘못되면 준다는 것에 대한 규정은 없습니다. 감사인이 계정과목과 숫자의 질적·양적 중요성을 갖고 판단을 내리죠. 아무튼 이 251억 원을 제외하고 다른 부분은 제대로 회계 처리가 되었기 때문에 한정 의견을 준 것입니다.
>
> 부적정 의견은 재무제표가 엉망진창 수준으로 작성되었을 때 표명합니다. 그러나 현실적으로 부적정 의견이 표명되는 감사보고서는 거의 발행되지 않습니다. 재무제표가 엉망진창이면 감사인이 감사조차 할 수 없기 때문에 기업에 제대로 된 재무제표를 만들어올 것을 요구합니다. 필자가 20년 넘게 회계사로 일하는 동안 부적정 의견이 표명된 상장 기업의 감사보고서는 본 적이 없습니다.

만약 기업이 제대로 된 재무제표를 만들어오라는 요구에도 불구하고 다시 엉망진창인 재무제표를 제시한다면 감사인은 어떻게 할까요? 감사를 할 수 없는 수준의 재무제표이기 때문에 감사 의견도 주지 않습니다. 즉 의견거절을 표명합니다.

그리고 의견거절이 표명되는 또 하나의 경우가 있는데, 회사가 곧 망할 수도 있을 때입니다. 이를 '계속기업가정의 중요한 불확실성'이라고 합니다. 어느 정도가 망할 수준인지는 감사인이 판단해 결정합니다. 대개 1년 이내에 현금화되는 유동자산보다 유동부채가 훨씬 크거나 자산총계보다 부채총계가 더 큰 소위 '자본잠식'일 때 그리고 매년 대규모 적자를 낼 때 감사 의견거절을 받습니다.

무작정 따라하기

알쏭달쏭 회계 퀴즈

▼Q1 다음의 경우 쿠팡은 언제 매출을 인식할까요?
① 2024년 12월 30일 고객이 상품을 주문하고 신용카드로 결제함
② 2024년 12월 31일 고객의 집 앞에 상품을 배송 완료하고 고객은 구매를 확정함
③ 2025년 1월 2일 쿠팡으로 카드대금이 입금됨

▼정답 ② 2024년 12월 31일 고객의 집 앞에 상품을 배송 완료하고 고객은 구매를 확정함

▼해설 발생주의 회계에 따라 수익과 비용은 거래가 발생한 시점에 인식됩니다. 여기서 거래의 발생은 물건을 주고받은 것을 의미합니다. 즉 상품을 배송 완료한 2024년 12월 31일이 수익 인식일입니다. 재화의 위험과 효익이 쿠팡에서 고객에게 넘어갔고, 쿠팡은 고객에게 대금청구권을 갖는 날인 2024년 12월 31일이 수익 인식일입니다.

▼Q2 다음 상황에서 회사가 1년 동안 거둔 이익은 얼마일까요?

> 회사는 1년 동안 8,000원에 만든 제품 1만 개를 1만 원에 판매함
> 회사에서 발생되는 판매비와관리비는 1,000만 원임
> 회계연도 종료일에 회사의 부채는 1,000만 원임

① 1억 원 ② 2,000만 원
③ 1,000만 원 ④ 0원

▼정답 ③ 1,000만 원

▼해설 매출액은 1억 원(판매가격 1만 원×판매량 1만 개)입니다.
매출원가는 8,000만 원(생산원가 8,000원×판매량 1만 개)입니다.
매출총이익은 2,000만 원입니다. 판매비와관리비가 1,000만 원이므로 남긴 이익은 1,000만 원입니다.
참고로 부채는 비용이 아니므로 이익 계산 시 필요한 정보가 아닙니다.

- **013** 초간단 복식부기의 원리
- **014** 16가지 경우의 수만 알면 회계 처리 끝
- **015** 자산이 증가하는 4가지 경우
- **016** 부채가 감소하는 4가지 경우
- **017** 자본이 감소하는 4가지 경우
- **018** 비용이 발생하는 4가지 경우

둘째 마당

회계 처리의 시작, 자산=부채+자본

회계 무작정 따라하기

 회계 이야기

가장 위대한 발명품 복식부기

가계부에는 오늘 하루 나에게 일어난 일 중 경제활동과 관련된 부분을 모두 기입해야 합니다. 즉 들어온 돈과 나간 돈에 대한 내용을 적어야 하죠. 기업도 마찬가지입니다. 회계 장부에 기업에서 발생한 경제적인 사건이나 거래에 대한 내용을 모두 기입해야 합니다. 이를 '회계 처리' 라고 합니다.

개인 가계부에는 입금과 출금 위주로 기록하지만, 기업은 입출금이 수반되지 않는 거래도 있어 적을 게 꽤 많습니다. 앞서 살펴보았던 감가상각비 같은 현금이 수반되지 않는 비용이 대표적인 예입니다.
많은 사람이 가계부에 수입과 지출을 중점적으로 기입하는데, 좀 더 잘 작성하는 분들은 투자와 대출까지 관리합니다. 이에 비해 기업의 회계 장부는 수익과 비용은 물론이고, 자산과 부채까지 관리해야 하므로 가계부보다 더 정교해야 합니다.

그렇다고 회계 처리 방법이 가계부보다 어렵다는 이야기는 아닙니다. 회계 장부는 '복식부기'라는 방법을 통해 작성하는데, 복잡해 보이지만 매우 쉽고 과학적입니다. 복식은 배드민턴이나 탁구 등의 경기에서 2명이 같이 싸우는 것처럼 2개를 의미합니다. 부기는 장부에 기입한다는 의미로 'Book-keeping'이라고 하죠.
예를 들어 가족과 외식을 하면 가계부의 지출란에 금액을 적고 항목에 '외식'이라고 씁니다. 그러나 기업 회계에서는 항목을 2개 적고 금액도

2번 씁니다. 그래서 복식부기입니다. 가계부는 한 번만 쓰기 때문에 '단식부기'라고 합니다.

독일의 대문호 요한 볼프강 폰 괴테(Johann Wolfgang von Goethe)는 복식부기를 두고 이렇게 극찬했습니다.
"복식부기는 인간의 지혜가 낳은 가장 위대한 발명품 중 하나다."
별것 아닌 것 같지만 하나의 거래에 대하여 장부에 2번 쓰는 건 엄청난 힘을 발휘합니다. 금액에 대한 검증을 해주고 누락을 방지하는 역할을 하는데, 이에 대해서는 차차 알아나가도록 하겠습니다.
회계 실무를 해야 하거나 관련 직군에 취업해야 한다면 반드시 복식부기를 배워야 합니다. 원리를 이해하는 데 3분이면 충분합니다. 원리를 이해하고 계정과목명에 대한 개념만 알면 눈 감고도 회계 처리를 할 수 있는 경지에 오를 것입니다.

기업에서 발생한 경제적 사건은 수익과 비용 발생, 자산과 부채의 증가나 감소일 수 있습니다. 어떤 거래든 장부에 정확히 기입할 줄만 알면 됩니다.
회계 장부는 작은 기업부터 대기업까지 모두 전산화되어 있어 자산과 부채 관련 숫자는 재무상태표로 모이고, 수익과 비용 관련 숫자는 손익계산서를 구성합니다. 재무제표를 수작업으로 만들 일은 없기 때문에 회계 처리만 제대로 하면 그 이후는 만사 OK라는 이야기입니다.

013 초간단 복식부기의 원리

회계 무작정 따라하기

왼쪽에 한 번, 오른쪽에 한 번

복식부기는 대학교 회계원리 과목에서 1시간 넘게 배우는 내용이지만, 우리는 단 3분 만에 이해할 수 있습니다. 이미 '자산=부채+자본'이라는 공식을 자연스럽게 알았기 때문이죠. 이 공식을 이해했으니 다음 공식도 이해가 될 것입니다.

'-부채-자본=-자산'

왼쪽 항과 오른쪽 항을 각각 반대쪽으로 이항했습니다. T자에 이 공식 2개를 집어넣으면 다음과 같이 되겠죠.

〈차변〉	〈대변〉
자산	부채
- 부채	자본
- 자본	- 자산

T자를 중심으로 왼쪽과 오른쪽에 배치했습니다. T자에서 왼쪽을 차변, 오른쪽을 대변이라고 부릅니다. 그래서 예전부터 자산, 부채, 자본을 보여주는 재무상태표를 대차대조표라고 불렀습니다. 대변과 차변을 서로 대조해서 보여준다는 의미죠.

이익이 누적되면 자본이 됩니다. 이익은 '수익-비용'입니다. 그러면 다음과 같은 공식이 성립됩니다.

> 자산=부채+수익-비용
> ∴자산+비용=부채+수익

T자에 이 내용을 마저 넣어보도록 하겠습니다.

〈차변〉	〈대변〉
자산	부채
-부채	자본
-자본	-자산
비용	수익

잠깐만요

대차대조표에서 재무상태표로

2000년 후반까지 대학교에서 회계학을 배웠거나 그쯤까지 회계 실무를 했던 사람은 대차대조표라는 용어가 익숙할 것입니다. 그 이후 세대는 재무상태표가 친숙할 테고요. 2000년대 후반에 우리나라에 국제회계기준(IFRS)이 도입되면서 재무상태표로 명칭이 변경되었습니다. 대차대조표와 재무상태표는 회계연도 종료일의 자산, 부채, 자본을 보여준다는 점에서 개념이 같습니다. 명칭만 달라졌다고 생각하면 됩니다.

차변과 대변의 합은 항상 같다

회사가 어떤 거래를 일으키거나 사건이 발생하면 회계 처리는 이 T자 안에서 다 이루어집니다.

예를 들어 회사에 수익이 발생했고 1억 원을 현금으로 받았습니다. 그러면 다음과 같이 회계 장부의 왼쪽(차변)에 현금 1억 원(자산 증가)을 적고, 오른쪽(대변)에 매출 1억 원(수익 발생)을 적습니다.

〈차변〉		〈대변〉	
현금(자산 증가)	1억 원	매출(수익 발생)	1억 원

만약 회사가 은행에서 빌린 1억 원을 갚는다면 다음과 같이 회계 처리하면 됩니다.

〈차변〉		〈대변〉	
차입금(부채 감소)	1억 원	현금(자산 감소)	1억 원

이 거래를 가계부처럼 작성한다면 그냥 입금 1억 원, 출금 1억 원으로 표시하겠지만, 기업은 금액이 왜 증가했고 감소했는지 알아야 하고, 그 성격이 자산인지 부채인지, 수익인지 비용인지 구분해야 하기 때문에 이렇게 왼쪽에 한 번, 오른쪽에 한 번 적습니다. 이렇게 2번 적는 것을 '복식부기'라고 합니다.

그렇다고 꼭 왼쪽(차변)에 하나, 오른쪽(대변)에 하나만 나오는 건 아닙니다. 2개 이상이 나올 수도 있습니다. 예를 들어 회사가 2억 원의 매출을 올렸는데, 1억 원은 현금으로 받고 1억 원은 외상으로 줬습니다. 그럴 경우에는 다음과 같이 회계 처리하면 됩니다.

〈차변〉		〈대변〉	
현금(자산 증가)	1억 원	매출(수익 발생)	2억 원
매출채권(자산 증가)	1억 원		

나중에 받을 돈인 매출채권(외상매출금)은 자산입니다. 미래에 돈이 들어올 테니까요. 현금, 매출채권, 차입금, 매출 등을 '계정과목'이라고 합니다. 하나의 거래나 사건이 발생하면 차변과 대변에 2개 이상의 계정

과목이 나올 수 있는데, 중요한 건 차변의 합과 대변의 합이 항상 일치한다는 것입니다. 이를 '대차평형'이라고 합니다.

재무상태표의 옛날 용어인 대차대조표는 영문으로 'Balance Sheet'라고 표기합니다. 여기서 Balance는 자산, 부채, 자본의 잔액이라는 의미도 있지만, 차변과 대변의 균형적인 배치를 뜻하기도 합니다.

014 16가지 경우의 수만 알면 회계 처리 끝

회계 처리 발생의 원인과 결과

앞서 T자에서 자산, 부채, 자본의 '+'는 증가, '-'는 감소로 풀어쓰고, 수익과 비용은 발생으로 표시해 다시 정리하면 다음과 같습니다.

〈차변〉	〈대변〉
자산 증가	부채 증가
부채 감소	자본 증가
자본 감소	자산 감소
비용 발생	수익 발생

자산이 증가하려면 부채 증가, 자본 증가, 자산 감소, 수익 발생 중 하나가 생기면 됩니다. 같은 논리로 부채가 감소하려면 부채 증가, 자본 증가, 자산 감소, 수익 발생 중 하나가 생기면 됩니다. 수익이 발생했다면 자산 증가, 부채 감소, 자본 감소, 비용 발생을 일으킵니다.

예를 들어보겠습니다. 기업에 현금 1억 원이 들어왔는데 은행 대출 때문이라면 다음과 같이 회계 처리가 됩니다. 자산이 증가했는데 부채도 같이 증가했습니다. 돈이 생겼는데 내 돈이 아닌 빚이라 그런 거죠.

〈차변〉		〈대변〉	
현금(자산 증가)	1억 원	차입금(부채 증가)	1억 원

반면 기업이 은행 대출 1억 원을 상환했다면 다음과 같이 회계 처리가 됩니다. 부채가 감소했는데 자산도 같이 감소했습니다. 빚을 갚느라 수중의 돈이 줄어서 그런 겁니다.

〈차변〉		〈대변〉	
차입금(부채 감소)	1억 원	현금(자산 감소)	1억 원

기업에 수익이 발생했는데 거래처에 외상을 주고 돈은 다음 달에 받기로 했다면 다음과 같이 회계 처리가 됩니다. 수익이 발생되어 기분은 좋은데 돈이 들어오지 않았으니 찜찜합니다. 그래도 돈을 받을 권리인 매출채권이 생겼으니 엄연한 자산 증가입니다.

〈차변〉		〈대변〉	
매출채권(자산 증가)	1억 원	매출(수익 발생)	1억 원

 알아두세요

상계

같은 계정과목의 증가액과 감소액을 순액으로 만드는 것을 말합니다. 소위 '퉁친다'라는 표현을 쓰기도 하죠.
예를 들어 개인이 1월 1일에 1,000만 원을 대출받았는데 12월 31일에 500만 원을 갚았다면 대출 잔액은 500만 원이 됩니다. 이렇게 증가된 부채 1,000만 원과 감소된 부채 500만 원을 상계해 순액 500만 원만 부채라고 인식합니다.
기업도 마찬가지입니다. 예를 들어 회계 기간이 1월 1일부터 12월 31일까지인 회사가 있는데, 현금이나 차입금 같은 자산과 부채가 계속 증가·감소를 반복할 것이기 때문에 이를 상계해 회계연도 종료일인 12월 31일에 순액으로만 표시합니다.

결국 자산은 부채와 자본의 합

기업은 1년 동안 거래나 사건이 발생할 때마다 이렇게 회계 처리를 합니다. 수많은 회계 처리가 쌓여 연말에 결산을 하는데 자산, 부채, 자본을 상계(相計, Netting)*해 남은 잔액을 재무상태표에 표시하고, 수익과 비용의 합계를 모아 손익계산서에 정리합니다. 물론 건수가 엄청나게 많기 때문에 집계는 회계 프로그램이 알아서 해줍니다.

차변에 자산 증가가 오는 이유는 부채 증가, 자산 증가, 자산 감소, 수익 발생 중 하나의 사건이나 거래가 발생했기 때문입니다. 그렇다면 나머지 부채 감소, 자본 감소, 비용 발생도 마찬가지겠죠?

이를 다 풀어서 정리하면, 결국 거래나 사건이 발생할 때 나올 수 있는 회계 처리 경우의 수는 16개가 됩니다.

회계 처리의 모든 경우의 수

경우의 수	〈차변〉	〈대변〉
①	자산 증가	부채 증가
②		자본 증가
③		자산 감소
④		수익 발생
⑤	부채 감소	부채 증가
⑥		자본 증가
⑦		자산 감소
⑧		수익 발생
⑨	자본 감소	부채 증가
⑩		자본 증가
⑪		자산 감소
⑫		수익 발생
⑬	비용 발생	부채 증가
⑭		자본 증가
⑮		자산 감소
⑯		수익 발생

이 표는 절대 외울 필요 없습니다. 처음 시작점인 '자산=부채+자본'에서 다 만들어진 것입니다. 그리고 회계 처리를 하다 보면 증가, 감소, 발생의 원인에 따라 차변과 대변에 무엇이 와야 하는지 자연스럽게 떠오를 것입니다.

015 자산이 증가하는 4가지 경우

회계 무작정 따라하기

자산이 증가하는 것은 다음 4가지 경우에 의해서입니다.

자산이 증가하는 4가지 경우

경우의 수	〈차변〉	〈대변〉
①	자산 증가	부채 증가
②		자본 증가
③		자산 감소
④		수익 발생

경우 ① 부채 증가

스타벅스에서 사용하기 위해 e카드에 5만 원을 충전했다고 가정해봅시다. 스타벅스에서는 돈이 들어왔지만 이를 매출로 인식하지 않습니다. 돈을 받았지만 그 어떤 식음료를 제공하지 않았고, 앞으로 제공해야 할 의무만 있기 때문이죠. 그래서 스타벅스는 이 돈을 부채로 인식하고 다음과 같이 회계 처리를 합니다.

〈차변〉		〈대변〉	
현금(자산 증가)	5만 원	선수금(부채 증가)	5만 원

돈을 먼저 받았다는 의미로 '선수금'이라 기재했습니다. 부채인 선수금은 고객에게 식음료를 제공하면 감소될 것이고, 그때 매출(수익)을 인식합니다.

경우 ② 자본 증가

이번에는 회사가 유상증자*를 하는 경우입니다. 유상증자는 주식회사가 주주들에게 투자금을 받고 그 금액에 해당하는 주식을 나누어주는 것을 말합니다.

주주들로부터 현금을 받으니 이는 자산의 증가를 가져오고, 그에 상응하는 금액만큼의 주식을 발행하는데, 이는 자본금이 됩니다. 만약 회사가 주주들에게 현금 1억 원을 투자받고 액면가 5,000원짜리 주식 2만주를 발행해 나누어주었다면 다음과 같이 회계 처리를 합니다.

〈차변〉		〈대변〉	
현금(자산 증가)	1억 원	자본금(자본 증가)	1억 원

> **알아두세요**
>
> **유상증자**
>
> 기업이 사업을 하기 위해서는 많은 자본금이 필요합니다. 창업자 혼자 돈을 다 댈 수 없으니 사업에 관심이 많은 투자재(주주)를 모집해 사업자금을 투자받습니다.
> 회사는 기꺼이 자금을 내준 주주들에게 주식을 발행해 나누어줍니다. 그래서 회사 이름 뒤에 '주식회사'라는 말이 붙는 것이죠. 물론 모든 회사가 주식회사는 아닙니다. 아무튼 이렇게 발행된 주식을 계속 갖고 있는 주주도 있지만 팔고 싶은 주주도 있을 테고, 그 주식을 사고 싶은 사람도 있을 테니 그런 시장을 만들어줘야겠죠. 그래서 생겨난 것이 바로 주식시장입니다.

잠깐만요

주식 거래의 역사

지금으로부터 400여 년 전 네덜란드 전국의회는 수많은 소규모 선단의 치열한 해상무역 경쟁으로 나라 전체의 이익이 감소하자 모두 정리하고 하나의 큰 기업인 동인도회사를 세우기로 결정했습니다.
세계를 누비며 오랜 기간 항해를 해야 하고 배의 침몰 위험도 있기에 사업자금이 아주 많이 필요했습니다. 그래서 네덜란드 전국의회는 귀족들뿐 아니라 남녀노소 상관없이 누구나 동인도회사에 출자할 수 있는 기회를 주었습니다.
암스테르담 국립기록보존소에 남아 있는 동인도회사의 주주명부에 의하면 하녀, 기능공, 상인, 귀족 등 다양한 신분을 가진 수천 명의 시민이 회사 설립에 참여했고, 투자금 650만 길더, 한화로 1,200억 원 이상을 모았다고 합니다. 네덜란드에서 세계 최초로 시민자본주의가 시작된 것이죠.

그 당시에는 주식도 만기가 있었는데, 무려 21년짜리였다고 합니다. 그런데 17세기 유럽인들의 평균 수명이 40년 내외에 불과했기 때문에 만기 전에 주주가 생을 마감할 수 있다는 문제가 있었습니다. 그래서 동인도회사는 회계 담당자를 통해 주식을 사고팔 수 있게끔 허용했습니다. 주식 거래를 원하는 사람이 많아지자 네덜란드는 세계 최초로 주식거래소를 설립했습니다.

주식 매매를 통해 주식의 소유주가 자주 바뀌어도 회사의 자본은 계속 유지될 수 있으니 회사가 존속하는 데 아무런 문제가 없겠죠. 그래서 주주를 'Stockholder'라고 합니다.

경우 ③ 자산 감소

자산이 감소하면서 자산이 증가하는 대표적인 상황은 자산을 처분할 때입니다. 만약 회사가 보유하고 있던 땅을 팔고 현금 1억 원을 받았다면 다음과 같이 회계 처리가 될 것입니다.

〈차변〉		〈대변〉	
현금(자산 증가)	1억 원	토지(자산 감소)	1억 원

경우 ④ 수익 발생

수익이 발생하면서 자산이 증가하는 대표적인 상황은 매출이 발생할 때입니다. 회사는 현금 1억 원을 받고 제품을 판매했습니다. 이때 회사는 다음과 같이 회계 처리를 합니다.

〈차변〉		〈대변〉	
현금(자산 증가)	1억 원	매출(수익 발생)	1억 원

016 부채가 감소하는 4가지 경우

이번에는 부채가 감소하는 4가지 경우를 살펴보겠습니다. 개인이나 기업의 부채가 감소하면 부채 증가, 자본 증가, 자산 감소, 수익 발생 중 하나가 따라옵니다.

부채가 감소하는 4가지 경우

경우의 수	〈차변〉	〈대변〉
⑤	부채 감소	부채 증가
⑥		자본 증가
⑦		자산 감소
⑧		수익 발생

경우 ⑤ 부채 증가

부채가 감소하면서 부채가 증가하는 대표적인 상황은 '차환(借換)'을 할 때입니다. 이는 돈을 새로 꾸어 만기가 도래한 대출을 갚는 소위 '돌려 막기'를 말합니다. 회사가 우리은행에서 빌린 1억 원의 만기가 도래했는데 당장 갚을 돈이 없어 신한은행에서 1억 원을 빌려 갚았다면 다음과 같이 회계 처리가 됩니다.

⟨차변⟩		⟨대변⟩	
차입금(부채 감소)	1억 원	차입금(부채 증가)	1억 원

실제로는 차입금을 갚으면서 현금 1억 원이 나갔을 것이고, 신규 차입금 1억 원이 증가할 때 현금 1억 원이 들어왔겠지만 소위 말해 퉁친 것입니다(상계 제거).

경우 ⑥ 자본 증가

부채가 감소하면서 자본이 증가하는 상황은 많지 않습니다. 예를 하나 들면 출자전환*이 이에 해당됩니다. 도저히 대출을 갚지 못할 정도로 어려워진 기업의 주식을 은행이 가져가는 것을 출자전환이라고 합니다. 즉 받아야 되는 돈만큼 회사의 주식을 받는 것이죠.

무상감자나 신주 발행 등 복잡한 출자전환 절차와 회계 처리를 거쳐야 하는데, 단순화시켜 예를 들어보겠습니다. 산업은행이 건설사에 1억 원을 빌려줬는데 건설사가 부도위기에 처해 돈을 회수할 방법이 없습니다. 산업은행은 받아야 할 1억 원 대신 회사의 주식 1억 원을 받기로 했습니다. 그렇다면 다음과 같이 회계 처리가 됩니다.

⟨차변⟩		⟨대변⟩	
차입금(부채 감소)	1억 원	자본금(자본 증가)	1억 원

알아두세요

출자전환

과거 대우조선해양, STX그룹, 금호타이어, 동부건설, 쌍용건설 등이 부실화되면서 출자전환이라는 절차를 겪었습니다. 이 기업들은 실적이 매년 악화되어 보유한 돈이 바닥이 났고, 더 이상 돈을 구하는 것도 어려워졌습니다. 이 기업들에게 거액의 돈을 빌려준 은행들은 원금도 회수하지 못하게 될 상황이었죠.

이런 경우 은행들은 회사로부터 대출 원금 대신 같은 금액만큼의 주식을 받습니다. 즉 채권자에서 주주가 되는 것이죠. 주주가 되어 회사를 살리고 주가가 올랐을 때 주식을 팔면 원금 회수가 가능해집니다.

은행이 회사를 살리려면 지배권을 확보해야 합니다. 즉 최대주주가 되어야 합니다. 그러려면 회사의 대주주를 내보내야겠죠? 그래서 회사는 출자전환 전에 대주주를 상대로 감자(減資)를 실시합니다. 이는 자본금을 줄인다는 의미인데, 쉽게 말하면 대주주가 갖고 있는 주식을 빼앗는 것입니다. 그러면 대주주의 지분율은 자연스럽게 낮아지고, 은행은 이 회사의 대주주가 되며 자연스럽게 출자전환이 마무리됩니다.

경우 ⑦ 자산 감소

부채가 감소하면서 자산이 감소하는 대표적인 상황으로는 '대출 상환'이 있습니다. 이때는 다음과 같이 매우 쉬운 회계 처리를 거칩니다. 회사는 신한은행으로부터 빌린 1억 원을 다음과 같이 상환했습니다.

〈차변〉		〈대변〉	
차입금(부채 감소)	1억 원	현금(자산 감소)	1억 원

경우 ⑧ 수익 발생

부채가 감소하면서 수익이 발생하는 상황은 많지 않은데, 앞서 언급한 스타벅스를 다시 소환해보겠습니다. 스타벅스 e카드에 5만 원을 충전한 고객이 매장에 방문해 음료를 2만 원어치 주문했습니다. 그럼 스타벅스에서는 다음과 같이 부채인 선수금을 감소시키고 매출(수익)을 발생시킵니다.

〈차변〉		〈대변〉	
선수금(부채 감소)	2만 원	매출(수익 발생)	2만 원

스타벅스에는 이제 부채(선수금) 3만 원만 남았습니다. 이전에 받은 5만 원 중 2만 원은 이번에 수익으로 잡혔고, 나머지 3만 원은 이후 식음료 제공 시점에 잡으면 됩니다.

017 자본이 감소하는 4가지 경우

회계 무작정 따라하기

자본이 감소하면 부채 증가, 자본 증가, 자산 감소, 수익 발생 중 하나가 따라옵니다. 대변에 오는 4가지는 항상 똑같습니다.

자본이 감소하는 상황은 많지 않습니다. 하지만 16가지 회계 처리를 한 번씩 맛보고 이해했으면 하는 취지로 살펴보도록 하겠습니다. 내용이 어려우면 과감히 패스해도 됩니다.

자본이 감소하는 4가지 경우

경우의 수	〈차변〉	〈대변〉
⑨	자본 감소	부채 증가
⑩		자본 증가
⑪		자산 감소
⑫		수익 발생

 알아두세요

배당금
주식회사가 이익이 쌓이면 주주들에게 일정 금액을 배분하는데, 이를 '배당금'이라고 합니다. 배당금은 이익이 쌓인 기업만 지급할 수 있습니다. 강제적인 사항은 아니지만 회사 이사회가 결의하고 주주총회에서 승인을 받으면 배당금을 지급할 수 있습니다. 지급 시기 또한 회사가 결정합니다.

경우 ⑨ 부채 증가

자본이 감소하면서 부채가 증가하는 대표적인 상황은 배당금* 지급입니다. 혹시 주식투자를 하고 있나요? 그럼 이해하기가 조금 쉬울 것입니다.

기업이 자신들이 벌어들인 이익의 일부를 주주와 공유하는 것을 배당

알아두세요

주주총회

주주들이 모여 회의를 하는 것을 말합니다. 주주들의 돈으로 만든 회사이므로 재무제표, 배당금액 등과 같은 주요 사안은 주주들의 동의를 받아야 합니다.
주주들은 주주총회에서 자신의 의사를 표시할 수 있는 권리를 가지고 있습니다. 이를 '의결권'이라고 합니다. 단, 모든 주주가 의결권이 있는 것은 아닙니다. 예를 들어 삼성전자 '우'처럼 우선주를 가지고 있다면 의결권이 없습니다. 우선주는 의결권이 없는 대신 보통주보다 배당금을 조금 더 받습니다.

알아두세요

무상증자

주주들에게 돈을 받지 않고 주식을 나누어주는 것을 말합니다. 기업이 무상증자를 하면 주주는 주식을 더 받습니다. 그러나 같은 금액의 자본이 감소하고 증가했기 때문에 자본총계는 변화가 없습니다.
그렇다면 기업의 자본도 늘어나지 않고 주주의 재산도 늘지 않는 무상증자를 왜 하는 것일까요?
기업은 발행된 주식수가 많아지면 주식시장에서 거래가 활발해질 것이고, 그러면 많은 사람에게 기업의 존재를 알릴 수 있다고 생각합니다. 그러면서 기업의 가치도 올라갈 거라 기대하는 것이죠.
기업이 무상증자를 발표하면 주가가 급등하곤 합니다. 그러나 자본총계는 변화가 없기 때문에 기업가치에도 영향이 없는 것이 정설입니다. 그동안 무상증자를 했던 상장 기업들을 보면 무상증자를 발표하고 며칠은 주가가 급등했지만 그 이후에는 내리막을 타 결국에는 무상증자 발표 전 수준으로 회귀했습니다.

금이라고 합니다. 대개 12월 31일에 결산일이 끝나면 3월 말까지 주주총회*를 합니다. 주주총회에서 주주들이 배당금 지급을 승인하면 회사는 4월에 주주들에게 배당금을 입금해줍니다.

기업들은 3월 말에 1분기 결산을 하면서 4월에 지급해야 하는 이 배당금을 부채로 인식합니다. 그리고 배당금은 벌어들인 이익의 합계인 이익잉여금(자본)에서 지급합니다. 기업들은 3월 말에 다음과 같이 회계 처리를 합니다.

〈차변〉		〈대변〉	
이익잉여금(자본 감소)	1억 원	미지급배당금(부채 증가)	1억 원

배당금은 이익잉여금에서 지급해야 하므로 이익잉여금이 감소합니다. 배당금을 4월에 지급할 예정이므로 3월 말 기준으로는 지급해야 할 의무만 존재합니다. 그래서 미지급배당금이라는 부채를 증가시킵니다.

회사는 4월 배당금이 지급되는 시점에 미지급배당금인 부채를 감소시키고 현금을 지급하므로 자산도 감소합니다. 즉 다음과 같이 부채 감소, 자산 감소로 회계 처리를 합니다.

〈차변〉		〈대변〉	
미지급배당금(부채 감소)	1억 원	현금(자산 감소)	1억 원

경우 ⑩ 자본 증가

이번 역시 주식투자를 하는 사람이라면 쉽게 이해할 것입니다. 기업들은 주주들에게 돈을 받지 않고 주식을 나누어주기도 합니다. 이를 무상증자*라고 하죠. 회사에 돈이 들어오지 않았지만 주주들에게 주식을 지급하니 자본금이 증가합니다. 자본금을 증가시키려면 다른 부분을 감소시켜야 합니다. 그 부분이 바로 자본잉여금이라는 항목입니다. 즉 자본이 감소하고 증가하기 때문에 무상증자는 기업의 가치에 변화를 주지 않습니다.

주주 역시 마찬가지입니다. 1주의 주식을 보유한 주주가 1주를 더 받게 되는 만큼 1주당 가격은 반으로 줄어들어 거래가 됩니다. 주식을 더 받는다고 내 재산이 늘어나는 것은 아닙니다. 기업이 1억 원어치 무상증자를 하면 다음과 같이 회계 처리가 됩니다.

〈차변〉		〈대변〉	
자본잉여금(자본 감소)	1억 원	자본금(자본 증가)	1억 원

경우 ⑪ 자산 감소

자본이 감소하면서 자산이 감소하는 상황 역시 상장 기업에서 주로 발생합니다. 자사주* 취득이 이에 해당하는데요. 상장 기업들이 주가 부양을 위해 회사가 발행한 주식을 주식시장에서 취득하는 것을 자사주 취득이라고 합니다. 회사가 회사의 주식을 샀다고 자산 취득이 될 수는 없고, 자본 감소로 회계 처리를 합니다. 주식을 발행할 때 자본을 증가시켰는데 그걸 다시 거두어들였으니 자본 감소가 되는 것입니다. 이에 다음과 같이 회계 처리가 됩니다

〈차변〉		〈대변〉	
자기주식(자본 감소)	1억 원	현금(자산 감소)	1억 원

 알아두세요

자사주(자기주식)
2024년 애플은 자사주를 취득하는 데 1,100억 달러를 썼습니다. 우리나라 돈으로 환산하면 약 159조 원이죠. 이는 우리나라 1년 예산의 20%나 되는 돈입니다. 애플은 매년 이렇게 100조 원 이상을 투자해 자사주를 사들입니다. 왜일까요?
자사주를 사들이면 그만큼 유통되는 주식수가 줄어듭니다. 이는 결국 애플의 주가를 끌어올리는 효과를 가져오죠. 기업의 가치인 시가총액(주가x주식수)은 크게 변함이 없는데 주식수를 줄였으니 주가가 올라야 한다는 논리입니다.
참고로 회사의 대주주나 임원이 회사의 주식을 사는 것은 자사주 매입이라고 표현하지 않습니다. 자사주는 회사가 회삿돈으로 주식을 사는 것을 말합니다.

경우 ⑫ 수익 발생

자본이 감소하면서 수익이 발생하는 상황은 전기오류수정손실* 외에는 찾기 힘듭니다. 기업에서 10년에 한 번 나오기도 힘든 드문 사례죠.

회사가 작년에 매출로 회계 처리를 했는데 올해 결산을 하면서 그 매출이 작년 것이 아니라 올해의 것임을 뒤늦게 알아차렸다면 어떻게 해야 할까요? 타임머신을 타고 작년으로 돌아가 장부를 슬쩍 고치고 돌아오면 좋겠지만 그럴 수 없죠.

잘못을 알아차린 즉시 작년의 수익을 줄이고, 그 금액만큼 올해 수익으로 반영해야 합니다. 즉 다음과 같이 작년에 수익이 반영된 자본인 이익잉여금(자본)을 감소시키고, 같은 금액만큼 올해의 수익으로 반영하는 것이죠. 이익잉여금은 순이익(수익-비용)의 누계이기 때문에 이 금액을 줄이는 것입니다.

〈차변〉		〈대변〉	
이익잉여금(자본 감소)	1억 원	매출(수익 발생)	1억 원

알아두세요

전기오류수정손실
만약 누군가가 실수가 아닌 고의로 회계 장부를 잘못 작성했다면 그것은 분식회계입니다. 실수든 고의든 다음 회계연도 이후에 그 사실이 밝혀지면 어떻게 될까요? 은행, 주주 등 회사의 재무제표 이용자들에게 전기와 당기 재무제표를 비교식으로 보여줘야 합니다. 그래서 회사는 전년도 숫자를 고치고 그 영향분을 당기 회계 장부에 전기오류수정손실(이익)으로 반영합니다. 그래야 이용자들이 제대로 작성된 전기, 당기 재무제표를 비교해서 볼 수 있습니다.

이렇게 전기 또는 전기 이전의 잘못된 재무제표를 고치는 것을 '전기오류수정'이라고 합니다.

018 비용이 발생하는 4가지 경우

비용이 발생하면 부채 증가, 자본 증가, 자산 감소, 수익 발생 중 하나가 따라옵니다. 대변에 오는 4가지는 항상 똑같습니다.

비용이 발생하는 4가지 경우

경우의 수	〈차변〉	〈대변〉
⑬	비용 발생	부채 증가
⑭		자본 증가
⑮		자산 감소
⑯		수익 발생

경우 ⑬ 부채 증가

기업이 제품을 판매할 때 주로 외상 거래를 하듯, 제품을 사올 때도 마찬가지입니다. 비용이 발생되면 대부분 부채가 증가합니다. 예를 들어 회사에 필요한 소모품을 구입하면서 대금은 2주 뒤에 지급하기로 했습니다. 이런 경우에는 다음과 같이 회계 처리를 합니다.

〈차변〉		〈대변〉	
소모품비(비용 발생)	1억 원	미지급비용(부채 증가)	1억 원

부채를 갚는 시점에는 부채가 감소되면서 현금(자산)이 빠져나갈 것입니다. 즉 ⑦과 같이 부채 감소, 자산 감소로 회계 처리가 됩니다.

⟨차변⟩		⟨대변⟩	
미지급비용(부채 감소)	1억 원	현금(자산 감소)	1억 원

경우 ⑭ 자본 증가

비용이 발생하면서 자본이 증가하는 상황은 '전기오류수정손실'의 반대인 '전기오류수정이익' 정도입니다. 이 역시 기업에서 10년에 한 번 나오기도 힘든 드문 사례입니다.

회사가 작년에 비용으로 회계 처리를 했는데 올해 결산을 하면서 그 비용이 작년 것이 아니라 올해의 것임을 뒤늦게 알아차렸다면 어떻게 해야 할까요? 타임머신을 타고 작년으로 돌아가 장부를 슬쩍 고치고 돌아올 수 없으니 올해라도 반영해야겠죠.

그러려면 작년의 비용을 줄이고, 그 금액만큼 올해 비용으로 반영해야 합니다. 즉 다음과 같이 작년에 비용이 반영된 자본인 이익잉여금(자본)을 증가시키고, 같은 금액만큼 올해의 비용으로 반영하는 것이죠. 이익잉여금은 순이익(수익-비용)의 누계이기 때문에 작년에 차감된 비용을 없애야 하니 금액이 늘어나는 것입니다.

⟨차변⟩		⟨대변⟩	
소모품비(비용 발생)	1억 원	이익잉여금(자본 증가)	1억 원

경우 ⑮ 자산 감소

비용이 발생하면서 자산이 감소하는 가장 쉬운 상황은 회사가 모든 구성원에게 급여를 지급할 때입니다. 다음의 회계 처리처럼 급여로 비용 처리하고 현금을 출금합니다.

〈차변〉		〈대변〉	
급여(비용 발생)	1억 원	현금(자산 감소)	1억 원

경우 ⑯ 수익 발생

비용이 발생하면서 수익이 발생하는 가장 대표적인 상황은 회사가 제품을 판매할 때입니다. 제품을 판매할 때 다음과 같이 현금이 증가하고 매출이 발생합니다.

〈차변〉		〈대변〉	
현금(자산 증가)	1억 원	매출(수익 발생)	1억 원

그와 동시에 회사의 제품이 빠져나가면서 매출원가도 인식이 됩니다. 예를 들어 회사가 보유하고 있는 8,000만 원짜리 제품에 마진 2,000만 원을 붙여 1억 원에 판매했다면 다음과 같이 회계 처리가 됩니다.

〈차변〉		〈대변〉	
매출원가(비용 발생)	8,000만 원	매출(수익 발생)	1억 원
현금(자산 증가)	1억 원	제품(자산 감소)	8,000만 원

지금까지 차변과 대변에 오는 항목에 대해 알아보았습니다. 만고불변의 진리인 '자산=부채+자본'으로 모든 회계 처리가 가능하다는 사실을 확인했습니다. 지금부터는 실제 사업 사례를 통해 각 계정과목의 개념을 살펴보고, 언제 어떻게 회계 처리를 해야 하는지 천천히 알아보도록 하겠습니다.

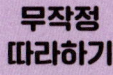

직접 해보며 익히는 회계 처리

▼Q1 기업의 재무상태표를 예로 들어 설명하다 보니 조금 어렵게 느껴질 수 있습니다. 그래서 준비했습니다. 우리집의 가계부를 적는다고 생각하고 다음 발생 건들을 차변과 대변으로 구분해 배치해보세요. 계정과목 명칭은 자유롭게 표시해도 상관없습니다. 각각의 발생이 16가지 경우의 수 중 어떤 것에 해당할지 스스로 생각하며 적어보세요.

① 급여 500만 원(세후)이 입금되었다.
② 아파트 관리비 30만 원이 통장에서 자동이체로 빠져나갔다.
③ 주택담보대출 원금 100만 원과 이자비용 10만 원이 빠져나갔다.
④ 5만 원에 매수한 삼성전자 주식 100주를 8만 원에 전량 매도했다(수수료, 세금 생략).

〈차변〉	〈대변〉

▼ 정답과 해설

① 급여 500만 원(세후)이 입금되었다.
→ 16가지 경우의 수 중 ④에 해당합니다. 현금 500만 원이 입금되면서 자산이 늘었는데 수익이 발생했기 때문입니다.

〈차변〉		〈대변〉	
현금(자산 증가)	500만 원	급여소득(수익 발생)	500만 원

② 아파트 관리비 30만 원이 통장에서 자동이체로 빠져나갔다.
→ 16가지 경우의 수 중 ⑮에 해당합니다. 현금 30만 원이 출금되면서 자산이 감소했는데 비용이 발생했기 때문입니다.

〈차변〉		〈대변〉	
관리비(비용 발생)	30만 원	현금(자산 감소)	30만 원

③ 주택담보대출 원금 100만 원과 이자비용 10만 원이 빠져나갔다.
→ 16가지 경우의 수 중 ⑦과 ⑮에 해당합니다. 현금 110만 원이 출금되었는데, 100만 원은 부채 감소 때문이고 10만 원은 이자비용이 발생했기 때문입니다. 이렇게 각각 구분해야 한 해의 손익을 정확하게 결산할 수 있고, 남아 있는 부채 잔액이 얼마인지도 알 수 있습니다. 차변이나 대변의 계정과목 수가 달라도 차변과 대변의 합계는 같아야 합니다. 대차평형은 불멸의 진리입니다.

〈차변〉		〈대변〉	
차입금(부채 감소)	100만 원	현금(자산 감소)	110만 원
이자비용(비용 발생)	10만 원		

④ 5만 원에 매수한 삼성전자 주식 100주를 8만 원에 전량 매도했다(수수료, 세금 생략).

→ 16가지 경우의 수 중 ③과 ④에 해당합니다. 현금 800만 원이 들어오면서 자산이 크게 늘었습니다. 자산으로 보유하고 있던 상장주식 500만 원이 감소했고, 차익인 300만 원이 수익으로 들어왔기 때문입니다.

〈차변〉		〈대변〉	
현금(자산 증가)	800만 원	상장주식(자산 감소)	500만 원
		주식처분이익(수익 발생)	300만 원

▼ Q 2

이번에는 제조업을 하는 회사의 회계 장부입니다. 16가지 경우의 수를 참고하여 다음 발생 건들을 차변과 대변으로 구분해 배치해보세요.

① 은행으로부터 만기 1년짜리로 차입한 1억 원을 상환했다.
② 제품을 생산하기 위해 1억 원의 기계장치를 구입했고, 대금 1억 원을 지급했다.
③ 생산된 제품을 거래처에 1억 원에 판매했고, 대금은 한 달 뒤에 받기로 했다.
④ 회사는 전 직원에게 급여 1억 원을 지급했다(세금 및 4대보험료 생략).

〈차변〉	〈대변〉

▼정답과 해설

① 은행으로부터 만기 1년짜리로 차입한 1억 원을 상환했다.
→ 16가지 경우의 수 중 ⑦에 해당합니다. 부채인 대출 1억 원을 갚기 위해 자산인 현금 1억 원이 감소했기 때문입니다. 참고로 빌릴 때부터 만기가 1년짜리인 차입금을 '단기차입금'이라고 합니다. 반대로 만기가 1년 이상인 차입금은 '장기차입금'이라고 합니다.

〈차변〉		〈대변〉	
단기차입금(부채 감소)	1억 원	현금(자산 감소)	1억 원

② 제품을 생산하기 위해 1억 원의 기계장치를 구입했고, 대금 1억 원을 지급했다.
→ 16가지 경우의 수 중 ③에 해당합니다. 현금 1억 원이 출금되면서 자산이 감소했는데, 자산을 취득했기 때문입니다.

〈차변〉		〈대변〉	
기계장치(자산 증가)	1억 원	현금(자산 감소)	1억 원

③ 생산된 제품을 거래처에 1억 원에 판매했고, 대금은 한 달 뒤에 받기로 했다.
→ 16가지 경우의 수 중 ④에 해당합니다. 제품을 판매함으로써 1억 원의 수익이 발생했는데 돈은 들어오지 않았기 때문에 매출채권(자산 증가)으로 회계 처리가 됩니다.

〈차변〉		〈대변〉	
매출채권(자산 증가)	1억 원	매출액(수익 발생)	1억 원

❹ 회사는 전 직원에게 급여 1억 원을 지급했다(세금 및 4대보험료 생략).
→ 16가지 경우의 수 중 ⑮에 해당합니다. 급여를 지급하느라 자산인 현금 1억 원이 감소했기 때문입니다.

〈차변〉		〈대변〉	
급여(비용 발생)	1억 원	현금(자산 감소)	1억 원

지금은 몸풀기 차원에서 차변과 대변에 자산, 부채, 자본, 수익, 비용이 어떻게 자리 잡는지 살펴보는 단계이기 때문에 복잡한 회계 처리 예시는 들지 않았습니다.

본격적으로 계정과목에 대한 개념을 살펴보면 조금 복잡한 회계 처리도 쉽게 해결할 수 있을 것입니다.

- **019** 자본을 투입해 사업을 시작합니다
- **020** 투자를 받았습니다
- **021** 직원을 채용했습니다
- **022** 신제품을 연구개발합니다
- **023** 인수·합병을 통해 회사를 키우려고 합니다

셋째 마당

사업을 운영할 때

회계 무작정 따라하기

 회계 이야기

회계와 가깝게 지내야 하는 이유

대기업이든, 소기업이든 회계 장부 작성은 필수입니다. 기업 규모와 사정에 따라 대규모 회계 시스템을 갖춘 곳도 있고, 범용성 있게 쓰이는 회계 프로그램을 이용하는 곳도 있습니다.

어떤 프로그램이든 회계 처리만 하면 자동적으로 재무상태표와 손익계산서가 만들어지게 되어 있습니다. 즉 재무제표에서 가장 중요한 것은 회계 처리의 적정성입니다. 그러려면 계정과목과 회계기준을 잘 알아야 합니다. 누가 알아야 할까요?

많은 사람이 회계팀 직원들이라고 대답할 것입니다. 물론 그렇지만, 반드시 그런 건 아닙니다. 구매, 생산, 물류, 영업, 인사, 총무 등 수많은 부서에서 수익과 비용이 발생하고, 자산과 부채가 생겨납니다. 그래서 각 부서에서 기본적인 회계 처리를 하고, 회계팀에서는 취합과 중요 이슈에 대한 처리나 검증만 하는 기업도 있습니다.

규모가 조금 작은 기업 중에는 내부에서 올라온 전표와 증빙을 회계팀에서 일괄적으로 처리하는 곳도 있습니다. 회계 사무실에 회계 장부를 작성해달라고 일을 의뢰하는 곳도 있죠.

'회계팀에서 다 알아서 하니 나는 회계 공부를 안 해도 돼'라고 생각할 수도 있지만, 그 회계 처리가 적절한지에 대한 판단은 현업 부서에서 할 수 있어야 합니다. 그래야 성과 평가 때 억울한 일을 당하지 않을 것이고, 잘못된 회계 처리로 불이익을 받는 일이 발생하지 않을 것입니다.

기업 규모가 작아 회계 장부 작성을 회계 사무실에 맡긴다면, 그 기업 직원들은 더 열심히 회계 공부를 해야 합니다. 회계 사무실에서 일을 제대로 처리했는지 검증해야 하기 때문이죠.

이해관계자인 은행, 주주, 거래처는 회계 처리 실무보다는 재무제표 분석에 더 초점을 두어야 합니다. 그런데 재무제표를 분석하는 것도 결국 회계를 알아야만 가능합니다. 은행과 주주 입장에서는 여러 기업을 접해야 하기 때문에 더 많은 공부가 필요합니다. 산업별로 중요한 회계 포인트가 다 다르기 때문이죠.

가장 기본적인 제조업도 세분화시키면 전자, 자동차, 철강, 제약, 바이오, 정유, 화학 등 다양합니다. 서비스업도 은행, 보험, 증권 같은 금융을 비롯해 통신, 게임, IT 등 셀 수 없을 정도로 많습니다. 이렇게 서로 다른 특징을 갖고 있으므로 통일된 방법으로 재무제표를 분석해서는 안 됩니다. 업종별로 봐야 할 포인트가 다릅니다.
기본적으로 외상대금이 잘 회수되고 있는지는 공통적으로 살펴봐야 하고, 제조업은 재고가 잘 팔리는지를 살펴봐야 합니다. 서비스업은 저마다 발생되는 비용의 종류가 다르고, 수익 인식 방법도 다릅니다. 여기서 한 번에 설명하기는 어려운데, 기본기를 충분히 쌓으면 크게 어렵지 않을 것입니다.

결국 우리는 모두 회계를 배워야 할 수밖에 없습니다. 처음에 이야기했듯, 회계는 기업의 언어이기 때문입니다.

019 자본을 투입해 사업을 시작합니다

자본과 자본금

다이어트에 관심이 많은 박득근 씨는 그동안 직장생활을 하며 알뜰하게 모은 9,000만 원으로 다이어트 식품 회사 굿바디주식회사를 설립했습니다. 처음에는 작게 시작하지만 나중에 이름이 알려지면 투자를 받아 사업을 크게 키울 생각입니다.

그는 우선 작은 사무실을 얻은 뒤 본인이 생각했던 레시피로 밀키트를 만들어 스마트스토어에서 판매할 계획을 세웠습니다. 그리고 일주일치 다이어트 식단을 짜 다이어터들에게 구독형 서비스로 제공하겠다고 생각했죠. 아직 생산시설을 갖출 만큼의 여유가 되지 않기 때문에 제조는 외주사에 맡기기로 했습니다.

자, 그럼 여기서 9,000만 원은 자본일까요, 자본금일까요?

흔히 "창업자본이 얼마입니까?", "어느 정도의 자본금으로 사업을 시작합니까?"라고 말합니다. 많은 사람이 자본과 자본금을 혼용해 사용하는데, 정확한 표현은 자본금입니다. 자본에 자본금이 포함됩니다. 자본에는 자본금 말고도 여러 계정과목이 존재합니다.

자본의 하위 계정들(삼성바이오로직스의 재무상태표)

(단위: 원)

자본	
자본금	177,935,000,000
자본잉여금	5,672,425,121,121
기타포괄손익누계액	(10,615,840,578)
이익잉여금	2,398,889,502,189
자본총계	8,238,633,782,732

다른 계정과목들은 차차 하나씩 알아보기로 하고, 일단 자본금을 회계 처리하면 다음과 같습니다.

〈차변〉		〈대변〉	
현금(자산 증가)	9,000만 원	자본금(자본 증가)	9,000만 원

회사의 주주가 박득근 씨 혼자라 해도 장부 처리는 칼같이 해야 합니다. 회삿돈이 내 돈이라고 생각하면 안 되기 때문에 이렇게 회계 처리를 하고 사업 목적으로만 사용해야 하죠.

> **잠깐만요**
>
> ### 비상장 주식회사
>
> 창업자는 회사를 차릴 때 법인사업자와 개인사업자 중에서 하나를 선택해야 합니다. 법인을 차리면 회사에 자본금을 납입해야 하고, 법인 회계와 개인 살림을 구분해야 합니다. 자신이 회사 단독주주라 해도 회삿돈을 마음대로 사용해서는 안 됩니다. 그러나 개인사업자는 그런 엄격함에서 자유로운 편입니다. 법인사업자와 개인사업자 중에서 선택할 때는 사업자금 조달 여부, 개인자금 사정, 세금 및 4대 보험 문제 등 여러 가지 사항을 고려해야 합니다.
>
> 법인사업자는 법적 형태와 목적에 따라 주식회사, 유한회사, 합명회사, 합자회사로 나뉩니다. 대개는 주주들을 모집하거나 대표 혼자 출자하고 회사의 주식을 발행하는 주식회사 형태를 띱니다.

> 주식을 주식시장에 상장시켜 거래가 되면 상장 주식회사, 그렇지 않으면 비상장 주식회사가 됩니다. 많은 사람이 비상장 주식회사로 시작했다가 회사가 커지면 상장을 노립니다. 회사가 주식을 시장에 상장시키려면 한국거래소의 심사를 받아야 합니다. 그러려면 세전 순이익이 20억 원(벤처기업은 10억 원) 이상이거나 질적 요건(기술력, 성장성, 사업성 등)을 충족해야 합니다.

사무실 임차비용의 회계 처리

박득근 씨는 보증금 1,000만 원에 월세 60만 원짜리 사무실을 하나 얻었고, 공인중개사에게 수수료로 30만 원을 지급했습니다. 이때는 다음과 같이 회계 처리를 하면 됩니다.

〈차변〉		〈대변〉	
임차보증금(자산 증가)	1,000만 원	현금(자산 감소)	1,030만 원
지급수수료(비용 발생)	30만 원		

보증금은 미래에 돌려받을 돈이므로 자산입니다. 박득근 씨는 임차인이므로 임차보증금이라는 계정과목을 써야 합니다.

참고로 건물주는 이 보증금을 받으면서 현금이 증가하겠지만 같은 금액만큼 부채도 증가합니다. 미래에 돌려줘야 하므로 부채이고, 건물주가 써야 하는 계정과목은 '임대보증금'입니다. 이때 건물주는 다음과 같이 회계 처리를 하면 됩니다.

〈차변〉		〈대변〉	
현금(자산 증가)	1,000만 원	임대보증금(부채 증가)	1,000만 원
지급수수료(비용 발생)	30만 원	현금(자산 감소)	30만 원

월세를 주고받은 지 한 달이 지났습니다. 이때 임차인과 건물주는 다음과 같이 회계 처리를 하면 됩니다. 단, 부가가치세(Value Added Tax, VAT)*는 생략했습니다.

임차인의 회계 처리

〈차변〉		〈대변〉	
임차료(비용 발생)	60만 원	현금(자산 감소)	60만 원

건물주의 회계 처리

〈차변〉		〈대변〉	
현금(자산 증가)	60만 원	임대수익(수익 발생)	60만 원

> **알아두세요**
>
> **부가가치세**
> 재화나 서비스의 제공 과정에서 얻어지는 부가가치(이윤)에 대해 과세하는 세금으로, 매출세액에서 매입세액을 차감해 계산합니다. 부가세는 물건값에 포함되어 있기 때문에 실제로는 최종 소비자가 부담하는 것이며, 사업자는 최종 소비자가 부담한 부가세를 보관해두었다가 세무서에 대신 납부하는 것입니다.

020 투자를 받았습니다

알아두세요

벤처캐피탈

벤처기업을 발굴해 투자하는 것을 업으로 하는 회사를 말합니다. VC가 투자하는 자금은 대개 기금이나 기업 등에서 모집했는데, 요즘 규모가 커진 일부 VC는 주식시장에 상장하면서 기관이나 개인투자자들에게 투자를 받기도 합니다. 대부분의 VC는 벤처기업이 주식시장에 상장하거나 제3자에 매각될 때 수익을 실현하고 투자금을 회수(Exit)합니다.

알아두세요

액면가와 주가

액면가액은 주권에 표시된 가격, 주가는 주식시장에서 거래되는 가격을 의미합니다. 요즘은 전자주권이라 주식을 증권 실물로 출력해 교부하지 않습니다. 그러나 예전에는 주식을 실물로 발행했죠.
주식을 교환할 때는 서로가 원하는 매도가, 매수가의 교점에서 이루어지지만 실물 주식에는 액면가액이 표시되어 있습니다. 액면가액은 형식적인 숫자에 불과합니다. 삼성전자의 주식은 액면가액이 100원이지만 주식시장에서는 5만 원대에 거래되고 있습니다.

주식 발행하기

박득근 씨가 개발한 제품은 사업 초기부터 순조롭게 판매되었습니다. 박득근 씨는 사업을 조금 더 키우고 싶다는 욕심이 들었습니다. 그러려면 사업자금이 더 필요하겠죠. 마침 벤처캐피탈(Venture Capital, VC)*에서 9억 원을 투자하고 싶다고 연락이 왔습니다. 박득근 씨는 쾌재를 불렀습니다. 그런데 곰곰이 생각하니 본인이 투자한 자본금이 9,000만 원인데 VC가 9억 원을 투자하면 지분율이 9%대로 줄어들어 회사를 뺏기는 것이 아닌가 하는 불안감이 들었습니다.

그러나 그런 걱정은 할 필요가 없습니다. 외부에서 투자를 받을 때는 기업가치를 평가하기 때문입니다. 우리가 삼성전자의 주식을 액면가* 100원이 아닌 시가로 사고파는 것과 같은 논리입니다. 9,000만 원으로 세운 회사지만 앞으로 사업이 잘될 것 같아 90억 원의 가치가 있다고 판단되면 9억 원을 투자하는 VC의 지분율은 10%가 됩니다. 이렇게 기업가치를 평가하는 것을 '밸류에이션(Valuation)'이라고 합니다.

굿바디주식회사는 VC로부터 투자를 받으면서 액면가 500원짜리 주식 2만 주를 교부했습니다. 이때 굿바디주식회사의 주주명부는 다음과 같이 작성됩니다.

주주명	주식수	지분율
박득근	180,000	90%
○○벤처캐피탈	20,000	10%
합계	200,000	100%

> **잠깐만요**
>
> ### 기업의 가치는 어떻게 정할까?
>
> 주식시장에 상장된 기업의 경우 주가와 발행주식수의 곱인 시가총액이 기업가치를 의미합니다. 주식투자자들은 기업이 벌고 있는 이익 규모나 갖고 있는 순자산 규모를 시가총액과 비교해 주가가 싼지 비싼지를 판단한 뒤 주식투자를 합니다.
>
> 그러나 비상장 기업의 가치는 어디에도 나와 있지 않습니다. 비상장 기업의 이해관계자는 매우 적기 때문에 기업가치를 알고 싶어 하는 사람도 별로 없습니다. 기업의 가치를 알고 싶어 하는 사람은 이 회사를 팔고 싶어 하는 대주주이거나 사고 싶어 하는 투자자일 것입니다.
>
> 그들이 기업을 사고팔려면 가격을 정해야 합니다. 그럴 때 기업가치를 계산합니다. 기업의 가치는 회사가 현재 얼마를 갖고 있고 앞으로 얼마를 벌 수 있는지를 추정해 계산합니다. 계산 절차가 복잡하기 때문에 회계법인에 밸류에이션, 즉 기업가치평가를 의뢰하는 경우가 많습니다.

받은 투자금의 회계 처리

VC로부터 9억 원을 투자받고 주식 2만 주를 지급했으므로 1주당 가격은 4만 5,000원입니다. 기업가치를 90억 원으로 매겼으니 초기에 9,000만 원을 투자한 박득근 씨는 이미 100배의 수익을 냈네요. 물론 장부상 그런 것이고, 회사를 팔 것이 아니므로 큰 의미는 없습니다.

주식 1주당 액면가액이 500원인데 4만 5,000원에 주식을 발행했으니 1주당 액면가액을 4만 4,500원 초과한 셈입니다. 여기에 주식수 2만 주를 곱하면 8억 9,000만 원이나 됩니다. 이를 '주식발행초과금'이라고 합니다. 주식을 발행할 때 액면가액을 초과했다는 의미죠. 즉 자본금에는 액면가액에 주식수를 곱한 금액만 들어갑니다. 이를 회계 처리하면 다음과 같습니다. 편의상 주식을 발행할 때 발생하는 온갖 수수료(등기, 증권사, 회계 및 법무 자문 등)는 생략하겠습니다.

〈차변〉		〈대변〉	
현금및현금성자산(자산 증가)	9억 원	자본금(자본 증가)	1,000만 원
		주식발행초과금(자본 증가)	8억 9,000만 원

2022년에 주식시장에 상장한 LG에너지솔루션은 기업가치 평가를 통해 1주당 30만 원으로 주식을 발행했습니다. 액면가액이 500원짜리인 주식이고, 이때 발행된 신주*는 3,400주입니다. 3,400주에 30만 원을 곱하면 상장으로 LG에너지솔루션에 들어온 돈은 10조 원이 넘는데, 재무상태표의 자본금에는 액면가액×주식수인 170억 원만 늘어난 것으로 표시되어 있습니다.

다음 표는 LG에너지솔루션의 2021년 재무제표 주석사항에 나오는 자본금 및 주식발행초과금 변동 내역입니다. 액면가액을 초과하는 29만 9,500원에 3,400주를 곱한 금액은 10,183,000백만 원이고, 이는 주식발행초과금으로 표시됩니다. 하지만 표에는 10,079,371백만 원으로 표시되어 있습니다. 차이가 나는 이유는 주식을 발행할 때 발생하는 온갖 수수료가 빠졌기 때문입니다. 참고로 수수료는 손익계산서의 비용으로 처리하지 않고 주식발행초과금에서 차감합니다.

알아두세요

신주(新株)와 구주(舊株)
기업이 주주들로부터 투자금을 받고 새롭게 발행한 주식을 '신주'라고 합니다. 신주의 반대가 '구주'겠죠?
2014년 삼성SDS가 상장할 때 주식을 새롭게 발행하지 않고, 회사의 4대 주주인 삼성전기가 보유한 약 610만 주의 주식을 내놨습니다. 그 주식을 삼성SDS에 새롭게 참여하는 주주들(공모주주)에게 나누어주었고, 주식 인수대금은 삼성SDS가 아닌 삼성전기에 갔습니다.
즉 삼성전기가 삼성SDS 상장 때 수익 실현을 하면서 엑싯(Exit)을 한 것이고, 이때 교부된 삼성전기 보유분 주식을 구주라고 합니다. 주식시장에서 삼성SDS는 구주매출을 통해 상장을 했다고 표현합니다.
만약 신주 발행을 하고 주식 인수대금이 회사로 다 흘러들어가면 회사는 신주 발행을 통해 상장을 했다고 표현합니다.

LG에너지솔루션의 신주 발행 관련 재무제표 주석사항

(단위: 백만 원)

구분	보통주		주식발행초과금
	주식수(주)	자본금	
기초	200,000,000	100,000	7,510,351
변동	34,000,000	17,000	10,079,371
기말	234,000,000	117,000	17,589,722

021 직원을 채용했습니다

회계 무작정 따라하기

급여의 회계 처리

굿바디주식회사의 박득근 대표는 투자를 받은 돈으로 우수 인재를 채용하기로 결정했습니다. 함께 연구개발도 하고 영업도 해야 했기 때문에 다이어트에 관심이 많은 식품영양학과 전공자를 채용하려고 했죠. 헤드헌터를 통해 지원자를 소개받은 박득근 대표는 면접을 진행한 뒤 김종국 사원을 채용했습니다. 김종국 사원은 초봉 3,600만 원에 일을 시작하기로 하고 고용계약서에 도장을 찍었습니다. 월급은 매달 25일에 나갈 예정입니다.

> **잠깐만요**
>
> **월급 날짜의 비밀**
>
> 여러분은 며칠에 월급을 받고 있나요? 주위를 보면 25일과 10일이 가장 많은 것 같습니다.
> 월급 날짜는 회사가 재정 상황이나 세무를 고려해 결정합니다. 회사 입장에서는 10일이 실무적으로 가장 편합니다. 매달 10일이 갑근세와 4대보험료 납부일이어서 한 번에 처리하는 게 효율적이기 때문이죠. 10일이 아니라면 갑근세와 4대보험료 납부예정액을 부채로 회계 처리하고 10일에 상계해야 하는 등 다소 복잡함이 따릅니다.
> 월급을 받는 입장에서는 10일이 좋은 날짜가 아닐 것입니다. 1월 10일에 월급을 받았다면 그 월급은 전년도 12월 1일부터 31일까지 일한 것에 대한 대가이기 때문에 후급 성격입니다. 월급을 제때 받지 못한 기분이 들죠.
> 25일은 반대로 선급 성격입니다. 1일부터 31일까지 일한 대가로 월급을 받는데 25일에 받았으니 6일 치를 미리 받은 셈입니다. 25일에 월급을 주는 회사가 많은 건 일제 잔재라

셋째마당 사업을 운영할 때

> 고 합니다. 우리은행 은행사박물관의 〈깃식과 일기〉 기록에 따르면, 1899년에 설립된 대한천일은행(지금의 우리은행)의 월급날이 25일이었다고 합니다. 일본의 월급날은 보통 25일이라 그 문화가 그대로 들어왔다고 하네요. 은행이 25일에 직원들에게 월급을 주려면 현금을 많이 확보해야 합니다. 그러니 자연스럽게 기업들도 은행에 돈이 많은 25일에 월급을 주게 된 것이죠.
> 참고로 공무원 조직은 월급일이 10일, 17일, 20일 등이라고 합니다. 국가 재원이 한 번에 빠져나가는 게 부담스러워 직군별로 월급일을 나누었다고 하네요.

직원에 대한 인건비가 월 300만 원씩 발생하지만, 사실 나갈 돈은 더 있습니다. 바로 4대보험료입니다. 국민연금, 건강보험, 고용보험, 산재보험 등 소위 4대 보험의 세금은 반은 사업자가 부담하고, 반은 근로자가 부담합니다. 단, 고용보험료의 사업자 부담액이 조금 더 크고, 산재보험료는 사업자가 부담하는 것이기 때문에 정확히 반반은 아닙니다.

300만 원 월급을 기준으로 4대보험료를 계산해보니 굿바디주식회사가 29만 원을, 김종국 사원이 28만 원을 부담해야 합니다. 한 달이 흘러 월급날이 됐습니다. 회사는 급여와 관련하여 다음과 같이 회계 처리를 합니다.

〈차변〉		〈대변〉	
급여(비용 발생)	300만 원	현금및현금성자산(자산 감소)	265만 원
		예수금(부채 증가)	28만 원
		예수금(부채 증가)	7만 원

예수금은 회사가 잠시 돈을 맡아둔 것이라고 생각하면 됩니다. 28만 원은 직원이 부담해야 하는 4대보험료이고, 7만 원은 근로소득세입니다. 소위 '갑근세'라고도 하는데, 매달 급여에서 일정 부분의 세금을 떼고 나중에 연말정산을 통해 세금을 확정합니다.

> **잠깐만요**
>
> ### 근로소득세의 원리
>
> 월급을 받을 때 일부 떼는 세금을 갑근세(갑종근로소득세)라고 합니다. 1년 치 소득세를 연말정산 때 한 번에 내면 직장인의 부담이 너무 큽니다. 반대로 세금을 징수하는 국가 입장에서도 재정에 문제가 생길 수 있습니다. 이런 이유로 매월 급여 제공일마다 미리 일정 세금을 뗍니다.
>
> 이렇게 뗀 세액은 근로자를 대신해 회사가 납부합니다. 세법에서는 회사를 '원천징수의무자'라고 합니다. 원천징수세액은 월 급여(비과세 및 학자금 제외) 금액 구간을 정해 공제대상 가족수를 고려해 계산됩니다.
>
> 예를 들어 월급이 350만 원 이상 352만 원 미만일 때 1인 가족이면 12만 7,220원을, 4인 가족(배우자, 8세 이상 20세 이하 자녀 2명)이면 4만 9,340원인 식입니다. 구간별, 가족 대상에 따른 원천징수세액은 근로소득 간이세액표에서 확인할 수 있습니다.

급여에 따른 세금의 회계 처리

직원이 4대보험료와 근로소득세 35만 원을 보험공단과 세무서에 직접 납부해야 하는데, 현실적으로 모든 직장인이 그렇게 하는 것은 불가능합니다. 그래서 회사가 대신 납부해줍니다. 월급날 지급하는 돈에서 떼어 갖고 있는 것이죠. 그래서 '예수금'이라는 명칭을 씁니다. 회사는 4대보험료 납부일과 근로소득세 납부일에 내야 하는 돈이므로 부채로 처리합니다.

또한 회사가 부담해야 하는 4대보험료 29만 원은 다음과 같이 회계 처리를 합니다.

⟨차변⟩		⟨대변⟩	
보험료(비용 발생)	29만 원	미지급비용(부채 증가)	29만 원

4대보험료와 근로소득세는 다음 달 10일까지 납부하는 것이 원칙입니다. 회사는 인건비가 발생한 달에 보험료도 비용으로 회계 처리합니다.

앞서 살펴본 발생주의 회계 때문이죠. 돈은 다음 달 10일에 낼 것이므로 이번 달에는 미지급비용으로 부채를 증가시킵니다. 회사가 부담하는 비용이고, 잠시 맡아두는 예수금과는 성격이 다르므로 미지급비용이라는 계정과목을 씁니다.

이렇게 잡힌 부채들은 다음 달 10일에 다음과 같이 회계 처리되며 끝납니다.

〈차변〉		〈대변〉	
예수금(부채 감소)	28만 원	현금및현금성자산(자산 감소)	64만 원
예수금(부채 감소)	7만 원		
미지급비용(부채 감소)	29만 원		

우리가 월급날 이것저것 떼여 돈이 조금만 들어오는 이유, 회사가 직원에 대한 계약 연봉보다 더 많은 돈을 지불하는 이유를 살펴보았습니다. 참고로 프리랜서의 경우, 보수를 받을 때 3.3%를 원천징수하고 종합소득세를 신고합니다. 웬만큼 소득이 큰 경우가 아니라면 복식부기 회계장부 작성 대상자가 아니기 때문에 이 책에서는 따로 설명하지 않겠습니다.

022 신제품을 연구개발합니다

회계 무작정 따라하기

연구개발비의 회계 처리

굿바디주식회사의 박득근 대표와 김종국 사원은 투자받은 돈으로 신제품을 개발하기로 했습니다. 소기업이지만 나름 절차를 세워 신제품을 개발하기로 했죠. 우선 김종국 사원은 다이어트식품시장을 조사하고, 각종 제품의 영양 성분을 분석할 예정입니다. 그리고 최근 건강서와 의학 논문을 찾아 공부한 뒤 박득근 대표에게 신제품 안을 여러 개 내기로 했습니다.

이런 활동들을 하면서 회사는 500만 원의 지출이 발생했습니다. 이와 같이 연구 단계에서 사용한 돈은 다음과 같이 모두 비용으로 처리해야 합니다.

〈차변〉		〈대변〉	
연구비(비용 발생)	500만 원	현금및현금성자산(자산 감소)	500만 원

박득근 대표와 김종국 사원은 논의 끝에 한 제품을 선택해 시제품을 만들어보기로 했습니다. 맛과 영양, 건강을 모두 잡아야 하고 방부제나 화학조미료를 최소화해야 했기에 많은 시행착오를 거쳐야 했습니다. 한 달 정도 만들고 버리기를 반복하면서 재료비와 여러 경비를 합쳐

2,000만 원을 썼습니다. 다행히 만족할 만한 시제품이 완성되었기 때문에 헛돈을 쓴 건 아니었죠. 그렇다면 이런 개발 단계에서 사용한 돈은 어떻게 처리해야 할까요?

잠깐 다른 이야기를 해보겠습니다. 아이들을 키우는 가정에서는 사교육비가 꽤 많이 발생할 것입니다. 대학을 졸업할 때까지 지원해주는 부모가 많은데, 지금 지출하고 있는 사교육비는 생활비일까요, 미래를 위한 투자일까요?

사교육비를 투자로 볼 것인가, 생활비로 볼 것인가를 판단하는 가장 중요한 요소는 아이의 학업 성취도와 미래의 성공 가능성일 것입니다. 아이가 공부를 매우 잘해 분명 좋은 대학에 진학할 것이고, 분명 좋은 직업을 가져 높은 연봉을 받을 것이라 기대한다면 투자로 생각할 겁니다. 그게 아니라면 생활비로 생각할 테죠.

그런데 인생은 그 누구도 장담할 수 없습니다. 어릴 때 공부를 잘하지 않았지만 큰 성공을 거둔 사람도 있고, 엄청나게 공부를 잘했지만 기대에 한참 못 미치는 삶을 사는 사람도 있습니다. 미래는 너무나 불확실합니다. 큰 기대를 갖고 투자했다가 실망할 수도 있으니 사교육비는 그냥 생활비로 생각하는 게 어떨까요?

굿바디주식회사도 마찬가지입니다. 신제품이 대박을 가져다줄 것이라고 기대하겠지만, 미래는 불확실하기 때문에 그 어떤 것도 확신할 수 없습니다.

연구개발비는 투자일까, 비용일까?

회계기준에서 연구*활동으로 발생한 지출은 비용으로 처리하는 것이 원칙입니다. 하지만 개발활동으로 인한 경우는 조금 복잡합니다. 개발

알아두세요

연구와 개발

연구는 새로운 과학적·기술적 지식을 얻기 위해 수행하는 독창적이고 계획적인 탐구활동입니다. 연구활동으로 발생한 지출은 비용으로 처리하는 것이 원칙입니다.
개발은 상업적인 생산 또는 사용 전에 연구 결과나 관련 지식을 새롭거나 현저히 개량된 재료, 장치, 제품, 공정, 시스템 및 용역의 생산을 위한 계획이나 설계에 적용하는 활동입니다. 개발활동으로 발생한 지출은 비용으로 처리하는 것이 원칙이나 자산으로 처리하는 것도 가능합니다.

비를 무형자산으로 잡는 것도 가능하지만 원칙적으로는 비용으로 처리하라고 이야기합니다.

개발비를 무형자산으로 잡으려면 기술적 실현 가능성과 미래 상업적 성공 가능성 등을 입증해야 합니다. 미래에 확실하게 돈을 벌 수 있어야 자산으로 인정받을 수 있기 때문이죠. 회계에서는 자산을 다음과 같이 정의합니다.

> **자산**: 미래 경제적 효익이 기업에 유입될 것으로 기대되는 경제적 자원

학문적 정의라 표현이 어렵게 되어 있는데, 쉽게 이야기하면 미래에 돈을 벌어주는 것이 자산이라는 의미입니다. 가정에서 사교육비를 자산으로 회계 처리하고 싶다면 아이가 미래에 돈을 많이 벌어 지금 투자하는 것을 다 회수할 수 있다는 확신이 있어야 합니다. 현재는 미래가 불확실하기 때문에 어느 누구도 사교육비가 자산이라고 이야기하기는 어려울 것입니다.

그래서 굿바디주식회사는 개발비를 다음과 같이 모두 비용으로 처리했습니다.

〈차변〉		〈대변〉	
개발비(비용 발생)	2,000만 원	현금및현금성자산(자산 감소)	2,000만 원

국내에서 연구개발비를 가장 많이 쓰는 기업은 단연 삼성전자입니다. 1년에 무려 28조 원을 쓰죠. 삼성전자 사업보고서에 나오는 다음 표처럼 연구개발비 전액을 비용으로 회계 처리합니다. 한 푼도 자산으로 잡지 않았습니다.

삼성전자의 사업보고서 중

(단위: 백만 원)

과목		제55기
연구개발비용 계		28,339,724
회계 처리	개발비 자산화(무형자산)	–
	연구개발비(비용)	28,339,724
연구개발비/매출액 비율 (연구개발비 총계÷당기매출액×100)		10.9%

삼성전자는 스마트폰, 반도체, 가전 등을 만드는 엄청난 능력을 가지고 있지만, 미래에 상업적으로 성공할 가능성은 확신하지 못하기 때문에 연구개발비를 비용으로 회계 처리했을 것입니다. 성공을 거둔 스마트폰과 가전도 많지만 과거에 흥행하지 못했던 모델도 많았기 때문에 보수적으로 회계 처리를 하는 것입니다.

023 인수·합병을 통해 회사를 키우려고 합니다

회계 무작정 따라하기

인수와 합병의 차이

벤처캐피탈(VC)로부터 투자도 잘 받았으니 그 돈으로 아예 다른 회사를 사는 것은 어떨까요? 회사를 더 성장시키려면 신사업을 시작해야 하는데, 맨땅에 헤딩하는 것보다 다른 회사를 사 키우면 시간을 단축시킬 수 있습니다.

굿바디주식회사는 다이어트 식단 정기 구독을 주 사업으로 하지만 헬스기기 사업에도 관심이 많습니다. 만약 헬스기기 사업을 하려면 헬스기기를 개발하거나 이미 헬스기기를 제조하고 있는 회사를 사면 됩니다. 여유자금이 있다면 후자가 훨씬 시간을 줄일 수 있는 방법이죠. 이때 전자를 '연구개발(R&D)'이라고 하고, 후자를 인수·합병(M&A)이라고 합니다.

보통 인수와 합병을 하나의 용어로 사용하는데, 이 둘은 엄연히 다릅니다. 다른 회사를 살 때는 '인수'라는 용어를, 다른 회사와 합칠 때는 '합병'이라는 용어를 사용해야 합니다.

예를 들어 굿바디주식회사가 헬스기기 전문제조기업 오운완주식회사를 100억 원에 사려면 그 회사의 최대주주에게 돈을 지급하고 주식을 받아오면 됩니다. 그러면 오운완주식회사는 굿바디주식회사의 계열사가 되죠. 이를 '인수'라고 합니다.

이마트가 미국의 이베이(eBay)에 3조 원이 넘는 대금을 지급하고 이베이코리아(G마켓, 옥션)를 인수해 이마트의 자회사로 편입시킨 것이 대표적인 사례입니다. 이베이가 이베이코리아의 대주주이므로, 이마트는 이베이가 보유한 이베이코리아의 주식을 사면 되는 것이죠.

굿바디주식회사가 오운완주식회사와 합쳐 하나의 회사가 되기로 했다면 두 회사는 모두 사라지고, 하나의 새로운 회사가 되는 것입니다. 두 회사를 합쳐 득근주식회사를 만들었다고 가정해봅시다. 그러면 굿바디주식회사와 오운완주식회사의 주주들은 득근주식회사의 주식을 받고 그 회사의 주주가 됩니다. 이를 '합병'이라고 합니다.

2014년 카카오가 다음커뮤니케이션과 합병해 다음카카오라는 회사가 탄생했습니다. 그 회사는 회사명을 지금의 주식회사 카카오로 변경했죠. 그 당시에는 다음커뮤니케이션 주주들에게 다음카카오 주식 1주를 줄 때 카카오 주주들에게는 3주를 주었습니다. 회사를 합쳐보니 다음커뮤니케이션보다 카카오의 기업가치가 더 컸기 때문입니다. 이렇게 새 회사 주식을 몇 대 몇으로 줄지 정하는 것을 '합병비율'이라고 합니다. 오래전에 삼성물산과 제일모직의 합병비율이 잘못 계산된 거 아니냐는 이슈로 한창 떠들썩했죠. 합병비율을 몇 대 몇으로 정하는가에 따라 주주들이 얻는 이익의 규모가 달라지니 그런 논란이 일어날 만합니다.

이렇게 인수와 합병은 새로운 사업을 붙여 크게 성장하겠다는 취지에서는 같지만 회사 구조가 다르다는 점에서 차이가 있습니다.

인수의 회계 처리

상대 회사를 인수하거나 합병하려면 그 회사의 가치를 매겨야 합니다. 100억 원짜리 회사로 볼 것인지, 200억 원짜리 회사로 볼 것인지에 따라 준비해야 하는 실탄이 달라집니다. 예를 들어 동대문시장에 유명한 국수집이 매물로 나왔습니다. 맛집으로 소문난 국수집 할머니가 은퇴하면서 점포를 넘기기로 한 것입니다. 공인중개사 사무소에 방문해 물어보니 국수집 부동산 가치는 2억 원 정도라고 합니다. 그런데 할머니가 10억 원에 팔겠다고 합니다. 왜일까요?

부동산 가치는 2억 원에 불과하지만, 할머니는 8억 원의 프리미엄을 붙인 것입니다. 그 국수집이 워낙 자리가 좋아 유동 인구가 많은데 맛집으로 소문까지 나 1년에 못해도 2억 원의 이익을 낼 수 있다면 10억 원의 가치를 인정할 수 있을 것입니다. 이렇게 웃돈이 오가는 거래를 할 때 8억 원의 프리미엄을 '권리금'이라고 합니다.

굿바디주식회사가 오운완주식회사의 재무상태표를 입수했는데, 대략 이런 모습이라고 가정해봅시다.

〈차변〉		〈대변〉	
자산	100억 원	부채	50억 원
		자본	50억 원

박득근 대표는 오운완주식회사 최대주주에게 접근해 주식 매각 관련 가격 협상을 진행하려고 합니다. 오운완주식회사 최대주주는 100억 원을 불렀습니다. 회사가 가진 자산 100억 원에서 부채 50억 원을 차감하면 자본총계인 50억 원이 적정 가치 같은데, 50억 원을 더 부른 것이죠. 오운완주식회사 최대주주가 50억 원의 웃돈을 부른 이유는 무엇일까요? 브랜드에 대한 고객 충성도가 좋다는 점과 회사만의 특별한 기술로 헬스기기를 만들어 타사 제품과 차별화가 된다는 점 때문입니다. 사용자가 오운완주식회사의 헬스기기로 운동을 하면 오늘 운동을 얼마나 했는지, 열량 소모가 어느 정도 되었는지 바로 앱에 데이터가 전송되는데, 그 기술력에 대한 대가를 요구한 것이죠.

소상공인이 웃돈을 주고 점포를 계약할 때는 '권리금'이라는 용어를 사용하는데, 기업이 다른 기업을 인수할 때는 '영업권'이라는 계정과목을 씁니다. 굿바디주식회사가 오운완주식회사를 인수하는 것으로 결론이 나고, 최대주주에게 100억 원의 대가를 지급했다면 다음과 같이 회계 처리를 하면 됩니다.

〈차변〉		〈대변〉	
오운완주식회사 자산(자산 증가)	100억 원	오운완주식회사 부채(부채 증가)	50억 원
영업권(자산 증가)	50억 원	현금및현금성자산(자산 감소)	100억 원

굿바디주식회사는 현금 100억 원을 지급한 뒤 오운완주식회사의 자산 100억 원과 부채 50억 원을 갖게 되었습니다. 50억 원을 더 준 셈이니 이는 영업권으로 회계 처리해야 합니다. 눈에 보이지 않는 가치(고객 충성도, 기술력 등)가 나중에 굿바디주식회사에 많은 돈을 벌어다줄 것이기 때문에 이는 자산입니다. 눈에 보이지 않으므로 이 영업권은 무형자산에 해당됩니다.

다음은 이마트의 재무상태표 중 일부입니다. 영업권 숫자가 워낙 크다 보니 계정과목 명칭을 '무형자산 및 영업권'이라고 표시했습니다. 이마트는 우리에게 친숙한 스타벅스와 지마켓 그리고 옥션 등을 운영하는 회사들을 인수해 자회사로 두고 있습니다. 이마트는 이들 기업을 인수할 때 각 회사의 최대주주에게 자산, 부채금액보다 훨씬 많은 대가를 지불하고 주식을 넘겨받았습니다. 그래서 영업권 숫자가 꽤 그죠. 이마트의 경우 재무제표에 표시된 영업권 숫자는 5조 원이 넘습니다. 전체 자산이 33조 원대이니, 10% 이상이 영업권일 정도로 인수를 많이 했다는 것을 알 수 있습니다.

이마트의 재무상태표

(단위: 원)

비유동자산	27,056,076,328,136
유형자산	10,042,427,368,620
투자부동산	1,652,872,843,601
무형자산 및 영업권	7,761,349,200,856

카카오처럼 인수·합병을 많이 하는 기업의 재무상태표를 보면 영업권 금액이 꽤 크게 표시되어 있습니다. 카카오가 보유한 자회사와 계열사는 220개에 달합니다. 직접 만든 회사도 있지만 음원 서비스를 하는 멜론처럼 인수한 기업도 많습니다. 카카오의 재무상태표에서 영업권 금액을 찾아보면 4조 원이 넘습니다. 이마트처럼 전체 자산의 10% 이상이 영업권으로 채워져 있습니다.

이마트와 카카오 모두 성장을 위해 새로운 회사들을 인수·합병해 사업을 해나가고 있습니다. 현재 이마트가 커피 사업으로 1등을 하고 있는데, 만약 스타벅스를 인수하지 않고 자체 브랜드를 개발했다면 스타벅스만큼의 인기를 누렸을까요? 그 누구도 장담할 수 없습니다. 카카오도 마찬가지겠죠? 엔터테인먼트나 음원 사업을 착실히 준비해 사업을 할 수도 있지만, 다른 회사를 인수·합병해 카카오 플랫폼에 붙이는 게 훨씬 능률적이기에 그런 결정을 내렸을 것입니다.

잠깐만요

권리금을 내고 인수한 국수집이 장사가 잘 안 된다면?

사업가 박종원 씨는 국수집 할머니의 말을 믿고 부동산 가치 2억 원에 8억 원을 보태 10억 원을 주고 국수집을 인수했습니다. 1년에 2억 원의 이익을 낼 수 있다고 했으니 5년이면 10억 원을 손에 쥘 수 있을 것입니다.

그러나 손님들의 입맛이 까다로운 건지, 할머니의 손맛을 내지 못해서인지 도통 장사가 되지 않습니다. 박종원 씨는 이러다가 5년 이내에 투자한 돈을 회수하지 못할 것 같아 초조해지기 시작했습니다. 그래도 첫해에는 1억 원 정도의 이익을 내 조금 안심했는데,

2년 차부터는 손님이 더 줄어들었습니다. 이쯤 되면 박종원 씨는 헛돈을 썼다는 생각에 밤잠을 설칠 것입니다.

기업도 마찬가지입니다. 굿바디주식회사가 웃돈(영업권) 50억 원을 주고 오운완주식회사를 인수했는데 생각보다 헬스기기가 잘 팔리지 않았습니다. 인수한 해는 물론이고, 다음 해에도 적자가 나 50억 원의 웃돈을 회수하기 힘들 것 같습니다. 박종원 씨는 투자한 8억 원이 아까워 속이 타들어갈 텐데, 기업은 회계 처리를 해야 합니다.

예를 들어 50억 원 웃돈을 건지기 어려울 정도로 사업이 안 된다면 이 50억 원에 대해 손실 처리를 해야 합니다. 이를 손상차손*이라고 합니다. 웃돈을 지급할 때는 영업권으로 자산을 잡았는데, 미래에 돈을 벌어주지 못할 것으로 판명이 났으니 이제라도 비용으로 처리하는 것입니다. 손상차손 관련 회계 처리는 다음과 같습니다.

〈차변〉		〈대변〉	
무형자산손상차손(비용 발생)	50억 원	영업권(자산 감소)	50억 원

> ✏️ **알아두세요**
>
> **손상차손**
>
> 자산의 장부금액이 회수가능액을 초과하는 금액을 말합니다. 사례에서 본 것처럼 재무제표에 표시된 영업권 장부가액이 50억 원인데, 새로 인수한 사업에서 계속 적자가 나니 회수가능액은 0원입니다. 그래서 50억 원을 손실로 인식하는 것이고, 이를 '손상차손'이라고 합니다.
>
> 회사가 미래 손익을 추정해봤더니 지금은 적자가 나고 있지만 곧 이익이 나 50억 원 이상을 충분히 거두어들일 수 있다는 계산이 나오면 손상차손으로 처리하지 않습니다. 만약 30억 원 정도까지는 거두어들일 수 있다고 추정된다면 20억 원만 손상차손으로 인식하면 됩니다.
>
> 이 추정은 회사가 해야 하지만 회계감사를 받을 때 회계법인으로부터 평가보고서를 받아야 합니다. 그래야 객관적인 평가와 판단을 할 수 있겠죠.

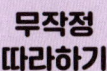

무작정 따라하기

알쏭달쏭 회계 퀴즈

▼Q1   A회사의 자본금은 얼마일까요?

> A회사는 주식 1만 주를 발행해 회사를 설립했습니다. 주식의 발행가액은 2,000원이고, 액면가액은 500원입니다.

① 500만 원
② 1,500만 원
③ 2,000만 원

▼정답   ① 500만 원

▼해설   자본금은 '발행주식수×액면가액'입니다. 회사의 발행주식수 1만 주에 액면가액 500원을 곱하면 500만 원이 됩니다. 참고로 발행가액과 액면가액의 차이인 1,500원에 1만 주를 곱한 1,500만 원을 '주식발행초과금'이라고 합니다.

▼Q2 다음 상황을 읽고 ⒶÂ와 Ⓑ에 들어갈 말을 순서대로 나열한 것을 고르세요.

> A회사는 B회사의 대주주인 김대주 씨가 보유한 주식 1만 주(지분율 100%)를 매수했습니다. 이로써 B회사의 대주주는 김대주 씨에서 A회사로 변경되었습니다. B회사는 자산 50억 원, 부채 20억 원의 회사인데, A회사는 1만 주에 대한 대가로 70억 원을 치렀습니다. A회사는 B회사를 (Ⓐ)했으며, 이 과정에서 발생한 영업권의 가치는 (Ⓑ)입니다.

	(Ⓐ)	(Ⓑ)
①	인수	20억 원
②	합병	20억 원
③	인수	40억 원
④	합병	40억 원

▼정답 ③ 인수, 40억 원

▼해설 A회사와 B회사가 합쳐져 C회사가 되었다면 합병이지만, 이 경우에는 A회사가 B회사의 대주주가 되었기 때문에 인수입니다. 자산 50억 원, 부채 20억 원, 자본 30억 원의 회사를 70억 원을 주고 샀으니 영업권의 가치는 40억 원[70억 원(인수대가)-30억 원(자산-부채)]이 됩니다.

▼Q3　A회사는 신입사원인 나신입을 채용하면서 연봉 4,800만 원에 고용계약서를 작성했습니다. 첫 급여일인 2024년 12월 25일 회사는 월 급여 400만 원에서 갑근세와 4대보험료 근로자 부담분 40만 원을 제외하고 360만 원을 나신입의 계좌에 입금해주었습니다. 40만 원에 대한 12월 25일의 계정과목은 무엇일까요?

① 보험료(비용 발생)
② 선급금(자산 증가)
③ 예수금(부채 증가)

▼정답　③ 예수금(부채 증가)

▼해설　40만 원은 근로자의 갑근세와 4대보험료 근로자 부담분으로, 회사가 직원 대신 세무서와 보험공단에 납부해야 합니다. 납부일이 2025년 1월 10일이므로 2024년 급여지급일 기준으로는 아직 납부하지 않았고 납부해야 할 의무가 있으므로 부채가 됩니다. 그리고 예수금이라는 계정과목을 씁니다. 2025년 1월 10일에 이 40만 원의 부채를 감소시키면서 예수금 잔액은 0원이 됩니다.

- **024** 땅을 샀습니다
- **025** 대출을 받아 공장을 짓습니다
- **026** 사용한 만큼 감가상각을 해보겠습니다
- **027** 사용하던 자산을 매각했습니다

넷째 마당

자산을 취득할 때

회계 무작정 따라 하기

회계 이야기

기업 자산의 모든 것

자산의 종류는 매우 다양합니다. 가계부터 살펴보면 우선 살기 위해 집 또는 전세보증금을 취득합니다. 오랫동안 사용하기 위해 자동차, 가구, 가전제품 등도 취득하죠. 여유자금이 생기면 주식이나 펀드 같은 금융자산, 예금이나 적금 같은 금융상품에도 가입합니다.

기업도 마찬가지입니다. 단, 기업은 살기 위해서가 아니라 공장이나 사옥으로 사용하기 위해 토지, 건물 등을 취득합니다. 여유가 없으면 임차보증금을 내고 월세로 살기도 하죠.

제조업은 제품을 생산해야 하니 기계장치, 차량운반구, 시설장치, 비품 등을 취득해야 합니다. 이런 자산들을 '유형자산'이라고 합니다.

제조업은 대체로 이런 유형자산 때문에 자산총액이 큰 편입니다. LG에너지솔루션의 경우, 자산총액 60조 원 중 64%인 38조 원이 유형자산입니다. 단, 직접 생산하지 않고 전부 외주를 주는 기업은 유형자산 비중이 작습니다. 미국의 애플이나 엔비디아가 대표적인 예죠. 이들 기업의 유형자산이 전체 자산에서 차지하는 비중은 13%, 5%에 불과합니다.

서비스업은 대체로 유형자산이 많지 않기 때문에 제조업보다 자산총액이 작습니다. IT 관련 기업의 경우, 사무실만 빌리면 사업이 가능합니다. 그 사무실에 들어가는 유형자산은 컴퓨터, 서버, 비품 등인데, 큰돈이 들어가지 않습니다. 그렇다고 모든 서비스업의 유형자산이 다 작은 것은 아닙니다. 예를 들어 SK텔레콤과 대한항공 같은 기업들은 서비스 기업이지만 통신장비, 항공기 같은 유형자산이 있어야만 사업을 할 수 있어 10조 원이 넘는 유형자산을 보유하고 있습니다.

직원들 책상에 컴퓨터 한 대씩은 다 있으니 소프트웨어도 사야 합니다. 신제품을 개발하면 특허 취득도 해야 하죠. 소프트웨어나 특허권 같은 자산은 눈에 보이지 않기 때문에 '무형자산'이라고 합니다.

제조업은 원재료를 구입해 제품을 생산합니다. 도소매업은 상품을 구입해 판매를 하죠. 이런 원재료, 제품, 상품 등을 '재고자산'이라고 합니다. 단순히 상품 판매 중개만 하는 이커머스 기업은 재고자산을 갖고 있지 않지만, 상품을 매입해 판매하는 롯데쇼핑이나 쿠팡 같은 기업들은 조 단위의 재고자산을 보유하고 있습니다.

기업들은 외상 거래를 하는 경우가 많은데, 회계 기간 종료일까지 줄 돈, 받을 돈에 대한 정리가 끝나지 않습니다. 그래서 재무상태표의 자산에 매출채권, 미수금, 대여금, 선급금 등 온갖 채권 성격의 자산도 많이 보입니다.

회사의 사업이 잘되어 돈을 많이 벌면 자금을 운용해야겠죠. 그래서 많은 기업이 예금, 적금 성격의 금융상품이나 주식, 채권 성격의 금융자산을 취득합니다.

기업에는 이렇게 자산의 종류가 매우 많습니다. 〈넷째마당〉에서는 다양한 자산의 개념과 취득에 관해 알아보도록 하겠습니다.

024 땅을 샀습니다

선급금의 회계 처리

박득근 대표는 직접 제품을 생산할지, 외주로 맡길지 결정해야 했습니다. 외주로 맡긴다면 공장에 대한 투자비를 아낄 수 있습니다. 하지만 박득근 대표는 외주업체가 제품을 잘 만들지 못할까봐 불안하기도 했고, 회사 정보가 외부로 유출되어 경쟁업체 손에 들어가지는 않을까 걱정이 되었습니다. 오랫동안 고민하던 박득근 대표는 결국 직접 제품을 생산하기로 결정했습니다.

박득근 대표는 비교적 땅값이 저렴한 지방 농공단지의 땅 1,000평을 1억 5,000만 원에 매입했습니다. 계약금으로 10%를 지급했고, 잔금은 추후에 지급하기로 했습니다. 잔금 지급 때 소유권이전등기를 할 예정이므로 계약금 지급 시점에는 다음과 같이 회계 처리를 하면 됩니다.

〈차변〉		〈대변〉	
선급금(자산 증가)	1,500만 원	현금및현금성자산(자산 감소)	1,500만 원

선급금은 말 그대로 돈이 먼저 나갔다는 의미입니다. 나중에 같은 금액만큼의 반대급부를 받을 권리가 있으므로 자산입니다. 상거래를 하다 보면 이렇게 선급금이 먼저 나가는 경우가 종종 생기는데, 그럴 때는 지

금처럼 자산으로 회계 처리를 해야 합니다.

참고로 선급금이 가장 많이 발생하는 업종은 미디어·콘텐츠입니다. 영화나 드라마를 제작하려면 많은 제작비가 필요한데, 이런 작품들에 투자하거나 제작을 하는 기업은 목돈부터 빠져나갈 수밖에 없습니다. 국내 최대 미디어·콘텐츠 기업인 CJ ENM의 재무상태표를 보면 다음과 같이 선급금이 자산에 포함되어 있습니다.

CJ ENM의 재무상태표

(단위: 천 원)

구분	당기말	
	유동자산	비유동자산
선급금	273,300,739	528,875,823

유동자산과 비유동자산에 각각 2,733억 원, 5,289억 원의 선급금이 잡혀 있습니다. 1년 이내에 작품으로 돌아온다면 유동자산이 될 것이고, 1년 이후에 작품이 완성될 예정이라면 비유동자산이 될 것입니다.

토지 사용에 따른 회계 처리

굿바디주식회사는 잔금 지급과 함께 토지소유권이전등기를 마쳤습니다. 그리고 그날 다음과 같이 회계 처리를 했습니다.

〈차변〉		〈대변〉	
토지(자산 증가)	1억 5,000만 원	선급금(자산 감소)	1,500만 원
		현금및현금성자산(자산 감소)	1억 3,500만 원

자산에 달아두었던 선급금 1,500만 원은 상계해 없애고 토지 1억 5,000만 원이 자산으로 올라갔습니다. 토지는 비유동자산에 유형자산으로

분류합니다. 장기간 사용할 목적이기 때문이죠.

토지와 건물은 유형자산 회계 처리가 원칙인데, 사용 목적에 따라 그렇게 처리되지 않는 경우도 있습니다. 예를 들어 굿바디주식회사가 토지와 건물을 취득해 사용하지는 않고 임대 사업을 하다 추후에 시세차익을 보고 매도할 예정이라면, 유형자산이 아닌 투자부동산으로 회계 처리해야 합니다. 실제로 여유자금을 운용하면서 부동산 투자를 하는 기업이 많습니다.

다음은 포스코홀딩스의 재무상태표입니다 투자부동산을 무려 1조 6,000억 원 이상 보유하고 있습니다.

포스코홀딩스의 재무상태표

(단위: 원)

비유동자산	54,733,095,641,101
장기매출채권	42,516,028,149
기타채권	1,452,444,866,518
기타금융자산	2,708,324,662,860
관계기업및공동기업투자	5,020,264,486,787
투자부동산(주13)	1,616,293,510,989

> **알아두세요**
>
> **공정가치**
> 합리적인 판단력과 거래 의사가 있는 독립된 당사자 간의 거래에서 자산이 교환될 수 있는 금액을 의미합니다.
> 보통은 시장에서 거래가 빈번하게 이루어지면 가격이 형성됩니다. 대개 이 가격을 당해 자산에 대한 공정가치로 판단합니다. 주식이나 아파트 같은 자산이 그 대상이 될 것입니다.
> 그러나 기업들의 상업용, 공장용 토지와 건물은 거래가 빈번하게 이루어지지 않고, 지역과 산업에 대한 특수성도 있기 때문에 대표성 있는 시장가격을 찾기 어려워 감정평가사의 평가를 받습니다.

회사가 사용할 목적이 아니라 투자 목적으로 취득한 토지와 건물이므로 포스코홀딩스 주주들은 이 부동산의 시세가 궁금할 것입니다. 그래서 이 회사는 감정평가를 통해 공정가치*를 구한 뒤 재무제표 주석사항에 기재하고 있습니다. 참고로 이 회사의 재무제표 주석사항 13번을 찾아보면 이 투자부동산의 공정가치는 약 2조 5,000억 원이라고 합니다.

만약 토지와 건물을 부동산개발업자나 공급업자가 취득한다면 이는 재고자산으로 분류됩니다. 부동산을 개발해 판매하는 것이 주요 사업이기 때문입니다.

다음은 이 업을 전문으로 하는 SK디앤디의 재무상태표입니다.

즉 토지와 건물은 사용 목적이면 유형자산, 투자 목적이면 투자부동산, 전문 개발업자가 취득하면 재고자산이 됩니다.

SK디앤디의 재무상태표 중 재고자산 계정과목

(단위: 원)

구분	당기말 재고자산	전기말 재고자산
건물	65,938,266,617	70,365,605,150
토지	193,863,993,737	196,719,943,418
(토지평가손실충당금)	(321,674,218)	(321,674,218)
건설용지	534,988,567,146	535,332,002,121

025 대출을 받아 공장을 짓습니다

차입금의 회계 처리

땅을 샀으니 이제 공장 건물을 지어야겠죠? 벤처캐피탈(VC)로부터 투자받은 돈이 아직 남아 있지만 땅을 담보로 은행에서 대출을 받을 수 있으니 금리가 만족스럽다면 대출을 받는 것이 더 나은 선택입니다. 은행 심사 결과, 3년 동안 1억 원을 제공받을 수 있고, 금리는 3%라고 합니다. 이 정도면 큰 부담이 아니라고 판단한 박득근 대표는 대출을 받기로 결정했습니다. 남은 투자금은 이후에 기계 취득에 써야 하기 때문에 아껴두어야 했죠. 1억 원의 현금이 유입되었고, 회사는 다음과 같이 회계 처리를 했습니다.

〈차변〉		〈대변〉	
현금및현금성자산(자산 증가)	1억 원	장기차입금(부채 증가)	1억 원

만기가 1년을 초과하므로 장기차입금이고, 비유동부채로 분류합니다. 만약 은행으로부터 1년짜리 차입금을 빌리고 매년 갱신해야 한다면 이는 단기차입금이 됩니다. 1년짜리이므로 단기차입금은 유동부채입니다.

한편 장기차입금 상환일이 1년 이내에 도래하면 회사는 비유동부채를 유동부채로 바꿔야 합니다. 이때 쓰는 명칭은 유동성장기부채*입니다.

 알아두세요

유동성장기부채

주택담보대출을 받으면 대개 원금을 균등 상환해야 합니다. 오늘 3억 원을 10년 만기로 빌렸고 매년 3,000만 원씩 상환해야 한다고 예를 들어보겠습니다.
3억 원의 장기차입금을 빌린 셈인데, 현재 시점에서 3,000만 원의 만기는 1년 이내에 도래하고, 2억 7,000만 원은 2년 뒤부터 차근차근 도래합니다. 이때 이 3,000만 원을 '유동성장기부채'라고 합니다. 즉 장기차입금으로 빌렸는데 만기가 1년 이내 남아 이 부분만 별도로 유동부채로 올립니다.

즉 다음과 같이 회계 처리를 해야 합니다.

〈차변〉		〈대변〉	
장기차입금(부채 감소)	1억 원	유동성장기부채(부채 증가)	1억 원

장기차입금을 감소시키고 유동성장기부채를 증가시키는 회계 처리를 하게 됩니다. 이렇게 하는 것을 유동성대체*라고 합니다.

알아두세요

유동성대체

기업들은 회계연도 종료일 기준으로 '유동성대체'라는 것을 합니다. 장기차입금, 정기적금 등 만기가 1년 이상 남은 비유동자산, 비유동부채가 그 대상입니다.
3년 만기 정기적금에 불입하고 있는데 만기가 3년 정도 남으면 비유동자산이지만, 만기가 1년 이내에 도래하면 유동자산이 됩니다. 그래서 회계연도 종료일에 만기가 1년 이내 남은 정기적금이나 예금은 유동자산으로 올립니다.
부채도 마찬가지입니다. 3년짜리 차입금인데 회계연도 종료일에 만기가 1년 이내에 도래하면 유동부채가 됩니다. 비유동부채에 있는 것을 없애고 유동부채로 올려야겠죠.

건설중인자산의 회계 처리

굿바디주식회사는 건설업체 한 곳을 선정해 공장을 짓기 시작했습니다. 공사는 내년 3월까지 계속될 예정입니다. 연말까지 발생한 공사비를 집계해보니 다음과 같습니다.

- 기존 시설물 철거비: 200만 원
- 업체 선정 등 각종 비용: 100만 원
- 1차 공사비 지급: 5,000만 원

처음 토지를 매입할 때 공터를 산 게 아니라 다른 회사가 쓰던 폐공장을 인수한 것이라 기존 시설물을 철거해야 했습니다. 땅을 고르고 공장을 지어야 했죠. 굿바디주식회사는 연말까지 발생한 비용 5,300만 원을 다음과 같이 회계 처리했습니다.

〈차변〉		〈대변〉	
건설중인자산(자산 증가)	5,300만 원	현금및현금성자산(자산 감소)	5,300만 원

넷째마당 **자산을 취득할 때** 133

알아두세요

부대비용

신차를 살 때는 보통 예산 안에서 모델을 고릅니다. 인터넷에서 차 값을 알아보고 대리점에 방문해 견적을 내보면 생각했던 금액보다 더 많이 나옵니다. 취득세, 공채구입 비용, 탁송료 등 여러 비용이 발생하기 때문이죠. 대략 차값의 10% 내외입니다.

아파트를 분양받을 때도 마찬가지입니다. 발코니를 확장하고 시스템 에어컨 같은 붙박이 가전이나 가구를 몇 개 설치하고 취득세까지 내려면 억 단위가 더 들 수도 있습니다.

이렇게 자산 취득 과정에서 부수적으로 발생하는 지출을 '부대비용'이라고 합니다. 보통 자산 취득가액에 합산해서 생각하는데, 기업도 자산 취득 과정에서 발생한 부대비용은 자산가격에 합산합니다.

직접 발생한 공사비 외에 부대비용*까지 모두 자산 취득가액으로 포함시켜야 합니다. 그리고 공장이 완공되지 않았기 때문에 건물이라는 계정과목을 쓰지 못하고 '건설중인자산'이라는 명칭을 써야 합니다.

건물을 짓기 위해 대출을 받았는데 여기서 발생하는 이자비용은 부대비용일까요? 네! 맞습니다. 그래서 이자비용도 건설중인자산으로 처리해야 합니다. 예를 들어 연말에 이자비용 150만 원을 은행에 지급했다면 다음과 같이 회계 처리를 할 것입니다.

〈차변〉		〈대변〉	
이자비용(비용 발생)	150만 원	현금및현금성자산(자산 감소)	150만 원

하지만 이 경우에는 이자를 비용이 아닌 자산으로 처리할 수 있기 때문에 다음과 같이 이자비용을 없애고 건설중인자산으로 대체할 수 있습니다. 이자비용(비용 발생) 150만 원을 없애는데 수익 발생으로 표현할 수 없으니 '-비용 발생'이라고 표현했습니다.

〈차변〉		〈대변〉	
건설중인자산(자산 증가)	150만 원	이자비용(-비용 발생)	150만 원

이렇게 이자비용을 자산 취득가액으로 포함시키는 것을 '차입원가 자본화'라고 합니다. 건설을 위해 대출받은 차입금에서 발생한 차입원가(이자비용)를 자산으로 처리한다는 의미입니다.

국내에서 투자를 가장 많이 하는 삼성전자의 재무제표를 찾아보면 2024년 말 기준 건설중인자산이 53조 1,173억 원입니다. 2023년 말에 46조 7,203억 원이었는데 1년 만에 6조 원 넘게 늘었습니다. 반도체 공장은 땅을 사 건물을 짓고 기계장치를 들여놓을 때까지 꽤 오랜 기간이 소요되기 때문에 완공될 때까지는 건설중인자산의 잔액이 계속 쌓일 수밖에 없습니다.

1년의 공사 기간을 거쳐 드디어 박득근 대표가 기다리던 공장이 완공되었습니다. 공사비와 각종 부대비용 1억 원을 투입해 철근콘크리트조 건물이 완공된 것이죠. 등기를 마치고 공장을 가동할 준비가 된 시점에 회사는 건설중인자산에 쌓여 있던 1억 원을 건물로 대체하는 회계 처리를 진행했습니다.

〈차변〉		〈대변〉	
건물(자산 증가)	1억 원	건설중인자산(자산 감소)	1억 원

유형자산 취득

박득근 대표는 공장이 완공된 뒤 생산과 운영을 위해 기계장치, 공기구, 비품 같은 자산들을 취득했습니다. 전문업체에서 기계장치 5,000만 원, 공기구 3,000만 원어치를 구입하고, 가구점과 전자상가에서 가구와 컴퓨터 등을 2,000만 원어치 구입했습니다. 돈은 일주일 내로 입금하기로 했죠. 그리고 회사는 다음과 같이 회계 처리를 했습니다.

〈차변〉		〈대변〉	
기계장치(자산 증가)	5,000만 원	미지급금(부채 증가)	1억 원
공구와기구(자산 증가)	3,000만 원		
비품(자산 증가)	2,000만 원		

회사가 유형자산을 취득하면서 대금을 아직 지급하지 않았기 때문에 미지급금이라는 부채 계정과목을 썼습니다. 만약 회사가 생산을 위해 원재료를 외상으로 매입했다면 미지급금이 아닌 매입채무라는 계정과

목을 써야 합니다.

대금을 치르면 다음과 같이 회계 처리가 될 것입니다.

⟨차변⟩		⟨대변⟩	
미지급금(부채 감소)	1억 원	현금및현금성자산(자산 감소)	1억 원

매입한 땅에 공장이 건설되었고, 각종 기계장치와 공구, 기구 등이 들어왔으니 이제 굿바디주식회사는 제품을 대량으로 생산해 많이 팔아 돈을 버는 일만 남았습니다.

026 사용한 만큼 감가상각을 해보겠습니다

회계 무작정 따라하기

시간이 흐른 만큼 가치가 감소하는 감가상각

박득근 대표는 10년 전에 5,500만 원을 주고 자동차를 구입했습니다. 그런데 요즘 부쩍 자주 고장이 나 신차를 살까 고민 중입니다. 타던 차를 팔면 얼마를 받을 수 있을지 궁금해진 박득근 대표는 중고차 앱에 차량 정보를 입력하고 시세를 확인해보았습니다.

실망스럽게도 500만 원 정도밖에 받지 못할 것 같네요. 그렇다면 5,000만 원은 어디로 사라진 걸까요? 이럴 때 중고차시장에서는 '감가를 맞았다'라고 표현합니다. 박득근 대표는 어차피 10년이면 오래 탔다 싶어 500만 원을 받고 파는 것을 긍정적으로 생각해보기로 했습니다. 감가, 즉 가치가 감소한 것에 동의한 거죠.

그런데 기업은 가치가 감소하는 것을 마음속으로만 생각하지 않습니다. 실제로 비용으로 처리하죠. 이를 '감가상각'이라고 합니다. 10년 동안 5,000만 원이 사라졌으니 매년 500만 원의 비용이 발생했다는 식으로 다음과 같이 회계 처리를 합니다.

〈차변〉		〈대변〉	
감가상각비(비용 발생)	500만 원	감가상각누계액(자산 감소)	500만 원

알아두세요

차량운반구

신차나 중고차를 구매하면 내 소유가 되니 자산으로 분류됩니다. 그러나 차를 렌트해 사용하면 소유권은 없고 사용권만 갖게 되니 자산이라고 말할 수 없습니다.

기업도 마찬가지입니다. 회사 소유의 승용차, 운반용 트럭, 특수차량 등을 '차량운반구'라고 합니다. 요즘에는 임원용이나 업무용 승용차도 렌트를 많이 하고, 운반이나 배송도 외주업체에 맡기는 경우가 많기 때문에 회사의 차량운반구 구입금액 규모가 매우 작습니다. 연간 유형 자산취득액이 10조 원에 달하는 LG에너지솔루션의 경우 차량운반구 연간 구입액은 35억 원에 불과합니다.

신차를 구입하고 1년이 경과했다면 자동차는 자산에 다음과 같이 표기됩니다. 차량운반구* 원금은 5,500만 원이므로 건드리지 않습니다. 감가상각누계액이 자산 차감으로 표시됩니다. 만약 2년이 지나 또 500만 원을 감가상각비로 처리했다면 차량운반구 금액은 오른쪽처럼 변합니다. 자산을 취득할 때 현금이 나갔으니 이 감가상각비는 현금이 나가지 않는 비용입니다. 하지만 현금이 나가지 않아도 비용으로 처리합니다.

신차 구매 1년 경과 (단위: 원)

재무상태표	
유형자산	
차량운반구	55,000,000
감가상각누계액	(5,000,000)

신차 구매 2년 경과 (단위: 원)

재무상태표	
유형자산	
차량운반구	55,000,000
감가상각누계액	(10,000,000)

감가상각 기간은 어떻게 정할까?

감가상각은 몇 년 동안 하는 것이 맞을까요? 내구성이 좋다고 망가질 때까지 하는 것이 아니라, 돈을 벌 수 있는 기간과 내구성을 고려해 결정해야 합니다.

굿바디주식회사가 취득한 기계장치의 내구성이 튼튼해 10년은 거뜬히 사용할 수 있다고 가정해봅시다. 그런데 이 기계장치가 이번에 개발한 신제품 생산에만 사용되고, 이 신제품은 5년 정도 판매될 것이라 예상된다면, 이 기계장치의 감가상각 기간은 5년이 적절합니다. 같이 취득한 공구와 기구는 어떨까요? 범용성이 있고 10년 정도 사용해도 고장 없이 쓸 수 있을 것 같다면 적절한 감가상각 기간은 10년입니다.

즉 감가상각 기간은 물리적 내용연수(내구성)와 경제적 내용연수(돈을 벌 수 있는 기간) 중 작은 값으로 결정해야 합니다. 기계장치는 물리적 내용연수가 길어도 경제적 내용연수가 짧으니 5년이 맞을 것이고, 공구와 기구는 범용성이 있어 계속 돈을 버는 데 사용되겠지만 수명이 10년 정도로 예상되니 그 기간 동안 상각을 하는 것입니다. 이렇게 감가상각 기간은 회사가 정하면 됩니다.

돈을 벌 수 있는 기간 동안 감가상각을 하는 이유는 앞서 살펴봤던 회계원칙인 수익·비용 대응의 원칙 때문입니다. 수익이 발생하려면 같은 해에 비용이 투입되어야 합니다. 그래서 돈을 버는 기간(수익이 발생하는 기간)을 고려해 감가상각을 하는 것입니다.

감가상각을 하는 2가지 방법

감가상각은 소위 n분의 1, 즉 정액법이 일반적입니다. 1억 원짜리 건물을 20년 동안 감가상각한다면 매년 500만 원을 다음과 같이 비용으로 처리하면 됩니다.

〈차변〉		〈대변〉	
감가상각비(비용 발생)	500만 원	감가상각누계액(자산 감소)	500만 원

단, 건물 외에 기계장치나 공구, 기구 등은 정률법을 사용할 수 있습니다. 정률법은 유형자산이 초기에 많이 닳고, 시간이 지날수록 닳는 정도가 더뎌진다는 아이디어에서 만들어진 방식입니다. 그래서 감가상각비도 초기에 많이 발생하고, 시간이 지날수록 발생액이 줄어듭니다.

예를 들어 1,000만 원짜리 기계장치를 5년 동안 정률법으로 상각한다면 다음과 같이 비용화시켜야 합니다.

- **1년 차:** 10,000,000×0.528=5,280,000원
- **2년 차:** (10,000,000-5,280,000)×0.528=2,492,160원
- **3년 차:** (10,000,000-5,280,000-2,492,160)×0.528=1,176,300원
- **4년 차:** 10,000,000-5,280,000-2,492,160-1,176,300=1,051,540원

정률은 루트($\sqrt{}$)가 포함된 복잡한 산식을 통해 계산되는 값인데, 자세한 계산 과정까지는 몰라도 됩니다. 감가상각 기간과 정률은 다음과 같습니다. 현실적으로 기계장치나 공구와 기구를 정률법으로 상각할 때는 4~6년 사이에 합니다.

- **4년:** 0.528
- **5년:** 0.451
- **6년:** 0.394

참고로 국내 상장 기업들 중에 정률법으로 감가상각하는 기업은 찾아보기 힘듭니다. 초기에 많이 상각되고 시간이 지날수록 상각 속도가 느려진다는 것을 입증하는 게 쉽지 않기 때문에 대부분 정액법으로 감가상각하고 있습니다.

그동안 살펴봤던 유형자산들 중 감가상각을 하지 않아도 되는 자산이 있습니다. 바로 토지와 건설중인자산입니다. 토지는 경제적 내용연수와 물리적 내용연수 모두 정의하기 어려울 정도로 깁니다. 건설중인자산은 아직 사용하기 전이므로 상각을 하지 않습니다.

무작정 따라하기

감가상각비 계산하기

▼Q1 반도체 부품을 생산하는 B회사는 3년 전에 공장을 신축했습니다. 토지 10억 원, 건물 50억 원, 기계장치 100억 원, 비품 40억 원 등 총 200억 원이 투자되었습니다. 이 회사는 유형자산에 대하여 정액법으로 감가상각을 합니다. 내용연수는 건물 20년, 기계장치 5년, 비품 4년입니다. 매년 발생하는 감가상각비와 3년이 경과한 현시점의 유형자산별 장부가액(취득가액-감가상각누계액)을 구하세요.

▼정답 **매년 발생하는 감가상각비**
- 건물: 50억 원÷20년=2억 5,000만 원
- 기계장치: 100억 원÷5년=20억 원
- 비품: 40억 원÷4년=10억 원

3년이 경과한 현시점의 유형자산별 장부가액

(단위: 원)

구분	토지	건물	기계장치	비품	합계
취득가액	1,000,000,000	5,000,000,000	10,000,000,000	4,000,000,000	20,000,000,000
감가상각누계액	-	(750,000,000)	(6,000,000,000)	(3,000,000,000)	(9,750,000,000)
장부가액	1,000,000,000	4,250,000,000	4,000,000,000	1,000,000,000	10,250,000,000

▼해설 건물은 내용연수가 꽤 긴 반면, 대부분의 유형자산의 내용연수는 4~6년이 가장 많은 편입니다. 참고로 삼성전자는 건물을 15년, 30년 동안 감가상각하고, 기계장치와 그 밖의 유형자산은 모두 5년 동안 정액법으로 상각합니다.

사용하던 자산을 매각했습니다

사용하던 유형자산 매각 시 회계 처리

박득근 대표는 공장을 지을 때 일괄 구매했던 비품 중 컴퓨터가 마음에 들지 않았습니다. 돈 좀 아껴보겠다고 중저가 모델을 구매했는데, 속도도 느리고 메모리도 작았죠. 컴퓨터 때문에 스트레스를 받던 박득근 대표는 1년 반 만에 기존 컴퓨터를 매각하고 최신 컴퓨터를 구매하기로 했습니다.

컴퓨터의 취득가액은 150만 원인데, 5년간 정액법으로 감가상각하는 중이었습니다. 그렇다면 이 컴퓨터의 감가상각누계액은 45만 원입니다. 매년 30만 원씩 감가상각하는데 1년 반을 사용했으니까요. 컴퓨터는 회사 자산 명부에 다음과 같이 기록되어 있을 것입니다.

(단위: 원)

재무상태표	
유형자산	
비품	1,500,000
감가상각누계액	(450,000)

박득근 대표는 중고 거래 사이트에 컴퓨터를 105만 원에 내놨습니다. 그런데 아무에게도 연락이 오지 않았습니다. 이때 105만 원은 컴퓨터

취득가액에서 감가상각된 금액을 뺀 금액이고, 이를 '장부가액'이라고 합니다. 결국 박득근 대표는 금액을 내렸고, 구매를 하겠다고 나선 사람에게 80만 원을 받고 컴퓨터를 팔았습니다. 이때에는 다음과 같이 회계 처리를 하면 됩니다.

〈차변〉		〈대변〉	
현금및현금성자산(자산 증가)	80만 원	비품(자산 감소)	150만 원
감가상각누계액(자산 증가)	45만 원		
유형자산처분손실(비용 발생)	25만 원		

컴퓨터가 포함되어 있는 비품을 매각했으니 자산이 감소합니다. 비품 취득원가 150만 원 밑에 딸려 있는 감가상각누계액 45만 원은 음수이므로 자산 감소를 뜻합니다. 처분할 때 장부에서 없애야 하니 자산 증가로 회계 처리하면 됩니다.

장부가액과 받은 돈과의 차이는 유형자산처분손실로 비용 처리합니다. 이 비용은 손익계산서의 영업외비용에 자리 잡습니다. 굿바디주식회사는 다이어트 제품을 판매하는 회사이지, 컴퓨터를 판매하는 회사가 아니기 때문에 유형자산처분손실은 매출원가나 판매비, 관리비 같은 영업비용으로 처리하면 안 됩니다.

장부가액대로 유형자산이 매각되는 경우는 거의 없기 때문에 처분 시점에 항상 유형자산처분이익이나 처분손실이 발생됩니다. 이 수익과 비용은 손익계산서의 영업외수익과 비용에 자리 잡습니다.

잠깐만요
아직 더 쓸 수 있다고?

감가상각비는 복리후생비나 접대비처럼 어떤 거래가 발생하고 증빙이 있어 회계 처리할 수 있는 비용이 아닙니다. 철저히 회사의 추정을 바탕으로 장부상 비용으로 처리합니다. 앞서 살펴본 것처럼 자산을 취득한 뒤 돈을 벌 수 있는 기간과 내구성을 고려해 내용연수를 결정하고 그 기간 동안 비용화시키는 것입니다.

그런데 사람의 추정은 언제나 정확할 수 없습니다. 기계장치로 5년 동안 제품을 생산해 돈을 벌 것이라 기대했는데 3년밖에 쓰지 못할 수도 있고, 5년 이상 쓸 수도 있습니다. 그럴 때는 어떻게 해야 할까요?

일단 예상한 것보다 짧은 기간만 쓰게 되었다면 보유한 유형자산은 앞서 살펴본 것처럼 매각하거나 폐기시키면 됩니다. 그런데 생각보다 오래 쓰게 될 때는 어떻게 해야 할까요? 그때는 그냥 쓰면 됩니다.

예를 들어 5억 원짜리 기계장치를 들여와 5년 동안 사용할 것으로 판단해 감가상각비를 1억 원씩 매년 비용화시켰습니다. 그러면 5년 뒤에 이 기계장치의 장부가액(취득가액-감가상각누계액)은 0원입니다. 그렇다고 이 기계가 없어지는 것은 아닙니다. 물리적으로 잘 작동되어 회사 이익 창출에 기여하면 계속해서 잘 사용하면 됩니다. 회계 장부상으로만 0원짜리 기계가 되는 것이죠.

회사의 예상을 깨고 5년 이후에도 이 기계에서 생산된 제품이 잘 팔린다면 회사는 감가상각비 발생 없이 손익계산서가 만들어질 것입니다. 그래서 상각이 완료된 유형자산을 많이 갖고 있는 기업들의 이익률은 좋아질 수밖에 없습니다. 이 점을 노려 일부러 내용연수를 짧게 하는 기업은 흔치 않습니다. 그렇게 하면 자산 취득 초기 때 비용 증가로 이익률이 크게 떨어지기 때문에 굳이 그렇게 할 필요가 없는 것이죠.

무작정 따라하기

알쏭달쏭 회계 퀴즈

▼ Q 1 부동산의 성격에 맞는 계정과목을 〈보기〉에서 찾아 괄호 안에 적으세요.

① 부동산 개발업자가 부동산 개발 목적으로 구입한 토지

(   )

② 제조업을 영위하는 기업이 공장을 지을 목적으로 구입한 토지

(   )

③ 서비스업을 영위하는 기업이 임대 및 매각 목적으로 구입한 건물

(   )

④ 시행사가 분양 목적으로 짓고 있는 아파트

(   )

보기

㉠ 유형자산   ㉡ 투자부동산   ㉢ 재고자산

▼정답
① ⓒ 재고자산 ② ㉠ 유형자산
③ ⓒ 투자부동산 ④ ⓒ 재고자산

▼해설
① 부동산 개발업자가 부동산 개발 목적으로 구입한 토지는 판매 목적이므로 재고자산입니다.
② 제조업을 영위하는 기업이 공장을 지을 목적으로 구입한 토지는 사용 목적이므로 유형자산입니다.
③ 서비스업을 영위하는 기업이 임대 및 매각 목적으로 구입한 건물은 투자 목적이므로 투자부동산입니다.
④ 시행사가 분양 목적으로 짓고 있는 아파트는 판매 목적이므로 재고자산입니다.

▼Q2 다음 기업들의 적절한 감가상각 기간(내용연수)은 몇 년일까요?

> ① S텔레콤은 5G 통신 서비스를 위해 중계기를 10억 원어치 구입했다. 이 중계기의 내구성은 5년 정도로 추정되고, 사람들에게 5G 통신 서비스를 제공해 돈을 벌 수 있는 기간은 10년으로 보고 있다.
> ② L전자는 K기계사로부터 기계장치를 10억 원어치 구입했다. 기계장치의 물리적 내구성은 20년 정도이고, L전자가 이 기계장치를 사용해 제품을 만들어 판매하면 5년 정도 수익이 창출될 것으로 보고 있다.

▼정답
① 5년
② 5년

▼해설
① S텔레콤은 이 중계기를 통해 10년 동안 수익을 창출할 수 있지만 내구성 자체가 좋지 않기 때문에 5년 뒤에는 중계기를 새것으로 교체해야 할 수도 있습니다. 따라서 물리적 내용연수인 5년으로 감가상각 기간을 잡아야 합니다.

② L전자가 구입한 기계장치의 내구성이 20년이라 해도 수익이 창출되는 기간 동안 감가상각비를 비용화시켜야 하므로 감가상각 기간은 5년으로 잡아야 합니다.

즉 감가상각 기간은 물리적 내용연수와 경제적 내용연수 중 작은 값으로 결정해야 합니다.

- **028** 판매를 위해 보유 중인 재고자산
- **029** 생산을 위해 원재료를 구매했습니다
- **030** 재고자산의 단위원가 방법을 결정합니다
- **031** 제품을 만들어 판매합니다
- **032** 고객이 제품을 구매했습니다
- **033** 부가가치세를 회계 처리합니다
- **034** 1년 이상의 장기 사업 매출 관리하기
- **035** 거래처가 외상대금을 갚지 않아요
- **036** 제품을 폐기해야 합니다
- **037** 고객이 제품을 환불/반품했어요
- **038** 제품을 떨이로 팔았어요

다섯째 마당

제품을 생산하고 판매할 때

회계 부적정 자료와 하기

회계 이야기

경제 성장의 주역 제조업

우리나라는 제조업을 기반으로 경제 성장을 이룩한 국가입니다. 하지만 최근 몇 년 동안은 서비스업과 제4차 산업의 팽창으로 제조업의 비중이 예전보다 많이 줄어들었습니다.

통계청이 2023년까지 집계한 전국 사업체 조사 결과에 따르면, 전체 사업체 6,246,489개 중에서 제조업은 537,580개로 약 8.6%에 불과합니다. 서비스업 사업체 416만 개에 비하면 8분의 1 수준이죠. 하지만 제조업의 총매출액은 2,171조 원으로, 서비스업 매출액 3,129조 원과 비교하면 69% 수준입니다.

코스피에 상장된 기업 시가총액 20위 기업을 보면 KB금융, 네이버, 신한지주, 메리츠금융지주, 삼성생명을 제외한 15개 기업은 모두 제조업입니다. 삼성전자, SK하이닉스, LG에너지솔루션 등 15개 기업의 시가총액 합계는 955조 원으로, 우리나라 증시에 상장된 모든 기업의 시가총액 합계(2,428조 원)의 39%나 될 정도로 아직은 중요한 위치를 차지하고 있습니다.

제조업은 대규모 생산설비를 갖추어야 하기 때문에 회사 규모도 크고 수출 비중도 높아 내수 위주의 서비스업보다는 기업가치가 훨씬 클 수밖에 없습니다.

서비스업은 인건비나 여러 경비를 써서 수익을 창출하는 반면, 제조업은 다소 복잡한 과정을 거칩니다. 생산을 하려면 신제품 연구개발 과정부터 거쳐야 하고, 그다음에는 공장(유형자산)을 차려야 합니다.

요즘에는 외주 생산을 전문적으로 하는 업체도 많고, 제품 디자인부터 개발, 생산까지 모두 해주는 업체도 있어 반드시 공장을 차리지 않아도 제조업이 가능하긴 합니다.

아무튼 대개의 제조업은 무형자산, 유형자산, 재고자산(원재료, 제품, 반제품 등)이 있어야 하기 때문에 다른 업종에 비해 계정과목 수가 많습니다.

생산과 판매만 떼어 놓고 보면 원재료 매입, 제품 생산, 재고 관리, 외상 판매, 대금 회수, 채권 관리 등 많은 프로세스가 있습니다. 일상적인 회계 처리도 있지만 재고자산 진부화나 매출채권 미회수 등 여러 이슈도 생겨나기 마련이죠. 우리는 그럴 때 어떻게 회계 처리를 해야 하는지 알아야 합니다.

제품 생산과 판매 과정이 회사의 전체 프로세스에서 가장 많은 비중을 차지하기 때문에 회계 과정에서도 제일 중요합니다. 그래서 외부감사를 하는 회계법인에서도 감사팀 실무자 중 연차가 가장 높고 경험이 풍부한 회계사가 이 계정과목들을 맡아 감사를 진행합니다.

028 판매를 위해 보유 중인 재고자산

제품과 상품의 차이

다음은 삼성전자의 재고자산 명세입니다. 제품, 상품, 반제품, 재공품, 원재료, 저장품, 미착품까지 재고자산의 종류가 7가지나 됩니다.

삼성전자의 재무상태표

(단위: 백만 원)

구분	평가전금액	평가충당금	장부금액
제품 및 상품	16,120,367	(1,567,353)	14,553,014
반제품 및 재공품	26,501,664	(4,303,216)	22,198,448
원재료 및 저장품	15,222,937	(1,525,583)	13,697,354
미착품	1,177,058	0	1,177,058
재고자산 계	59,022,026	(7,396,152)	51,625,874

먼저 제품과 상품의 차이부터 알아봅시다. 만들어서 판매하면 '제품', 사와서 판매하면 '상품'입니다. 자동차를 생산해 판매하는 현대자동차의 재고자산은 제품입니다. 반면 독일에서 벤츠를 사와 판매하는 도이치모터스의 재고자산은 상품입니다.

매입한 상품에 마진을 붙여 판매하는 도소매업의 회계 처리는 간단한 편이지만, 제품을 생산해 판매하는 제조업의 회계 처리는 매우 복잡합니다. 원재료를 매입한 뒤 생산 과정을 거쳐 제품이 완성되는데, 그사

이에 많은 회계 처리와 여러 재고가 뒤따릅니다.

재고자산의 종류

매입한 원재료를 제품 생산 과정에 투입하는데, 생산 중인 재고를 '재공품'이라고 합니다. 삼성전자의 12월 31일 자 재무상태표에 재공품이 있다는 것은 생산 라인에서 제품을 만들고 있는데, 완성을 못한 채 회계연도가 마감되었다는 의미입니다. 이 재공품은 다음 해에 다시 가공하면 완성품인 제품이 될 것입니다. 직원들에게 12월 31일에 생산 중인 재공품을 모두 완성하고 퇴근하라고 할 수는 없으니 이렇게 만들다가 만 상태인 재공품이 생기게 됩니다.

'반제품'은 말 그대로 반 정도 만든 제품을 말하는데, 재공품과는 차이가 있습니다. 재공품은 추가 가공을 통해 완성되는 반면, 반제품은 그 상태로 팔 수도 있고 추가 가공해 다른 제품이 될 수도 있는 것을 의미합니다. 예를 들어 매일유업이 우유를 만들었다고 가정해봅시다. 이를 회사 내에서 추가 가공하면 치즈나 커피우유가 될 수도 있지만 용기에 담아 우유 제품을 판매할 수도 있습니다. 이렇게 모든 제조 과정을 거치지 않았지만 그대로 판매가 가능한 경우 반제품으로 분류합니다.

'저장품'은 내부에서 수리 목적이나 소모품 목적으로 별도로 분류하는 원재료나 부품 등을 의미합니다.

'미착품'은 말 그대로 아직 도착하지 않은 원재료입니다. 아직 회사에 도착도 안 했는데 어떻게 재고자산으로 잡을 수 있을까요? 예를 들어 삼성전자가 미국에서 반도체 생산에 들어가는 원재료를 수입한다고 가정해봅시다. 미국 뉴욕항에서 평택항으로 배를 통해 원재료를 들여올 예정인데, 한 달 동안 선박 운항을 하면 해적을 만날 수도 있고 태풍을 만나 손상을 입을 수도 있습니다. 그런 위험 부담을 지기 싫은 원자재

> **알아두세요**
>
> **선적지 인도 조건과 도착지 인도 조건**
>
> 보통 판매사가 자사 제품을 수출할 때는 비용과 운송 수단을 부담해 선적지(항구, 공항 등)까지 재화를 가지고 갑니다. 선적 이후에 구매사와 인도 조건을 어떻게 정하느냐에 따라 '선적지 인도 조건'과 '도착지 인도 조건'으로 나뉩니다.
>
> 선적지 인도 조건은 수송 중인 재화를 선적함으로써 재화에 대한 판매사의 권리와 책임이 구매자에게 이전됩니다. 따라서 구매자는 선적 시점에 미착품으로 회계 처리합니다. 이 조건으로 거래하면 매입자가 운임을 부담합니다.
>
> 도착지 인도 조건은 수송 중인 재화의 소유권이 도착지에서 매입자에게 이전되므로 그때까지는 계속 판매사의 재고자산으로 회계 처리합니다. 이 조건으로 거래하면 판매사가 운임을 부담합니다.

판매 기업이 선적지 인도 조건*으로 삼성전자와 계약한다면 삼성전자는 뉴욕항에서 원재료가 선적될 때 원재료 매입으로 회계 처리를 해야 합니다. 미국 기업은 매출로 처리하고요.

삼성전자는 원재료가 도착하지 않았지만 소유권이 넘어왔다고 봐야 하므로 자산으로 인식하는 것이고, 계정과목은 다음과 같이 미착품으로 처리합니다.

〈차변〉		〈대변〉	
미착품(자산 증가)	100만 원	매입채무(부채 증가)	100만 원

수출입 역시 외상으로 이루어지므로 아직 지급하지 않은 물품대는 매입채무로 처리합니다. 외화로 결제되었으니 추후 현금 지급 시점에 환율 변동분은 손익에 다시 반영하는데, 이 내용은 이후에 다루도록 하겠습니다.

한편 미착품으로 처리하고 나서 한 달 뒤에 회사 창고에 입고가 될 텐데, 그때는 다음과 같이 원재료로 대체 처리합니다.

〈차변〉		〈대변〉	
원재료(자산 증가)	100만 원	미착품(자산 감소)	100만 원

정리하면 제품이 되기 위해서는 미착품 → 원재료 → 재공품 → 제품의 단계를 거쳐야 합니다.

> • **재공품**: 생산 과정 중에 있는 재고
> • **반제품**: 가공 중인 재고이지만 현 상태로도 판매가 가능한 제품
> • **저장품**: 생산에 직접적으로 투입되지 않는 소모품이나 수선용 부품
> • **미착품**: 아직 매입자에게 도착하지 않았지만 매입자에게 권리가 있는 재고

잠깐만요

OEM과 ODM

제조사가 제품을 직접 만들지 않고 타사에 생산을 위탁하는 것을 'OEM'이라고 합니다. 'Original Equipment Manufacturing'의 약어로, '주문자 상표 부착 생산'이라고 부르기도 합니다.

제조사는 외주사에 정해진 규격과 품질대로 제품을 생산해줄 것을 의뢰합니다. 예를 들어 안마의자를 전문적으로 생산하는 바디프랜드의 경우, 원재료를 매입하지만 생산은 전문업체에 맡기고 있습니다. 즉 원재료와 설계도를 주고 그대로 만들어달라고 요청하는 것이죠.

외주업체는 이렇게 생산한 제품으로 회계 처리하고, 제조사인 바디프랜드도 완성품이 입고되면 제품으로 회계 처리합니다. 제조만 외부업체에 맡겼을 뿐, 제품에 대한 책임은 회사가 지기 때문입니다.

ODM은 'Original Development Manufacturing'의 약어로, '제조사 개발 생산'이라고 부르기도 합니다. 제품을 잘 개발하는 제조업체는 유통 능력과 브랜드를 갖춘 업체에 재화를 제공합니다. 유통을 전문적으로 하는 업체는 이 재화에 본인 브랜드를 입혀 판매를 하죠.

예를 들어 화장품 개발에 일가견이 있는 한국콜마와 코스맥스가 화장품을 생산하면 LG생활건강이 브랜드를 입혀 판매합니다. 한국콜마와 코스맥스는 ODM 전문 기업이고, LG생활건강은 ODM 상품을 매입해 판매한 것이 됩니다.

ODM 전문 기업은 제품으로 회계 처리를 하고, LG생활건강은 상품으로 회계 처리를 합니다. LG생활건강 브랜드 화장품의 박스를 보면 제조원은 한국콜마로, 판매원은 LG생활건강으로 나뉘어져 있는 경우를 종종 확인할 수 있습니다.

029 생산을 위해 원재료를 구매했습니다

원재료 구매 시 회계 처리

굿바디주식회사는 미착품 없이 원재료를 사오는 것부터 제조를 시작했습니다. 계육 유통사와 계약을 맺고 닭가슴살을 대량으로 주문했습니다. 그리고 대금은 물품이 도착하면 2주일 이내에 결제해주기로 했죠. 외상으로 구매했으므로 물품이 도착한 날에는 다음과 같이 회계 처리해야 합니다.

〈차변〉		〈대변〉	
원재료(자산 증가)	100만 원	매입채무(부채 증가)	100만 원

굿바디주식회사는 도착한 원재료를 검수하고 특별히 이상이 없다고 판단해 유통사에 대금을 입금해주었습니다. 이때에는 다음과 같이 회계 처리를 해야 합니다.

〈차변〉		〈대변〉	
매입채무(부채 감소)	100만 원	현금및현금성자산(자산 감소)	100만 원

환율 변동에 따른 회계 처리

만약 원재료를 수입하는 상황이라면 환율 변동이 발생되므로 이에 대한 회계 처리는 조금 더 길어집니다. 예를 들어 회사가 미국에 있는 유통사로부터 원재료를 1,000달러에 매입했습니다. 물품이 들어온 날짜는 12월 15일이고, 회사는 한 달 뒤인 1월 15일에 대금을 보내기로 했습니다. 기준환율은 12월 15일 1,300원, 12월 31일 1,350원, 1월 15일 1,400원입니다.

물품이 들어온 12월 15일의 회계 처리는 다음과 같습니다.

〈차변〉		〈대변〉	
원재료(자산 증가)	130만 원	매입채무(부채 증가)	130만 원

외상 거래로 이루어지고 환율은 매일 바뀌지만 물품이 들어온 날 회사의 재고가 되었으니 그날 환율 기준으로 회계 처리를 하면 됩니다.

한편 12월 31일까지 대금을 송금해주지 않았고 결산일을 맞이했기 때문에 지급해야 하는 매입채무에 대해 환산을 해야 합니다. 원화로 재무제표를 만드는 기업이므로 당일 기준환율에 맞게 환산을 하는 것이죠. 환율이 50원 올랐기 때문에 회사는 대금을 지급할 때 더 많은 돈을 보내야 할 것 같네요.

일단 결산일에 '50원×1,000달러=5만 원'만큼 매입채무로 더 잡고, 그 금액만큼 손실로 처리해야 합니다. 이때는 다음과 같이 회계 처리를 하면 됩니다.

〈차변〉		〈대변〉	
외화환산손실(비용 발생)	5만 원	매입채무(부채 증가)	5만 원

외화를 환산하는 과정에서 손실이 발생했다는 의미입니다. 외화환산손실은 손익계산서의 영업외비용에 자리를 잡습니다.

만약 환율이 떨어졌다면 회사는 지급해야 하는 매입채무가 줄어들게 되므로 이때는 외화환산이익이 발생할 것입니다. 그리고 이 외화환산이익은 영업외수익에 포함됩니다.

〈차변〉		〈대변〉	
매입채무(부채 감소)	5만 원	외화환산이익(수익 발생)	50,000

수입을 많이 하는 기업은 환율이 떨어지면 이익이 늘어나고 환율이 올라가면 손해가 커집니다. 반대로 수출을 많이 하는 기업은 환율이 떨어지면 손실이 늘어나고 환율이 올라가면 이익이 커집니다.

회사는 1월 15일에 대금을 송금하기로 했습니다. 환율이 1,400원으로 올랐네요. 140만 원을 들고 은행에 가야 하니 회사는 손해가 더 커졌습니다. 이를 회계 처리하면 다음과 같습니다.

〈차변〉		〈대변〉	
매입채무(부채 감소)	135만 원	현금및현금성자산(자산 감소)	140만 원
외환차손(비용 발생)	5만 원		

처음 발생한 매입채무 130만 원과 환산 과정에서 늘어난 5만 원을 합친 135만 원의 부채를 감소시키고, 140만 원의 현금을 지급하는데 5만 원의 손실이 추가로 발생했습니다. 이 부분은 외환차손으로 비용 처리하며, 역시 영업외비용에 포함됩니다.

이렇게 수출, 수입을 많이 하는 기업들은 환율 변동에 따른 손익이 크게 발생하는 편입니다. 예를 들어 LX인터내셔널(구 LG상사)의 경우 영업이익이 4,331억 원인데, 영업외수익에 포함된 외환차익이 5,127억 원이나

> **알아두세요**
>
> **파생상품**
> 주식과 채권 같은 금융상품을 기초로 하여 만들어진 새로운 금융상품을 말합니다. 옵션(Option)과 선물(Futures)이 가장 대표적인 파생상품이죠.
> 옵션은 정해진 시기 또는 그 시기 이내에 정해진 가격으로 어떤 자산을 사거나 팔 수 있는 권리를 주는 계약을 의미하고, 선물은 미래의 일정한 시점에서 정해진 가격으로 자산을 사거나 팔 수 있는 상품을 의미합니다. 주가지수 외에 통화, 금리, 에너지, 농산물 등을 대상으로 다양하게 거래되고 있습니다.
> 옵션, 선물 같은 파생상품은 원래 자산의 가격 변동 위험을 회피하기 위해 만들어지고 발전되었는데, 최근 수십 년 동안 투기 목적으로 변질되면서 많은 금융위기를 불러 일으키곤 했습니다.

되고 외환차손은 2,936억 원이나 될 정도로 숫자가 크게 나옵니다. 그래서 이런 기업들은 환율 변동 위험(Risk)을 회피(Hedge)하기 위해 파생상품*을 이용하고 있습니다.

굿바디주식회사처럼 수출과 수입이 없고 내수 위주로 사업을 하는 회사는 이 부분에서 자유롭습니다. 수출과 수입이 있기는 한데 비중이 크지 않은 회사도 크게 걱정할 필요가 없습니다. 환산, 대금 입금, 송금 때만 신경 써서 회계 처리를 하면 되니까요.

잠깐만요

환율의 기준

외화 거래가 있는 기업에서 외화 관련 회계 처리를 할 때 어떤 환율을 써야 할까요? 매매기준환율, 기준환율, 은행 고시환율 등 은근히 고민이 될 것입니다.

매입과 관련해서는 주거래 은행의 송금 보낼 때 환율이나 현찰 살 때 환율이, 매출과 관련해서는 주거래 은행의 송금 받을 때 환율이나 현찰 팔 때 환율이 일견 타당해 보일 수 있습니다.

그러나 우리나라의 회계기준에는 외화 채권·채무를 환산할 때 '기준환율'을 쓰라고 되어 있습니다. 기준환율은 시중은행 홈페이지나 서울외국환중개(www.smbs.biz)에서 확인할 수 있습니다. 참고로 서울외국환중개는 금융결제원이 지분 100%를 갖고 있는 회사입니다.

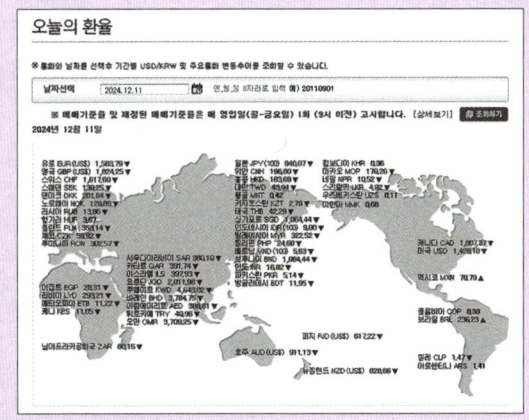

▲ 서울외국환중개의 오늘의 환율

030 재고자산의 단위원가 방법을 결정합니다

평균법과 선입선출법

한편 굿바디주식회사는 매입한 원재료를 잘 관리해야 합니다. 여기서 관리란, 냉동창고에서 물리적 보관만 의미하는 것이 아닙니다. 제품 생산을 위해 원재료를 투입할 때는 선입선출법(First In First Out Method)*을 따라야 하고, 수불부*에 날짜별로 입출고 수량과 금액을 잘 기록해서 관리해야 합니다. 그러려면 재고자산의 단위원가*를 결정하는 방법을 정해야 합니다.

굿바디주식회사는 지난달에 닭가슴살 100kg을 100만 원을 주고 구입했습니다. 1kg에 1만 원이죠. 이번 달에는 닭가슴살 200kg을 주문하려고 합니다. 그랬더니 거래처에서 대량 주문을 해주어 고맙다며 1kg에 8,500원을 받겠다고 합니다. 이때 회사는 170만 원을 송금해주면 됩니다.

닭가슴살 300kg 중 250kg을 이용해 제품을 만든다고 가정해봅시다. 회사는 먼저 매입한 100kg과 나중에 매입한 200kg 중 150kg을 떼 사용하면 됩니다. 그런데 두 닭가슴살의 매입가액이 다릅니다. 과연 250kg의 제품에 들어간 원재료 가액은 얼마일까요?

만약 평균법으로 단가를 결정한다면 225만 원[(100만 원+170만 원)× 250kg/300kg]이 됩니다. 그러나 선입선출법으로 단가를 결정한다면 227

알아두세요

선입선출법

이는 말 그대로 먼저 들어온 것이 먼저 나간다는 의미입니다. 재고에 대한 물리적인 관리는 당연히 먼저 매입한 것부터 판매해야 합니다. 하지만 회계에서 선입선출법은 재고 실물 관리 방법이 아닌 원가 계산 방법을 의미합니다. 먼저 매입한 재고가 먼저 출고되기 때문에 출고될 때 매출원가는 먼저 매입된 재고원가로 계산되어야 합니다. 그리고 회계 기간 종료일에 남아 있는 기말 재고의 가액은 나중에 사온 매입가액 기준으로 계산되어야 합니다.

알아두세요

수불부

제품을 생산하는 제조업이나 상품을 매입해 판매하는 도소매업에서 가장 중요한 것은 재고 관리입니다. 이 재고 관리를 위해 기록하는 장부를 '수불부'라고 합니다. 수불은 재화의 입고와 출고를 의미하는 용어입니다.
제조업의 경우 원재료, 제품, 재공품, 반제품 등 품목별 수불부가 필요하고, 도소매업의 경우 상품 수불부가 필요합니다.

알아두세요

단위원가

마트에서 귤 10개를 1만 원에 판매하는데 중간유통상에게 매입한 가격이 6,000원이라면 하나당 가격은 600원입니다.

단위원가를 계산하는 이유는 매입한 상품이 한 번에 다 팔리는 경우도 있지만, 회계연도 종료일에 기말 재고로 남는 경우가 많다 보니 팔린 원가(매출원가)와 기말 재고액을 계산하기 위해서입니다.

만 5,000원[(100만 원+170만 원)×150kg/200kg]이 됩니다.

또한 평균법으로 단위당 원가를 결정한다면 닭가슴살은 1kg당 9,000원[(100만 원+170만 원)/300kg]이 되지만, 선입선출법으로 결정한다면 1kg당 9,100원[(100만 원+170만 원×150kg/200kg)/250kg]이 됩니다.

원가 결정 방식에 따라 달라지는 단위원가

회사의 매출액이 250만 원인데 원가가 닭가슴살만 있다고 단순 가정하고 이익을 계산해보면 평균법은 25만 원(매출액 250만 원-매출원가 225만 원)인데, 선입선출법은 22만 5,000원(매출액 250만 원-매출원가 227만 5,000원)밖에 안 됩니다. 원재료 300kg을 270만 원에 사온 것은 변함없는 사실이지만, 회사의 이익을 계산할 때는 어떤 방법을 선택하는가에 따라 달라집니다. 물론 이 원재료가 모두 판매된다면 결국 총손익은 같아지지만 각 회계연도의 손익은 달라질 수 있어 단위당 원가 결정 방식은 회사가 결정해야 합니다.

원재료 실물 관리는 당연히 선입선출법이 맞지만, 투입되는 원재료의 단위당 원가 계산은 평균법, 선입선출법 중에서 선택해야 합니다. 단, 한 번 결정했다고 추후에 변경이 불가능한 것은 아닙니다. 그러나 나중에 바꿀 때는 실무적으로 무척 어려운 문제가 생기게 되므로 처음 선택할 때 신중해야 합니다. 회계 처리 방식을 변경할 때는 과거 숫자까지 다 바꿔야 하므로 웬만하면 바꾸지 않는 것이 좋습니다.

과거 숫자를 다 바꾸는 이유는 재무제표를 비교식, 즉 올해 숫자와 전년도 숫자를 비교해서 보여주기 때문입니다. 작년까지 평균법이었다가 올해 선입선출법으로 바꿨다면 재무제표를 분석하는 입장에서는 양년간의 비교가 안 되는 문제가 있습니다. 그래서 전년도도 올해 바꾼 방식으로 재작성해 보여줘야 합니다. 그래야 재무제표 정보 이용자가 헷갈리지 않습니다.

참고로 컬리는 재고자산의 원가를 평균법으로 결정하는 반면, 동종업계에 있는 오아시스는 선입선출법을 쓰고 있습니다. 같은 업계라 해도 다 다릅니다. 정유업계도 마찬가지입니다. SK에너지, GS칼텍스, HD현대오일뱅크는 평균법을 쓰는 반면, S-OIL은 선입선출법으로 재고자산의 원가를 결정합니다.

> **잠깐만요**
>
> ### 평균법과 선입선출법의 장단점
>
> 기업의 규모가 커지면 원재료 매입 규모도 상당해집니다. 원재료 중에는 국제 원자재 가격 시세 변동에 영향을 받는 품목도 많습니다. 앞서 언급했던 정유업계가 대표적입니다. 국제 유가의 변동에 따라 주유소의 휘발유 가격과 경유가격이 바뀝니다. 이런 기업들은 어떤 방법을 쓰는가에 따라 당해 손익의 차이가 많이 날 수 있습니다.
>
> 예를 들어 국제 유가가 두 달 전에 배럴당 50달러, 한 달 전에 60달러, 이번 달에 70달러로 올랐고, 정유사들은 매달 200배럴씩 매입한다고 가정해봅시다. 이번 달에 국제 유가가 70달러로 올라 휘발유와 경유는 70달러 기준으로 판매가격을 인상했습니다.
>
> 선입선출법을 쓰는 S-OIL과 평균법을 쓰는 SK에너지 모두 두 달 전부터 최근까지 매입한 원유 400배럴을 투입해 휘발유와 경유를 생산한다고 예를 들어보겠습니다.
>
> 선입선출법을 쓰는 S-OIL의 원재료비는 2만 2,000달러(50달러×200배럴+60달러×200배럴)입니다. 그리고 평균법을 쓰는 SK에너지의 원재료비는 2만 4,000달러[(50달러×200배럴+60달러×200배럴+70달러×200배럴)×(400배럴/600배럴)]입니다.
>
> 원재료 가격이 오르는 상황에서는 당연히 선입선출법을 적용하는 기업의 손익이 좋아질 수밖에 없습니다. 반대로 원재료 가격이 떨어지는 상황이라면 평균법을 적용하는 기업이 유리하겠죠? 숫자로 검증해보겠습니다.
>
> 국제 유가가 두 달 전에 배럴당 70달러, 한 달 전에 60달러, 이번 달에 50달러로 떨어졌고, 정유사들은 매달 200배럴씩 매입한다고 가정해봅시다. 이번 달에 국제 유가가 50달러로 떨어져 휘발유와 경유는 50달러 기준으로 판매가격을 인하했습니다.
>
> 선입선출법을 쓰는 S-OIL과 평균법을 쓰는 SK에너지 모두 두 달 전부터 최근까지 매입한 원유 400배럴을 투입해 휘발유와 경유를 생산한다고 예를 들어보겠습니다.
>
> 선입선출법을 쓰는 S-OIL의 원재료비는 2만 6,000달러(70달러×200배럴+60달러×200배럴)입니다. 그리고 평균법을 쓰는 SK에너지의 원재료비는 2만 4,000달러[(70달러×200배럴+60달러×200배럴+50달러×200배럴)×(400배럴/600배럴)]입니다.

원재료 가격이 떨어지는 상황에서는 평균법을 적용하는 기업의 손익이 그나마 덜 악화됩니다. 제품 판매가격이 원자재 가격에 연동되어 결정되는 상황이라 판매가격 하락으로 이익이 크게 발생하기는 어려운데, 원가라도 최대한 줄여야 그나마 손실을 덜 낼 수 있습니다.

이렇게 화학업계, 정유업계처럼 국제 원자재 가격에 민감한 기업들은 선입선출법, 평균법 중 무엇을 선택했는가에 따라 일희일비가 갈릴 수도 있습니다.

031 제품을 만들어 판매합니다

제품 생산 시 발생한 비용에 대한 회계 처리

생산 라인에서 제품을 생산하기 위해서는 원재료가 투입되고 기계와 사람이 일을 할 것입니다. 물리적으로 돌아가는 이 생산 현장을 숫자로 표현한다면 원재료비, 감가상각비, 인건비 및 각종 경비(전기 및 수도요금, 소모품비 등)로 표현할 수 있습니다. 예를 들어 생산 라인에서 원재료비 100만 원, 인건비 200만 원, 경비 300만 원이 발생되어 제품 1만 개를 생산한 경우의 회계 처리는 다음과 같습니다.

〈차변〉		〈대변〉	
급여(비용 발생)	200만 원	현금및현금성자산(자산 감소)	500만 원
경비(비용 발생)	300만 원		

이를 '비용 발생 회계 처리'라고 합니다. 급여나 경비를 지출하면 현금이 빠져나갈 것이니 같은 금액만큼 비용이 발생했다고 회계 처리하면 됩니다. 원재료는 이미 매입해서 갖고 있기 때문에 따로 지출 관련 회계 처리를 하지 않습니다.

제품 대체 회계 처리는 조금 어려워 보일 수 있지만, 하나씩 뜯어보면 충분히 이해가 될 것입니다. 우선 창고에 있던 원재료가 생산에 투입되어 제품이 되었으니 원재료를 감소시키고 같은 금액만큼 제품으로 대체하면 됩니다. 그리고 급여와 경비가 지출되었지만 제품을 구성했으므로 비용 발생을 취소시키고 제품으로 대체합니다.

〈차변〉		〈대변〉	
제품(자산 증가)	600만 원	원재료(자산 감소)	100만 원
급여(비용 발생)	−200만 원		
경비(비용 발생)	−300만 원		

돈이 지출되었지만 재고자산(제품)이 된 이유는 자산의 정의 때문입니다. 다시 자산의 정의를 소환해보겠습니다.

자산: 미래 경제적 효익이 기업에 유입될 것으로 기대되는 경제적 자원

급여와 경비를 지급하느라 현금이 빠져나갔고 비용 성격이 분명하지만, 완성된 제품이 판매되면 더 많은 돈을 벌어줄 것이기 때문에 자산으로 인정해주는 겁니다. 차변에서 급여와 경비를 마이너스(-) 처리했는데, 마이너스(-) 없이 대변에 회계 처리해도 무방합니다. 어차피 차변의 같은 금액과 상계되니까요. 그런데 대변에 회계 처리를 하면 비용 발생이 아닌 마이너스(-) 비용 발생 또는 수익 발생으로 표현해야 하니 조금 이상해 차변에서 마이너스(-) 처리를 했습니다. 회계실무적으로도 이렇게 많이 회계 처리를 합니다.

이렇게 완성된 600만 원의 제품에 마진 100만 원을 붙여 판매가 이루어진다면 다음과 같이 회계 처리 됩니다. 판매가 이루어질 때 제품이 빠져나가므로 재고자산 감소가 되고, 같은 금액만큼 매출원가로 비용화 됩니다. 즉 자산화된 급여와 경비, 원재료비는 이렇게 판매 시점에 비로소 비용화가 됩니다.

〈차변〉		〈대변〉	
매출원가(비용 발생)	600만 원	제품(자산 감소)	600만 원
매출채권(자산 증가)	700만 원	매출(수익 발생)	700만 원

재공품에 대한 회계 처리

만약 600만 원을 투입한 제품이 기말까지 완성되지 않아 다음 해에 추가 가공을 해야 한다면 재공품이 됩니다. 재공품 대체 회계 처리는 다음과 같이 되었을 것입니다.

〈차변〉		〈대변〉	
재공품(자산 증가)	600만 원	원재료(자산 감소)	100만 원
급여(-비용 발생)	-200만 원		
경비(-비용 발생)	-300만 원		

명칭만 제품이 아닌 재공품으로 바꾸면 됩니다. 새해에 급여와 경비가 각각 100만 원이 더 투입되었고 제품이 최종 완성되었다면 다음과 같이 회계 처리를 하면 됩니다. 앞과 동일하게 먼저 비용 발생 회계 처리를 한 다음 제품 대체 회계 처리를 합니다.

〈차변〉		〈대변〉	
급여(비용 발생)	100만 원	현금및현금성자산(자산 감소)	200만 원
경비(비용 발생)	100만 원		

재공품이 제품으로 완성되었으므로 자산 감소를 시키면 됩니다. 그리고 이전 회계 처리와 마찬가지로 급여와 경비 등 비용 발생 부분을 마이너스(-) 비용 발생으로 없애고 제품으로 자산화시킵니다.

〈차변〉		〈대변〉	
제품(자산 증가)	800만 원	재공품(자산 감소)	600만 원
급여(-비용 발생)	-100만 원		
경비(-비용 발생)	-100만 원		

이 제품은 판매가 이루어지는 시점에 매출원가로 바뀌면서 최종 비용화가 됩니다. 앞과 동일하게 마진 100만 원을 붙여 판매가 이루어진다면 다음과 같이 회계 처리를 합니다.

〈차변〉		〈대변〉	
매출원가(비용 발생)	800만 원	제품(자산 감소)	800만 원
매출채권(자산 증가)	900만 원	매출(수익 발생)	900만 원

032 고객이 제품을 구매했습니다

현금매출, 외상매출, 선수금 거래의 회계 처리

제품을 판매하거나 서비스를 제공해 대가를 받기로 한다면 방식은 현금, 외상, 선금 중 하나일 것입니다. 이와 관련된 회계 처리는 〈둘째마당〉에서 한 번씩 해보았으니 낯설지 않을 거라 믿습니다.

다시 한번 간단하게 정리하면, 제품이나 서비스를 제공한 시점에 바로 돈을 받으면 현금매출, 나중에 받기로 했으면 외상매출입니다. 제품이나 서비스를 제공하기 전에 돈부터 받으면 선금이 되겠죠.

굿바디주식회사는 자사 쇼핑몰에서 일주일 치 다이어트 식단을 구독형으로 판매하고 있습니다. 정가는 11만 원(부가가치세 포함)이고, 온라인 입금, 신용카드, 페이 등 모든 결제가 가능합니다. 고객이 일주일 치 식단을 주문하고 온라인으로 송금을 했다면 다음과 같이 회계 처리가 될 것입니다.

〈차변〉		〈대변〉	
현금및현금성자산(자산 증가)	11만 원	선수금(부채 증가)	11만 원

현금이 들어왔지만 바로 매출로 처리할 수는 없습니다. 일주일 치 식단을 아직 배송하지 않았기 때문이죠. 고객에게 제품을 제공할 의무가 생

겼으므로 현금이 증가된 만큼 부채인 선수금으로 처리합니다. 회사가 회계상 매출을 처리할 수 없어도 선금을 받기로 했으니 부가가치세도 포함해서 다 받습니다.

제품을 배송하는 시점에는 다음과 같이 부채로 처리한 선수금을 상계해 없애면 됩니다. 부가가치세에 대해서는 이후에 더 자세히 알아보도록 하겠습니다.

〈차변〉		〈대변〉	
선수금(부채 감소)	11만 원	매출(수익 발생)	10만 원
		부가세예수금(부채 증가)	1만 원

만약 회사가 구독형이 아닌 단품 제품을 하나 판매했다고 가정해봅시다. 고객이 제품을 사면서 바로 현금으로 결제했다면 다음과 같이 간단하게 회계 처리를 하면 됩니다.

〈차변〉		〈대변〉	
현금및현금성자산(자산증가)	11만 원	매출(수익 발생)	10만 원
		부가세예수금(부채 증가)	1만 원

반면 카드로 결제했다면 다음과 같이 매출채권으로 잡힙니다.

〈차변〉		〈대변〉	
매출채권(자산 증가)	11만 원	매출(수익 발생)	10만 원
		부가세예수금(부채 증가)	1만 원

장기 구독형 상품의 회계 처리

헬스장이나 필라테스 학원처럼 연회비를 받는 곳은 선수금 규모가 꽤 클 수밖에 없습니다. 기간으로 계약을 하기 때문에 매출액 처리는 다달이 하면 됩니다.

예를 들어 A헬스장은 2024년 7월 1일 회원으로부터 연회비 60만 원을 현금으로 받았습니다. 이 회원의 헬스장 사용 기간은 2025년 6월 30일까지입니다. A헬스장은 2024년 7월 1일에 다음과 같이 회계 처리를 하면 됩니다(부가가치세 생략).

〈차변〉		〈대변〉	
현금및현금성자산(자산 증가)	60만 원	선수금(부채 증가)	60만 원

7월 1일부터 한 달이 지날 때마다 다음과 같이 회계 처리가 이루어질 것입니다.

〈차변〉		〈대변〉	
선수금(부채 감소)	5만 원	매출액(수익 발생)	5만 원

회계 기간 종료일인 12월 31일에는 선수금 잔액이 30만 원만 남을 것입니다. 만약 기간이 아닌 수량 기준으로 계약했다면 전체 수량 중 제공한 부분만큼 매출로 처리하면 됩니다. 즉 1년 동안 제품이나 서비스를 100회 제공하기로 하고 60만 원을 받았는데, 이번 달에 10회를 제공했다면 다음과 같이 회계 처리를 하면 됩니다.

〈차변〉		〈대변〉	
선수금(부채 감소)	6만 원	매출액(수익 발생)	6만 원

10회 제공 후 회계 기간이 종료되었다면 남아 있는 선수금 잔액은 54만 원이 될 것입니다.

> **잠깐만요**
>
> ### 할인쿠폰의 회계 처리
>
> 기업 회계에서 수익은 재화의 판매나 용역의 제공 등으로 받았거나 받을 대가의 공정가치로 측정합니다. 만약 회사가 대가를 받을 때 할인을 해주었다면 그 부분은 별도의 회계 처리 없이 매출액에서 차감합니다.
>
> 예를 들어 한 회사가 자사의 제품을 10만 원 이상 구매하는 고객에게 10%의 할인을 제공하는 정책을 갖고 있다고 가정해봅시다. 고객이 제품을 10만 원어치 구매하면 카드 결제를 하거나 입금을 받을 때 당연히 9만 원만 수령할 것입니다. 그러면 그 회사는 9만 원만 매출로 처리하면 됩니다. 할인액은 비용으로 처리하지 않습니다.

> **잠깐만요**
>
> ### 배송비는 어떻게 처리될까?
>
> 대부분의 회사는 제품을 직접 배송하지 않고 CJ대한통운이나 한진택배 같은 물류회사로부터 용역을 제공받습니다. 배송 서비스를 제공받고 지급하는 대가는 운반비(판매비와관리비)로 비용 처리됩니다.
>
> 만약 배송비가 고객 부담이면 그 부분을 합쳐서 매출로 잡으면 됩니다. 예를 들어 제품가격이 2만 7,500원인데 배송비 2,500원이 고객 부담이라면 고객은 회사에 3만 원을 결제할 것이니 매출액으로 3만 원을 잡으면 됩니다. 회사의 장부 관리 차원에서 상품매출, 기타매출(배송비)로 항목을 나누어 관리하면 더 효율적일 것입니다.

033 부가가치세를 회계 처리합니다

부가가치세란?

우리가 마트에서 쇼핑을 하고 대금을 결제한 뒤 받는 영수증의 내역을 살펴보면 대부분 상품에 10%의 부가가치세, 즉 부가세가 붙어 있습니다. 단, 야채, 과일, 생육 등 농축수산품 등 일부 품목은 면세이기 때문에 부가세가 붙지 않습니다. 버스운임비, 책값, 학교 등록금 등도 면세입니다. 하지만 굿바디주식회사가 판매하는 제품에는 부가세 10%가 붙습니다.

앞서 이야기했듯, 굿바디주식회사는 일주일 치 다이어트 식단을 부가세 1만 원을 포함해 11만 원에 판매합니다. 부가세는 국가에 내야 하는 세금이므로 회사의 매출액으로 처리하지 않습니다. 제품을 구입하는 고객이 일일이 납부할 수 없기 때문에 회사가 받아서 보관해두었다가 대신 납부합니다. 그래서 물품을 판매하면서 발생하는 부가세는 부채로 처리하죠.

부가세는 회사가 갖는 돈도 아니라 잠시 보관하고 있다가 국가에 내야 하기 때문에 부채입니다. 맡아둔다는 의미로 '예수금'이라는 표현을 씁니다. 참고로 세법에서는 '매출세액'이라는 표현을 쓰죠.

앞서 굿바디주식회사가 닭가슴살을 매입했을 때는 면세 상품이라 부가세가 붙지 않았습니다. 이번에는 회사가 포장재 55만 원어치를 구입했습니다. 포장재에는 부가세가 붙기 때문에 이 금액에는 10%인 5만 원의 부가세가 포함되어 있습니다. 이때 회사는 외상으로 매입하면서 다음과 같이 회계 처리를 하면 됩니다.

〈차변〉		〈대변〉	
부재료(자산 증가)	50만 원	매입채무(부채 증가)	55만 원
부가세대급금(자산 증가)	5만 원		

팔 때는 부가세예수금, 살 때는 부가세대급금

매입할 때 물건값에 10%가 붙는 부가세는 자산으로 처리합니다. 계정과목은 부가세대급금이고, 세법에서는 '매입세액'이라는 표현을 씁니다. 무언가를 판매할 때 고객에게 10% 더 받은 부가세는 부채로 처리했으니 반대로 생각하면 됩니다. 즉 이 돈은 국가로부터 돌려받습니다.

사업자가 무언가를 팔 때는 고객에게 부가세를 받았다가 납부해야 하고, 살 때는 부가세를 내고 돌려받습니다. 그래서 부가세를 신고하는 날에 부가세예수금(매출세액)과 부가세대급금(매입세액)을 상계해 납부하거나 돌려받는 것 중 하나만 합니다.

굿바디주식회사는 제품을 팔 때 부가세예수금이 1만 원 발생했고, 살 때 부가세대급금이 5만 원 발생했으니 부가세 신고일에 4만 원을 돌려받는 것으로 회계 처리를 하면 됩니다. 회계 처리는 다음과 같습니다.

〈차변〉		〈대변〉	
미수금(자산 증가)	4만 원	부가세대급금(자산 감소)	5만 원
부가세예수금(부채 감소)	1만 원		

알아두세요

미수금
제품을 외상으로 판매하고 향후 받아야 할 돈은 매출채권으로 처리하는데, 그 외 거래나 사건으로 나중에 받아야 할 돈은 '미수금'이라는 계정과목을 씁니다. 부가세를 신고한 뒤 나중에 세무서로부터 환급받을 예정이므로 미수금이 됩니다.

대개 세무서에서 한 달 이내에 입금해주므로 돈이 들어온 날짜에 다음과 같이 미수금*을 상계하면 됩니다.

〈차변〉		〈대변〉	
현금및현금성자산(자산 증가)	4만 원	미수금(자산 감소)	4만 원

부가세 신고 방법

세무서에서 부가세 신고일 이후에 입금을 해주므로 일단 부가세 신고일에 미수금을 잡고 입금될 때 미수금을 상계하면서 현금및현금성자산을 늘려주면 됩니다.

만약 부가세예수금이 3만 원이고, 부가세대급금이 2만 원이라 부가세 1만 원을 신고·납부해야 한다면 다음과 같이 회계 처리를 하면 됩니다.

〈차변〉		〈대변〉	
부가세예수금(부채 감소)	3만 원	부가세대급금(자산 감소)	2만 원
		현금및현금성자산(자산 감소)	1만 원

결론적으로 분기별 판매가 매입보다 많으면 부가세를 납부해야 하고, 판매보다 매입이 많으면 부가세를 환급받게 됩니다. 규모가 작은 일부 사업자를 제외하고 대부분의 회사는 1년에 4번 부가세를 신고해야 합니다. 1분기, 3분기 내역을 모아 익월 25일까지 신고하는 것을 '예정신고'라고 하고, 2분기, 4분기까지 누적으로 내역을 모아 익월 25일까지 신고하는 것을 '확정신고'라고 합니다.

부가가치세 과세 대상 기간 및 신고 납부 기간

	과세 대상 기간	신고 납부 기간
1기 예정신고	1.1~3.31	4.1~4.25
1기 확정신고	1.1~6.30	7.1~7.25
2기 예정신고	7.1~9.30	10.1~10.25
2기 확정신고	7.1~12.31	익년 1.1~1.25

제품을 판매할 때 물건값보다 10%를 더 받으니 기분이 좋을 수도 있지만, 이는 결국 내 돈이 아닌 내야 할 돈입니다. 별도로 보관하고 있다가 부가세 신고일에 납부하면 그냥 그러려니 하는데, 급한 일이 있어 그 돈을 다 써버리면 세금을 낼 때 생돈이 나가는 것 같아 조금 억울한 마음이 듭니다. 그러니 세금 통장을 별도로 만들어 보관하는 것을 추천합니다.

1년 이상의 장기 사업 매출 관리하기

사업 첫해 매출 회계 처리

많은 기업이 생산한 제품이나 매입한 상품을 판매하거나 서비스를 제공해 수익을 창출합니다. 생산, 매입, 서비스 제공 등의 기간이 짧고, 거래가 발생한 시점에 매출로 처리하면 되니 특별히 어려운 점은 없습니다. 그런데 기간이 오래 걸리는 업은 매출을 언제 잡아야 하는지 애매할 수 있습니다. 퀴즈를 하나 풀어볼까요?

몇 년 뒤 크게 성장한 굿바디주식회사는 사옥을 짓기로 결정했습니다. 그래서 입찰을 통해 D건설사를 시공사로 선정했죠. 공사 기간은 3년, 공사대금은 총 100억 원입니다. D건설사는 80억 원의 원가를 투입해 3년 이내에 사옥을 완공할 예정입니다. 올해 첫 삽을 뜬 D건설사는 계약금으로 10억 원을 받기로 했습니다. 올해 D건설사는 기초 공사에 신경을 많이 쓰느라 80억 원의 예정원가 중에서 40억 원을 썼습니다. 그렇다면 D건설사의 올해 매출액은 얼마일까요?

올해 계약금 10억 원을 받기로 했으니 10억 원이라고 생각할 수도 있고, 100억 원짜리 공사를 따냈으니 100억 원이라고 생각할 수도 있습니다. 정답은 50억 원입니다. 이 숫자는 대체 어떻게 나온 것일까요? D건설사가 예정원가 80억 원 중 50%인 40억 원을 썼기 때문에 공사가 50% 진행된 것으로 봅니다. 그래서 매출액도 100억 원 중 50%인 50억 원만

알아두세요

진행기준

공사의 진행 정도에 따라 계약금액을 공사 기간 중에 배분해 수익을 인식하는 방법입니다.

건설사나 조선소 같이 수년 동안 공사를 진행할 때는 한 회계 기간의 수익을 결정해야 하는데, 계약금액을 어떻게 나눌 것인가가 관건입니다. 공사 그 자체가 수익을 얻기 위한 결정적 사건으로 볼 수 있기 때문에 공사 진행 정도에 따라 수익을 인식하는 것이고, '실제투입원가÷예정원가'로 공사진행률을 측정하는 것입니다.

잡은 것입니다. 이를 진행기준*이라고 합니다. 건설사, 조선사, 시스템 통합(System Integration, SI)업체 등은 이런 식으로 수익을 잡습니다.

첫해의 회계 처리는 다음과 같습니다.

〈차변〉		〈대변〉	
현금및현금성자산(자산 증가)	10억 원	매출(수익 발생)	50억 원
미청구공사(자산 증가)	40억 원		

매출액을 50억 원으로 잡았는데 현금은 10억 원밖에 받지 못했으니 40억 원에 대해서는 매출채권으로 처리해야 할 것 같지만, 미청구공사 또는 계약자산 같은 계정과목으로 처리해야 합니다. 매출채권은 계산서를 발행했다는 의미인 반면, 이 40억 원은 계산서 발행이 되지 않기 때문입니다.

D건설사가 매출액을 50억 원으로 잡겠다고 해도 공사를 발주한 굿바디주식회사는 10억 원만 지급하면 되기 때문에 40억 원에 대한 계산서를 받을 의무는 없습니다. 그래서 미청구공사 또는 계약자산 같은 계정과목을 쓰는 것입니다. 말 그대로 '공사는 했는데 청구는 하지 않았다(계산서를 발행하지 않았다)'라는 의미입니다.

사업 종료까지의 회계 처리

굿바디주식회사는 다음 해에 1차 중도금으로 D건설사에 20억 원을 지급하기로 했습니다. 그 시점에 계산서가 발행될 것이고, 현금이 오고 갈 것입니다. D건설사가 계산서를 발행하는 시점, 즉 대금을 청구하는 때의 회계 처리는 다음과 같습니다.

〈차변〉		〈대변〉	
매출채권(자산 증가)	20억 원	미청구공사(자산 감소)	20억 원

현금이 입금되면 매출채권을 감소시키는 다음의 회계 처리가 나올 것입니다.

〈차변〉		〈대변〉	
현금및현금성자산(자산 증가)	20억 원	매출채권(자산 감소)	20억 원

이런 식으로 하다 완공 후에 100억 원을 모두 받으면 미청구공사는 재무상태표에서 사라질 것입니다. 공사 기간 중에 발생하는 임시 계정과목이라 볼 수 있습니다. 장기간 프로젝트를 수행하는 기업에서는 이런 식으로 수익 처리를 하기 때문에 일반적인 기업보다는 다소 복잡합니다.

035 거래처가 외상대금을 갚지 않아요

떼인 돈 받을 때까지 대손충당금

굿바디주식회사처럼 기업 대 소비자 간 거래(Business to Consumer, B2C)를 하는 기업들은 외상대 미회수 가능성이 매우 낮습니다. 고객들이 입금, 신용카드, 페이 등을 통해 결제를 하기 때문입니다. 그런데 기업 대 기업 간 거래(Business to Business, B2B)를 하는 기업들은 상황이 다릅니다. 기본적으로 상거래가 외상으로 이루어지기 때문에 여차하면 제품을 납품하고 추후에 돈을 받지 못할 수도 있습니다. 거래처가 자금 사정이 어렵다며 차일피일 미루는 경우도 있고, 부도가 나 아예 받지 못하게 되는 경우도 있죠. 그래서 이런 B2B 기업들은 거래처에 대한 신용조사를 진행해야 합니다.

우리 회사 제품을 구매해주니 고마운 마음이 들겠지만 공과 사는 구분해야 하고, 회사도 제품 생산에 돈을 썼기 때문에 당연히 판매대금을 제때 잘 회수해야 합니다. 영업팀에서 거래처의 재무제표를 꼼꼼하게 분석해 큰 문제가 없겠다 싶어 외상을 해주었는데, 거래처가 사업이 부진해 결제를 하지 않거나 늦어지는 경우가 종종 발생합니다. 아무래도 경기가 좋지 않거나 금리가 올라가면 더욱 그럴 것입니다.

외상대를 받지 못하면 회사는 결국 손실을 입습니다. 외상으로 판매하는 시점에 손익계산서상 매출을 잡았지만 돈을 받지 못했으니 손실입니다. 그런데 그 손실을 언제 인식할 것인가가 관건입니다. 예를 들어 여러 거래처로부터 받아야 하는 매출채권이 총 1억 원인데, 속을 썩이는 몇몇 거래처가 6개월이나 3,000만 원을 주지 않고 있고, 9개월이나 밀린 채권이 1,000만 원입니다. 상황이 이러하면 결산일에 어떻게 회계 처리해야 할까요?

일단 회사에서는 대금 회수가 제대로 되고 있지 않은 매출채권의 회수 가능성을 검토해야 합니다. 업력이 오래된 기업들은 채권 회수와 미회수 관련 데이터가 쌓이기 때문에 이를 근거로 판단합니다. 대손충당금 설정률*은 기업이 스스로 정하는 것입니다. 예를 들어 과거부터 지금까지 매출채권 회수와 미회수 관련 통계를 내보니 6개월이 경과한 채권의 회수 가능성은 50%이고, 9개월이 경과한 채권의 회수 가능성은 0%입니다. 그렇다면 회사는 6개월이 경과한 채권에 대해서는 50% 손실로 처리하고, 9개월이 경과한 채권에 대해서는 전액 손실로 처리해야 합니다. 회계 처리는 다음과 같습니다.

〈차변〉		〈대변〉	
대손상각비(비용 발생)	2,500만 원*	대손충당금(자산 감소)	2,500만 원

* 3,000만 원×50%+1,000만 원×100%

손실로 처리할 때 사용하는 계정과목 명칭은 대손상각비*입니다. 채권을 손실로 처리하면서 쓰는 계정과목이며, 손익계산서의 판매비와관리비에 위치합니다.

대변에 있는 대손충당금은 매출채권 차감계정으로, 다음과 같이 표시합니다. 매출채권 원금이 사라진 것이 아니므로 원금에서 2,500만 원을 없애는 게 아니라 대손충당금이라는 계정과목으로 매출채권 밑에서 차감 표시를 합니다.

알아두세요

대손충당금 설정률

기업 대 기업 간 외상 거래를 하다 보면 대손이 발생하기 마련입니다. 입금 받기로 한 날이 한참 지나면 돈을 받지 못할 확률이 점점 높아집니다. 그러면 회사는 받을 수 있는 채권금액을 추정해야 하죠.
전체 채권에서 2% 정도 받지 못할 것 같다면 이 2%를 매출채권 원금에 곱해 대손상각비와 대손충당금을 계산합니다. 이때 계산된 비율을 '대손충당금 설정률'이라고 합니다.
대손충당금 설정률은 회사의 영업 경험에서 축적된 데이터로 산출하기 때문에 회사마다 제각각입니다.

알아두세요

대손상각비와 대손충당금

기업이 무언가를 외상으로 판매하고 받아야 하는 매출채권과 그 외 다른 채권(미수금, 대여금 등)을 받을 수 없게 되었을 때 발생하는 손실을 '대손상각비'라고 합니다. 그리고 그 상대 계정과목을 '대손충당금'이라고 해서 채권의 차감으로 표시합니다.
대손은 확정된 손실이 아니고 발생할 것으로 예상되는 손실이기 때문에 기업은 대금을 수취하기 위해 적극적으로 노력할 것입니다.

(단위: 원)

재무상태표	
매출채권	100,000,000
대손충당금	(25,000,000)

이렇게 표시하는 이유는 회사는 끝까지 대금을 회수해야 하기 때문입니다. 그리고 상법상 채권의 소멸시효는 5년이므로 회사는 그때까지 추심*의 노력을 기울일 것입니다. 그래서 그때까지는 계속 대손충당금으로 차감하는 식으로 표시합니다.

그리고 거래처가 부도가 나거나 폐업해 대금을 받지 못하는 게 확정된 것도 아닌데 미리 손실로 처리하는 건 자산의 정의 때문에 그렇습니다. 자산의 정의를 다시 한번 소환하겠습니다.

추심
기업은 외상으로 판매하고 그 후에 대금이 정상적으로 입금되기를 기대하지만, 그렇게 되지 않을 때는 직접 대금 회수를 위해 나서거나 신용정보업체를 통해 회수를 하려고 노력합니다. 이런 경우 채무자의 소재를 파악하고, 재산을 조사하고, 변제를 요구해야 합니다. 때로는 독촉을 하는 경우도 있는데, 이런 모든 행위를 일컬어 '추심'이라고 합니다.

> **자산:** 미래 경제적 효익이 기업에 유입될 것으로 기대되는 경제적 자원

미래에 들어올 돈이 1억 원이 아니라 7,500만 원이 될 가능성이 매우 높아졌기 때문에 미리 손실로 처리하고 자산에서 금액을 줄이는 것입니다. 그래야 회사의 이해관계자인 은행이나 주주들이 합리적인 의사결정을 할 수 있습니다.

은행은 회사가 운영자금 부족을 겪고 있는 이유가 채권 회수가 안 되고 있기 때문이라는 사실을 파악하고 상환 능력 여부를 평가해야 할 것이고, 주주는 정상적이지 않은 현금흐름 때문에 기업가치가 하락할 가능성에 대해 판단해야 할 것입니다. 그래서 확정되지 않은 손실이지만 채권 회수가 안 될 가능성이 큰 걸로 평가해 미리 손실로 처리하는 것입니다.

외상대금을 받았을 때의 회계 처리

만약 결산일이 끝나고 새해에 거래처들이 연체된 대금을 보내주었다면 다음과 같이 회계 처리를 하면 됩니다.

〈차변〉		〈대변〉	
현금및현금성자산(자산 증가)	2,500만 원	대손충당금(자산 증가)	2,500만 원
매출채권(자산 감소)	2,500만 원	대손충당금환입(수익 발생)	2,500만 원

현금 2,500만 원이 들어왔으니 매출채권을 없애주면 됩니다. 그리고 대손충당금도 상계해 없애줍니다. 대손충당금을 잡을 때는 자산 감소였으니, 없앨 때는 자산 증가가 됩니다. 차액만큼은 대손충당금환입으로 수익을 발생시킵니다. 대손상각비로 비용 처리했던 부분을 이제라도 수익으로 처리할 수밖에 없는 것은 대손 처리가 회사의 추정으로 평가하는 금액이기 때문입니다. 즉 회사도 미래 예측 가능성이 매우 높지 않고 거래처들도 마찬가지이기 때문에 그때그때 맞는 최선의 추정을 통해 회계 처리를 하는 것입니다.

실무적으로 손익계산서를 만들 때는 대손충당금환입이라는 계정과목 대신 그 해에 또 비용 처리해야 하는 대손상각비와 상계해 표시합니다. 예를 들어 올해 대손충당금 환입이 2,500만 원 발생했는데 올해 처리해야 하는 대손상각비가 3,000만 원이라면 두 금액을 상계해 대손상각비 500만 원만 손익계산서에 표시하는 것입니다.

외상대금을 받지 못했을 때의 회계 처리

결국 거래처들은 끝까지 대금을 보내주지 않았고, 어느덧 5년의 시간이 지나 채권 소멸시효가 완성되었다면 어떻게 회계 처리를 해야 할까요? 족보에서 호적을 파내듯 회사 장부에서 매출채권을 파내야 합니다. 즉 다음과 같이 회계 처리를 해야 합니다.

〈차변〉		〈대변〉	
대손충당금(자산 증가)	2,500만 원	매출채권(자산 감소)	2,500만 원

매출채권과 대손충당금을 각각 상계 처리해 없애버려야 합니다. 대손충당금을 없앨 때는 역시 자산 증가가 됩니다. 이런 과정을 '제각(Write-off)'이라고 합니다. 결국 재무상태표에 다음과 같은 금액만 남게 됩니다.

(단위: 원)

재무상태표

매출채권	75,000,000
대손충당금	-

이렇게 장부에서 완전 사라지기 전까지 기업은 계속해서 대금을 회수하려 노력할 것입니다. 채권 회수 가능성이 조금이라도 있다 해도 연체된 채권의 일정 비율만큼은 냉정하게 대손상각비로 비용 처리하고, 같은 금액만큼 매출채권에서 대손충당금으로 차감 처리해야 합니다. 과거 경험상 받지 못할 가능성이 매우 높기 때문에 그렇게 손실을 추정해 처리하는 것입니다. 그래야 매출채권 잔액이 자산의 정의에 부합된 숫자가 됩니다.

036 제품을 폐기해야 합니다

원가와 이익 구하기

제조업을 하거나 도소매업을 하는 기업이 부담스럽게 생각하는 것 중 하나는 재고 적체 현상입니다. 만들거나 사온 즉시 팔려야 사업하는 재미가 있는데, 그렇지 않고 창고에 쌓이면 부담감이 커집니다. 창고 공간을 차지하는 것도 문제지만, 더 큰 문제는 진부화로 판매가 불가능해져 손실이 발생할 수 있다는 것입니다.

굿바디주식회사처럼 식음료를 제조하는 기업은 유통기한에 쫓기게 되므로 제품을 최대한 빨리 만들어 팔아야 합니다. 유행에 민감한 소비재를 제조하거나 판매하는 기업 역시 유행이 지나기 전에 빨리 만들어 팔아야 하죠. IT제품처럼 최신 스펙(Spec)이 장착된 제품만 잘 팔리는 업종 역시 새 기술이 나오기 전에 최대한 빨리 팔아야 합니다. '그럼 조금만 만들어서 팔면 되잖아'라고 생각한 분들도 있을 것입니다. 그런데 제품을 만들거나 사올 때 조금만 들여오면 원가가 너무 부담이 됩니다. 오히려 많이 만들거나 대량 주문을 하는 것이 가격상 도움이 되죠.

예를 들어 굿바디주식회사의 일주일 치 식단 1개의 판매가격은 10만 원이고, 원재료비는 5만 원입니다. 인건비와 감가상각비 같은 고정비는 한 달에 2,000만 원이라고 가정해보겠습니다. 지난달에는 1,000개가 팔렸는데, 이번 달에는 2,000개가 팔렸습니다. 그렇다면 1개당 원가와 이익은 얼마일까요?

원재료비는 판매량에 비례해서 발생되므로 1,000개가 팔리나 2,000개가 팔리나 회사 입장에서는 1개당 마진이 똑같습니다. 그러나 고정비는 판매량과 관계없이 일정하게 발생하는 성격이 있어 많이 팔수록 1개당 마진이 커집니다. 1,000개를 팔면 1개당 고정비는 2만 원인데, 2,000개를 팔면 1개당 고정비는 1만 원으로 줄어듭니다. 그러면 회사 입장에서는 1,000개를 팔면 1개당 이익이 3만 원인 반면, 2,000개를 팔면 1개당 이익이 4만 원으로 늘어납니다.

판매량에 따라 달라지는 이익

판매량	1,000개	2,000개
1개당 판매가격	10만 원	10만 원
1개당 원재료비	5만 원	5만 원
1개당 고정비	2만 원	1만 원
1개당 이익	3만 원	4만 원

굿바디주식회사는 판매량이 늘어날수록 이익이 커진다는 사실을 알기 때문에 다음 달에는 제품을 더 많이 만들고 싶은 욕심이 생길 것입니다. 4,000개를 판매할 수 있다면 단위당 고정비가 5,000원으로 줄어들테니 1개당 이익은 4만 5,000원까지 늘어날 수 있다는 계산이 나오니까요. 그 이익을 다 가져도 좋지만 더 많은 고객 확보와 고객 충성도를 끌어내기 위해 1개당 5,000원의 할인 행사를 진행하거나 추가 이익만큼 생기는 돈을 광고비로 쓸 수 있습니다.

도소매업을 하는 회사들도 마찬가지입니다. 상품을 매입할 때 평소보다 더 많이 매입하면 제조사가 할인을 해주는 경우도 있고, 회사가 제조사에 할인을 요구할 수도 있습니다. 거래처가 요구를 들어주는 건 고정비 절감 효과에 따른 마진 폭이 커져 그 여유분 안에서 깎아주는 것입니다. 단, 생산원가나 매입원가를 줄이기 위해 무턱대고 많이 만들거나 사는 건 바람직하지 않습니다. 팔리지 않으면 골치가 아픈 것도 문제지만, 진부화로 판매가 불가능해지면 큰 손실이 발생할 수도 있기 때문이죠.

제품 폐기 시 회계 처리

굿바디주식회사는 연말에 제품이 많이 팔릴 것을 기대하고 4,000개를 만들었는데, 생각보다 잘 팔리지 않았습니다. 시간이 흘러 유통기한이 2주일밖에 남지 않았는데 재고가 많이 쌓여 있으니 박득근 대표는 고민이 이만저만이 아닙니다. 결국 박득근 대표는 원재료값이라도 건지자는 생각으로 1+1 할인 판매를 시작했습니다. 1+1으로 판매하면 판매가격이 10만 원이고, 원재료비가 10만 원이므로 본전치기가 됩니다. 어쨌든 그렇게 제품을 팔았는데도, 결국 유통기한이 지난 재고가 1,000개나 쌓이고 말았습니다. 이건 어떻게 회계 처리를 해야 할까요?

유통기한이 지난 1,000개의 제품 단위당 원가는 5만 5,000원(재료비 5만 원+고정비 5,000원)입니다. 총원가는 5,500만 원이죠. 당연히 손실입니다. 재고를 자산으로 인정해준 이유는 미래에 돈을 벌어다줄 것이기 때문인데, 유통기한이 지났으니 이 제품은 모두 폐기해야 합니다. 즉 미래에 돈을 벌어다주지 못합니다. 박득근 대표는 일단 연말 결산을 진행하고, 제품 폐기 절차는 다음 해에 밟기로 했습니다. 그렇다면 결산 시점에 재고자산금액을 5,500만 원으로 달아두는 것이 맞을까요?

아닙니다. 정답은 0원입니다. 생산원가가 5,500만 원이 들었다 해도 자산의 가치가 없으니 0원으로 처리해야 합니다. 회사는 다음과 같이 회계 처리를 해야 합니다.

〈차변〉		〈대변〉	
재고자산평가손실(비용 발생)	5,500만 원	재고자산평가충당금(자산 감소)	5,500만 원

5,500만 원만큼 비용으로 발생시키고 같은 금액만큼 자산에서 줄입니다. 계정과목 명칭은 처음 보는 것이라 생소할 수 있는데, 매출채권을 대손 처리할 때와 모습이 비슷합니다. 대변에 있는 재고자산평가충당금*은 재고자산 차감계정으로, 다음과 같이 표시합니다.

(단위: 원)

재무상태표	
재고자산	55,000,000
재고자산평가충당금	(55,000,000)

재고자산평가손실은 손익계산서의 매출원가에 포함시킵니다. 앞서 제품이 팔릴 때 비로소 재료비, 인건비, 경비가 비용화된다고 배웠습니다. 팔리지 않아 폐기해야 하는 상황이 되었으니 당연히 비용화시켜야 하고, 같은 계정과목인 매출원가로 가게 됩니다.

재고를 폐기하는 시점에는 재고자산과 재고자산평가충당금을 다음과 같이 없애면 됩니다. 매출채권의 소멸시효가 완성되어 매출채권과 대손충당금을 장부에서 파내는 것(제각)과 회계 처리가 유사하다는 걸 알 수 있을 겁니다.

〈차변〉		〈대변〉	
재고자산평가충당금(자산 증가)	5,500만 원	재고자산(자산 감소)	5,500만 원

이렇게 많이 생산해도 팔리지 않으면 결국 손실이 되기 때문에 회사는 얼마나 생산할지, 판매가격을 얼마로 정할지 등을 신중하게 결정해야 합니다. 그래서 원가회계, 관리회계라는 분야가 태어난 것입니다. 이에 대한 내용은 〈여섯째마당〉에서 살펴보도록 하겠습니다.

> **알아두세요**
>
> **재고자산평가충당금**
> 재고자산의 주요 항목인 제품을 예로 들면 생산해서 판매 가능한 상태의 재화를 의미합니다. 이 제품을 숫자로 표현하면 생산에 투입된 재료비, 인건비, 경비 등의 총합입니다.
> 회사는 투입된 비용 전부가 자산으로 잡히길 원합니다. 그러나 제품이 진부화되거나 유통기한이 지나면 정상가격에 판매하기 어렵습니다. 그러면 미래에 돈을 벌어주어야 한다는 자산의 정의에 부합되지 않게 되죠.
> 그래서 미래에 판매로 회수할 수 있는 부분만 남겨놓고 나머지는 없애야 하니 재고자산평가충당금으로 취득원가를 줄이는 것입니다.

037 고객이 제품을 환불/반품했어요

미리미리 반품충당부채

고객의 변심이나 제품의 하자 등으로 환불이나 반품이 들어오는 경우가 있습니다. 종종 전년도에 판매했는데 당해에 환불이나 반품이 들어오는 경우가 있는데, 사실 이 경우가 가장 애매합니다. 이미 회계 기간이 종료되어 전년도에 매출로 처리한 회계 장부를 고칠 수 없기 때문이죠. 그렇다고 환불이나 반품을 받지 않을 수도 없고요.

예를 들어보겠습니다. 회사는 2024년 12월 말에 고객에게 8만 원짜리 상품을 10만 원에 팔아 2만 원의 이익이 생겼습니다. 회사는 2024년 회계연도 종료일에 매출 10만 원과 매출원가 8만 원을 손익계산서에 올렸습니다. 그런데 2025년 새해가 밝자마자 고객이 갑작스럽게 환불을 요구했습니다.

회사는 고객이 영수증을 지참한 상태였고 제품에 훼손을 가하지도 않았기에 고객의 환불 요구를 받아들였습니다. 고객에게 10만 원을 내어 주면서 상품 8만 원이 다시 입고되었습니다. 그렇다면 작년에 이미 인식한 2만 원의 이익은 어떻게 해야 할까요?

작년에 인식한 이익 2만 원을 당기에 취소시킬 수는 없습니다. 그래서 회사는 상품이 팔린 전년도에 반품충당부채라는 것을 미리 잡습니다. 대손충당금처럼 반품도 경험치가 쌓입니다. 회사가 그동안의 판매 데

이터를 검토한 결과, 발생한 매출액의 2%는 꼭 환불이나 반품이 들어온다는 것을 알게 되었습니다.

회사에는 지난 1년 동안 매출 50억 원, 매출원가 40억 원이 발생했습니다. 회사는 전기에 회계 기간을 종료하면서 다음과 같이 반품충당부채 회계 처리를 합니다.

〈차변〉		〈대변〉	
매출원가(-비용 발생)	-8,000만 원	매출액(-수익 발생)	-1억 원
		반품충당부채(부채 증가)	2,000만 원

매출 50억 원 중 2%인 1억 원에 대한 매출을 취소(-수익 발생)시킵니다. 그리고 매출원가율이 80%(40억 원/50억 원)이므로 매출액 1억 원에 대한 매출원가 8,000만 원을 취소(-비용 발생)시킵니다. 즉 이 부분에 해당하는 만큼 미래에 반품이 들어올 것으로 예상하기 때문에 미리 매출액과 매출원가를 없애버리는 거죠.

억울한 생각이 들 수도 있지만 어쩔 수 없습니다. 미래에 반품이 들어올 것이니까요. 차변과 대변의 합계가 일치해야 하니 차이가 나는 2,000만 원, 즉 이익만큼 반품충당부채를 증가시킵니다.

반품 시 회계 처리

그리고 나서 실제로 반품이 들어오면 다음과 같이 회계 처리 됩니다.

〈차변〉		〈대변〉	
재고자산(자산 증가)	8만 원	현금및현금성자산(자산 감소)	10만 원
반품충당부채(부채 감소)	2만 원		

회사는 지난해에 고객에게 받은 10만 원을 환불해주면서 자산이 감소되었습니다. 그리고 반품을 받았으니 재고자산 8만 원이 증가되었습니다. 지난해에 취했던 이익 2만 원은 반품충당부채로 상계합니다. 지난해 매출액 10만 원과 매출원가 8만 원은 이미 인식된 것이니 올해 건드릴 수 없습니다. 지난해에 반품이 예상되어 매출액과 매출원가 일부를 미리 취소시켜놓았으니 전혀 문제 될 것이 없죠.

이렇게 회사는 반품이 들어올 때마다 상품 판매가격과 매출원가(재고자산)의 차이만큼 반품충당부채로 상계하면 됩니다.

만약 재고 반품이 고객 변심이 아닌 상품 하자가 원인이어서 폐기를 해야 한다면 다음과 같이 회계 처리를 하면 됩니다.

〈차변〉		〈대변〉	
재고자산평가충당금(자산 감소)	8만 원	재고자산(자산 감소)	8만 원

참고로 유니클로(UNIQLO)의 경우, 2024년 회계연도 종료일에 반품충당부채를 약 9억 원으로 잡았습니다. 회사의 매출액이 1조 600억 원, 매출원가가 4,389억 원인 점을 고려하면 매출총이익 6,211억 원 대비 9억 원은 약 0.14%입니다. 생각보다 반품이나 환불이 많지 않은가 봅니다.

038 제품을 떨이로 팔았어요

재고자산 평가하기

공산품을 생산하는 회사인데 재고가 하도 팔리지 않아 판매가격이 생산원가 이하로 떨어지면 어떻게 해야 할까요? 공산품은 식음료처럼 부패해 폐기해야 하는 성격이 아니니 계속 재고를 갖고 갈 수 있습니다.

예를 들어 제품을 1,000만 원어치 갖고 있는 회사가 있는데 이 제품이 1년 넘게 팔리지 않아 창고에 수북이 쌓여 있다고 가정해봅시다. 이 제품들은 유행도 지났고 수요도 없습니다. 폐기해야 하는 게 맞지만 사장은 투입한 원가가 아까워 그러지 못하고 있습니다.

이 상태로 장부를 마감한다면 이 역시 전부 손실로 처리하고 평가충당금을 쌓아야 합니다. 만약 100만 원을 받고 팔 수 있다면 900만 원만 손실로 처리하고 평가충당금을 쌓으면 됩니다. 일단 100만 원 정도 받을 수 있다면 결산할 때 다음과 같이 회계 처리를 하면 됩니다.

〈차변〉		〈대변〉	
재고자산평가손실(비용 발생)	900만 원	재고자산평가충당금(자산 감소)	900만 원

재무상태표에는 다음과 같이 표시될 것입니다.

(단위: 원)

재무상태표	
재고자산	10,000,000
재고자산평가충당금	(9,000,000)

손실로 처리한 제품을 팔았을 때의 회계 처리

새해에 한 거래처가 그 재고를 100만 원에 사가겠다고 연락이 왔습니다. 본전도 뽑지 못하는 상황이지만 사장은 창고도 비워야 하니 판매하기로 결정하고 제품을 모두 보냈습니다. 그러면 다음과 같이 회계 처리를 하면 됩니다.

〈차변〉		〈대변〉	
매출채권(자산 증가)	100만 원	매출(수익 발생)	100만 원
매출원가(비용 발생)	100만 원	재고자산(자산 감소)	1,000만 원
재고자산평가충당금(자산 증가)	900만 원		

사업을 하는 사람은 연말에 평가충당금으로 처리하지 말고 판매할 때 매출액 100만 원, 매출원가 100만 원으로 처리하는 게 맞지 않냐고 이야기할 수도 있습니다. 결국 900만 원의 손실을 재고를 보관하고 있을 때가 아니라 손실을 보고 판매할 때 인식하자는 주장인데, 얼핏 맞는 것 같지만 틀렸습니다. 자산의 정의에 위배되기 때문이죠. '미래에 돈을 벌어오는 것이 자산'이라는 정의 때문에 항상 결산기에 재고자산을 평가해야 합니다.

2023년에 반도체 판매가격이 떨어지면서 삼성전자와 SK하이닉스가 큰 손실을 입었습니다. 다음은 판매가격이 떨어지고 수요도 감소한 SK하이닉스의 2023년 2분기 손익계산서입니다.

SK하이닉스의 손익계산서

(단위: 백만 원)

	제76기 반기	
	3개월	누적
매출액	7,305,933	12,394,044
매출원가	8,483,761	15,217,171
매출총이익(손실)	(1,177,828)	(2,823,127)
판매비와관리비	1,704,256	3,461,259
영업이익(손실)	(2,882,084)	(6,284,386)

6개월 누적 기준으로 매출액이 12조 3,940억 원인데, 매출원가는 15조 2,172억 원이나 됩니다. 숫자를 보면 SK하이닉스가 적자를 보면서 판매한 것으로 생각할 수 있습니다. 물론 그 부분도 많이 포함되어 있지만 반기까지 재고자산평가손실을 1조 6,000억 원 넘게 매출원가로 처리해 적자 폭을 키웠기 때문입니다. SK하이닉스는 재고자산평가손실로 처리한 금액만큼 재고자산에서 평가충당금으로 차감했습니다.

알쏭달쏭 회계 퀴즈

▼ Q1 다음 회사들이 판매하는 것은 상품일까요, 제품일까요?

① SK하이닉스 반도체 ( )

② 쿠팡이 판매하는 식품 ( )

③ 이마트가 판매하는 신라면과 즉석식품인 초밥 ( )

④ SK텔레콤이 판매하는 아이폰 ( )

⑤ LG생활건강이 판매하는 화장품 ( )

⑥ LG전자가 판매하는 대형가전, 소형가전 ( )

▼정답　① 제품　② 상품　③ 신라면은 상품, 초밥은 제품　④ 상품
⑤ 제품(단, ODM 화장품은 상품)　⑥ 제품(단, ODM 가전은 상품)

▼해설　SK하이닉스는 반도체를 직접 생산해 IT 기업, 자동차 회사 등에 판매하므로 제품입니다.

쿠팡은 제조사로부터 재화를 직접 매입해 판매하므로 상품으로 회계 처리를 합니다.

이마트는 여러 업체에서 재화를 매입해 판매하므로 상품입니다. 단, 초밥, 닭강정, 피자 등 직접 조리해서 판매하는 것은 제품입니다.

SK텔레콤은 통신 서비스를 제공하므로 제품을 판매하지 않습니다. 단, 아이폰이나 갤럭시폰은 직접 매입해 판매하므로 상품입니다.

LG생활건강이나 LG전자가 직접 화장품과 가전제품을 만들어 팔면 제품입니다. 그러나 화장품을 한국콜마나 코스맥스 같은 ODM 기업으로부터 사와 브랜드만 입혀 판매하는 경우에는 상품입니다.

LG전자도 마찬가지입니다. 소형가전의 경우 ODM 기업이 생산해 LG 브랜드를 입히는 경우도 있습니다.

▼Q2 제품의 판매가격이 떨어지는 이유를 서술해보세요.

> 사업을 하다 보면 여러 가지 이유로 제품의 시세가 떨어집니다. 예를 들어 주유소의 휘발유와 경유는 국제 유가에 연동되어 가격이 결정됩니다. 국제 유가가 올라가면 가격이 올라가고, 반대로 국제 유가가 떨어지면 가격이 떨어지죠.
> 그래서 정유사들은 국제 유가가 쌀 때 원유를 사와 정제한 뒤 국제 유가가 오를 때 파는 것이 가장 좋습니다. 반대로 국제 유가가 비쌀 때 원유를 사와 정제한 뒤 국제 유가가 떨어질 때 주유소에 납품하면 손실이 발생할 가능성이 매우 커집니다.
> 문제는 갖고 있는 재고 모두에서 손실이 발생한다는 것입니다. 에코프로나 포스코퓨처엠 같은 2차전지 소재 기업들도 니켈이나 코발트 같은 국제 원자재 가격에 제품 판매가격이 연동되어 결정됩니다. 이들 기업들도 국제 원자재 가격이 떨어지면 재고자산평가손실이 많이 발생합니다. 그렇다면 소비재 기업, 소부장 기업, 식음료 기업 등에서 제품 판매가격이 떨어지는 이유는 무엇일까요?

① 소비재 기업
___
___
___

② 소부장 기업
___
___
___

③ 식음료 기업
___
___
___

▼해설

① 소비재 기업: 제품의 유행이 지나거나 신모델이 출시될 때 남은 재고의 가격은 내려갈 수밖에 없습니다. 화장품과 의류는 트렌드가 바뀌는 경우에, 자동차와 가전은 외형과 스펙을 싹 교체해 출시하는 경우에 남은 재고에 대한 할인 행사를 진행해 최대한 많이 팔려고 합니다.

② 소부장 기업: 다른 기업들과 경쟁 상태이고 전방기업*에 납품하는 경우에는 판매가격 결정 권한이 없는 경우가 많습니다. 판매가격이 전방 대기업에서 책정되어 내려오는 경우가 많은데, 생산원가보다 더 낮은 금액으로 납품해야 하는 경우들이 이에 해당됩니다. 소위 말하는 '납품단가 후려치기'를 당하는 상황일 때 제품 판매가격이 원가에 미치지 못하게 되는 일이 발생합니다.

③ 식음료 기업: 유통기한에 민감한 산업이므로 1+1 같은 행사를 많이 진행할 수밖에 없습니다. 판매가격이 내려가는 일이 매우 흔한 업종입니다. 또한 음식에서 이물질이 나오거나 갑질 같은 이슈로 소비자 불매운동이 일어나는 경우에는 손해를 보더라도 큰 폭의 할인 판매로 재고를 밀어내는 경우를 흔히 볼 수 있습니다.

✎ 알아두세요

전방기업과 후방기업

소비자와 가깝거나 가치사슬(Value chain)상 앞단에 위치한 기업을 '전방기업'이라고 합니다. 완성차, 전자제품, 의류, 식음료 등을 만드는 기업들이 여기에 해당됩니다.

완제품을 생산하려면 수많은 소재, 부품, 장비 등이 필요한데, 이를 납품하는 뒷단의 기업들을 '후방기업'이라고 합니다.

가치사슬은 기업이 제품 생산을 위해 원재료, 노동력, 자본 등의 자원을 결합하는 과정에서 발생하는 생태계를 말합니다. 예를 들면 반도체 생태계는 삼성전자나 SK하이닉스처럼 완제품을 생산하는 기업도 있고, 한미반도체처럼 장비를 납품하는 기업도 있습니다. 그 밖에 소재와 부품을 납품하는 기업들도 존재하죠.

주식시장에서 반도체가 호황이면 이 가치사슬에 놓여 있는 대부분의 기업은 수혜를 볼 것이라 판단하기 때문에 전·후방기업에 대한 투자가 활발해집니다. 반대로 업황이 악화되기 시작하면 전방기업도 타격이 크지만, 그 업종과 관련된 소재, 부품, 장비를 납품하는 후방기업들이 더 심각한 영향을 받기 때문에 업종별 가치사슬 분석은 필수입니다.

- **039** 회계의 4가지 종류
- **040** 원가에 영향을 미치는 직접비와 간접비
- **041** 활동마다 비용을 계산하는 활동원가계산
- **042** 손익분기점을 계산해봅시다
- **043** 이익을 늘리는 고정비 절감 효과
- **044** 제품 판매가격을 결정합시다
- **045** 적자가 나는데 계속 팔아야 할까요?
- **046** 어떤 제품을 주력으로 팔아야 할까요?

여섯째 마당

효율적인 사업 운영을 위한 원가관리회계

회계 무작정 따라하기

 회계 이야기

재무회계 외에도

우리는 지금 회사에서 발생하는 거래나 사건을 회계 장부로 작성하고 이를 재무제표로 만든 다음 주주와 채권자 등 정보 이용자에게 공개하기 위한 목적으로 회계를 공부하고 있습니다. 좀 더 정확하게 말하면, 재무회계를 공부하고 있습니다.

사실 회계의 종류는 몇 가지가 더 있습니다. 크게 세무회계, 원가회계, 관리회계로 나뉘죠.

세무회계는 세법에 따라 법인세를 신고·납부해야 하기 때문에 반드시 필요합니다. 재무회계는 발생주의, 수익·비용 대응의 원칙, 각종 회계 기준을 준수해야 하는데, 법인세나 소득세를 신고할 때는 이런 회계 원칙과 이론이 아닌 세법을 따라야 합니다.

세법은 회계와 차이점이 은근히 많습니다. 그래서 회계 장부를 마감시키고 나서 세법에 맞게 다시 결산을 합니다. 이를 '세무조정'이라고 합니다. 일반적인 조정 절차로 볼 수 있지만, 회사는 최대한 절세를 해야 하기 때문에 담당자는 세법이 빠삭해야 합니다. 복잡하고 어려운 부분이 많다 보니 공인회계사나 세무사의 도움을 받아야 할 때도 많습니다.

원가회계는 회사의 제품 생산에 투입되는 원가를 집계하고 계산하는 분야입니다. 기업 규모가 커지면 사업 부문이나 프로세스가 많아지고, 여러 제품을 동시에 만들어야 하기도 하는데, 이때 원가를 잘 계산해야 합니다. 단순 계산의 문제가 아니라 방식의 선택과 다양한 의사결정이 포함됩니다.

관리회계는 회사의 원가 계산 자료를 토대로 의사결정을 하기 위해 만들어졌습니다. 회사는 최적 생산량, 원가 낭비 요소 발견 및 절감 기법, 이익극대화를 위한 프로세스 개선 등 여러 가지를 판단할 때 데이터가 필요하기 때문에 원가회계 자료를 많이 활용합니다. 즉 원가회계와 관리회계는 떼놓을 수 없는 사이여서 '원가관리회계'라는 말을 더 많이 사용합니다.

원가관리회계 자료는 회사의 기밀 자료 성격이 강하기 때문에 외부로 유출되어서는 절대 안 됩니다. 그리고 여러 가지 판단과 의사결정을 해야 하기 때문에 자료를 잘 만들고 여러 방법으로 활용할 수 있게끔 해야 합니다. 그러다 보니 기업에는 '원가관리회계를 잘하는 사람이 출세한다'라는 말도 있습니다.

모든 회계과목은 양이 방대합니다. 이 책에서 전부 다루기는 어려우므로 중요하고 많이 사용하는 일부 내용만 살펴보도록 하겠습니다. 어쩌면 재무회계보다 이 분야가 더 재미있을지도 모릅니다.

회계의 4가지 종류

회계 종류별 특성

① 재무회계

회계는 크게 재무회계, 세무회계, 원가회계, 관리회계로 나뉩니다. 지금까지 배웠던 것들은 모두 재무회계 영역에 포함됩니다. 회계 기간 종료일에 회계 처리가 다 끝나면 자산, 부채, 자본의 잔액으로 재무상태표를 만들고 1년 치 수익과 비용을 합쳐 손익계산서를 만듭니다. 회사가 이렇게 재무제표를 만드는 이유는 회사를 둘러싸고 있는 주주, 채권자, 거래처, 세무서 등이 이 재무제표를 분석해야 하기 때문입니다. 회사마다 멋대로 장부를 작성하면 이해관계자들이 적절하게 판단할 수 없기 때문에 모두가 같은 원칙을 따라야 합니다. 이 원칙을 '회계기준'이라고 합니다. 회계법이 따로 있는 것은 아닙니다.

참고로 주식시장에 상장된 기업과 상장 예정인 기업들은 '한국채택국제회계기준(K-IFRS)'을, 비상장 기업들은 '일반회계기준'을 따라 재무제표를 만들면 됩니다.

② 세무회계

기업들은 재무제표를 기반으로 세금을 신고합니다. 개인이 소득세를 신고·납부하듯, 법인도 법인세를 신고·납부해야 합니다. 재무제표는 회계기준을 따르지만, 법인세 신고는 세법을 따르기 때문에 재무제표를 세법에 맞게 다시 만들어야 합니다. 이를 '세무회계'라고 합니다.

예를 들어 재무회계는 수익과 비용을 발생 시점에 인식하는데, 세법은 권리와 의무가 확정된 시점에 인식합니다. 그리고 세법에서는 수익과 비용 대신 익금과 손금이라는 용어를 사용합니다. 회계기준에 따라 작성된 재무제표를 세금 신고를 위해 조정한다고 해서 이를 '세무조정'이라고 합니다. 세무조정은 실무적으로 복잡하고 어렵기 때문에 회사가 자체적으로 하기보다는 공인회계사나 세무사에게 위탁하는 경우가 많습니다.

③ 원가회계

원가회계는 제품 생산원가의 측정과 계산을 다루는 분야입니다. 회사는 여러 생산 공정을 통해 다양한 제품을 만듭니다. 그리고 제품에 투입된 인건비와 각 공정에서 발생된 각종 경비를 제품에 적절히 배부해 원가를 계산합니다. 회사가 원가를 알아야 판매가격을 결정할 수도 있을 것입니다.

④ 관리회계

기업은 원가회계 자료를 이용해 전략을 짜고 의사결정을 하는데, 이를 '관리회계'라고 합니다. 원가회계나 관리회계는 재무제표처럼 외부에 공시하지 않습니다. 내부 이용 목적으로 작성하는 자료들이죠. 그래서 회계기준을 따를 필요도 없습니다. 재무제표는 작성에 대한 객관성과 기업 간 비교 가능성을 확보해야 하기 때문에 회계기준을 따라야 하지만, 관리회계는 기업의 비용 최소, 효익 최대라는 경제적 목표를 달성하기 위해 내부적으로 하는 것입니다.

어쩌면 원가회계와 관리회계가 재무회계보다 쉬울 수도 있습니다. 회계기준을 몰라도 되니 회계학을 배우지 않아도 접근할 수 있죠. 단, 대기업처럼 복잡한 사업 구조에서는 원가회계와 관리회계가 어렵습니다. 그래도 회사의 목표를 위해 검토하고 판단하는 분야라서 분명 재미는 있습니다.

〈여섯째마당〉에서는 원가회계, 관리회계 중 중요한 부분만 다룰 예정입니다. 직접 계산기와 연필을 들고 계산하다 보면 금세 재미를 느낄 것입니다.

> **잠깐만요**
>
> **일반회계기준과 한국채택국제회계기준**
>
> 상장 기업과 상장 예정 기업은 의무적으로 한국채택국제회계기준을 따라야 합니다. 반면 비상장 기업은 선택 가능하죠. 현실적으로 대부분의 비상장 기업은 일반회계기준을 적용합니다. 한국채택국제회계기준을 적용하려면 회사가 해야 하는 의사결정도 많고 시스템도 잘 갖춰야 하기 때문에 부담이 큽니다. 하지만 일반회계기준은 이런 것들이 필요하지 않고 금융당국에서 회계 처리 방침을 정해주기 때문에 사용이 편리합니다.
>
> 한국채택국제회계기준은 유럽에서 제정된 국제회계기준(IFRS)을 도입한 것이고, 일반회계기준은 우리나라가 자체적으로 만든 것입니다. 두 회계기준 간의 큰 차이는 철학적인 부분, 계정과목 명칭, 계정과목별 회계 처리가 다소 발생된다는 것입니다.
>
> 우리는 지금 회계 실무와 관련해서는 일반회계기준으로, 예시로 소개한 상장 기업 사례는 한국채택국제회계기준으로 공부하고 있습니다.

040 원가에 영향을 미치는 직접비와 간접비

회계 무작정 따라하기

냉면의 원가는 얼마일까?

한창 인기 있었던 예능 프로그램 〈백종원의 골목식당〉에서 요리연구가 백종원 씨는 자영업자들에게 "원가를 제대로 계산해야 한다"라는 말을 많이 했습니다. 식당 메뉴판에 써 있는 메뉴들의 가격은 과연 원가에 적정 마진을 붙인 것일까요? 그러려면 최소한 식당 공간에서 벌어지는 모든 비용을 구분해 정의하고, 메뉴별로 계산할 줄 알아야 합니다. 이게 쉬운 것 같지만 은근 어렵습니다.

예를 들어 물냉면과 비빔냉면을 판매하는 식당에서 메뉴당 원가를 측정하려면 재료비부터 정의해야 합니다. 우선 메뉴 하나당 들어가는 각 원재료의 무게와 그램당 가격을 곱해야 합니다. 이외에 식당에서 발생하는 직원들의 월급, 임차료, 공과금, 관리비 등을 다 뽑아봐야 합니다. 재료비는 생산량에 비례해 발생하기 때문에 '변동비'입니다. 그리고 인건비, 임차료, 공과금, 관리비 등은 생산량과 무관하게 일정 수준으로 발생하기 때문에 '고정비'입니다.

냉면 한 그릇의 중량이 200g이고, 여러 재료가 들어가지만 단순하게 100g당 2,500원의 재료비가 투입된다고 가정해봅시다. 이렇게 특정 제품 생산에 투입된 비용이 직접적으로 추적 가능하기 때문에 이런 비용을 '직접비'라고 합니다.

100g당 2,500원의 재료비가 들어가니 냉면 200g의 원가를 5,000원이라고 정의할 수는 없습니다. 식당에서는 이런 변동비 말고도 수많은 고정비 성격의 경비가 발생하기 때문입니다. 제품 생산 때문에 발생한 비용은 맞는데 재료비처럼 직접 추적 가능하지 않다고 해서 '간접비'라고 합니다. 즉 직접비인 원재료비를 제외한 나머지 모든 제조경비*를 간접비로 보면 됩니다. 간접비는 제품에 직접 투입된 비용이 아니므로 제품에 배부해야 합니다.

> **알아두세요**
>
> **제조경비**
> 공장에서 제품 제조를 위해 사용한 경비를 말합니다. 반대로 본사 사옥에서 판매와 관리활동을 위해 사용한 경비는 '판매비와관리비'라고 합니다. 예를 들어 전기요금이 공장에서 발생했다면 제조경비, 본사에서 발생했다면 판매비와관리비가 됩니다.

- **변동비**: 생산량에 따라 달라지는 비용(재료비 등)
- **고정비**: 생산량에 관계없이 변하지 않는 비용(인건비, 관리비, 임차료 등)
- **직접비**: 제품을 생산하기 위해 투입된 재료비, 인건비로서 특정 제품에 직접적으로 추적할 수 있는 원가(직접재료비, 직접노무비)
- **간접비**: 직접비 이외의 모든 제조 원가(감가상각비, 보험료, 수선유지비 등)

이 냉면집에서 한 달 동안 발생하는 제조경비의 총합은 1,500만 원입니다. 그리고 물냉면과 비빔냉면의 한 달 평균 판매량을 확인해보니 물냉면은 3,000그릇, 비빔냉면은 2,000그릇입니다. 냉면집 사장님은 제조경비를 판매량 기준으로 배부하기로 했습니다. 즉 물냉면에는 900만 원(1,500만 원×3/5), 비빔냉면에는 600만 원(1,500만 원×2/5)이 배부됩니다. 그렇다면 물냉면과 비빔냉면의 단위당 원가는 다음과 같이 계산됩니다.

판매량 기준으로 단위당 원가를 구했을 때

구분	물냉면(200g, 1그릇)	비빔냉면(200g, 1그릇)
재료비	5,000원	5,000원
제조경비	3,000원*	3,000원**
원가합계	8,000원	8,000원

* 900만 원/3,000그릇
** 600만 원/2,000그릇

이렇게 제조경비는 판매량 기준으로 배부하는 것이 가장 쉽습니다. 그런데 그렇게 간단하지 않은 경우도 있습니다. 예를 들어 비빔냉면 한 그릇 조리 시간이 물냉면 한 그릇 조리 시간의 1.5배라고 가정해봅시다. 1시간 동안 물냉면은 30그릇 만들 수 있는 반면, 비빔냉면은 20그릇밖에 만들 수 없습니다. 즉 한 달 동안 물냉면 3,000그릇을 만드는 데는 100시간이 투입되는데, 비빔냉면은 2,000그릇을 만드는 데 100시간이 투입됩니다.

냉면집 사장님은 제조경비를 판매량 기준이 아닌 투입 시간 기준으로 배부하기로 했습니다. 그러면 각각 750만 원씩(1,500만 원/2) 배부되고, 물냉면과 비빔냉면의 단위당 원가는 다음과 같이 바뀌어 계산됩니다.

투입 시간 기준으로 단위당 원가를 구했을 때

구분	물냉면(200g, 1그릇)	비빔냉면(200g, 1그릇)
재료비	5,000원	5,000원
제조경비	2,500원*	3,750원**
원가합계	7,500원	8,750원

* 750만 원/3,000그릇
** 750만 원/2,000그릇

냉면집에서 발생하는 고정비 1,500만 원은 판매량과 관계없이 발생되지만 이 비용을 어떤 기준으로 배부하느냐에 따라 제품의 원가가 달라집니다. 그리고 그것에 따라 사장님도 가격을 결정할 수 있습니다.

냉면집 순이익을 계산하자

냉면집 사장님은 판매가격을 원가합계에 20%를 붙이기로 결정했습니다. 제조경비를 판매량 기준으로 배부했을 때는 물냉면과 비빔냉면 판매가격 모두 9,600원(8,000원×120%)이 됩니다. 그러면 이 냉면집의 한 달 순이익은 다음과 같습니다.

판매량 기준으로 순이익을 구했을 때

구분	물냉면(3,000그릇)	비빔냉면(2,000그릇)	합계(5,000그릇)
매출액	2,880만 원	1,920만 원	4,800만 원
재료비	1,500만 원	1,000만 원	2,500만 원
제조경비	900만 원	600만 원	1,500만 원
순이익	480만 원	320만 원	800만 원
순이익률	16.7%	16.7%	16.7%

제조경비를 투입 시간 기준으로 배부했을 때는 물냉면 가격은 9,000원 (7,500원×120%), 비빔냉면 가격은 1만 500원(8,750원×120%)이 됩니다. 그러면 이 냉면집의 한 달 순이익은 다음과 같습니다.

투입 시간 기준으로 순이익을 구했을 때

구분	물냉면(3,000그릇)	비빔냉면(2,000그릇)	합계(5,000그릇)
매출액	2,700만 원	2,100만 원	4,800만 원
재료비	1,500만 원	1,000만 원	2,500만 원
제조경비	750만 원	750만 원	1,500만 원
순이익	450만 원	350만 원	800만 원
순이익률	16.7%	16.7%	16.7%

열심히 계산했는데 결괏값이 같아 현타가 올 수도 있겠네요. 판매량, 재료비, 제조경비가 정해진 상태이고, 두 제품의 판매가격을 단위당 원가에서 20%씩 동일하게 가산했기 때문에 전체 순이익은 달라질 수 없습니다.

사장님 입장에서는 물냉면과 비빔냉면의 판매가격을 어떻게 결정해야 할까요? 물냉면과 비빔냉면을 모두 9,600원으로 결정하나 각각 9,000원, 1만 500원으로 결정하나 순이익과 순이익률이 같으니 차이가 없다고 생각할 수도 있을 것입니다. 그러나 판매량이 변하면 순이익은 크게 달라집니다. 판매량이 변해도 고정비 성격의 제조경비 1,500만 원은 변화가 없지만, 물냉면과 비빔냉면의 판매가격에서 재료비를 차감한 마진(공헌이익)이 서로 달라 냉면집 총손익에 영향을 주기 때문입니다.

물냉면과 비빔냉면의 재료비가 5,000원인데 판매가격을 모두 9,600원으로 결정하면 무엇을 더 팔든 냉면집 전체 손익에는 영향을 주지 않습니다. 하지만 물냉면 9,000원, 비빔냉면 1만 500원으로 결정하면 당연히 비빔냉면을 많이 파는 것이 냉면집 전체 순이익에 유리하겠죠.

그래서 사장님은 결국 메뉴판의 가격을 물냉면 9,000원, 비빔냉면 1만 500원으로 바꾸기로 했습니다. 그런데 이게 그렇게 간단한 문제가 아닙니다. 가격에 차별을 두려면 다음 2가지 사항을 고려해야 합니다.

첫 번째는 소비자들이 싼 물냉면으로 몰릴 가능성입니다. 실제로 그렇게 된다면 냉면집의 전체 순이익이 오히려 작아지게 됩니다. 두 번째는 시간 제약입니다. 1시간 동안 물냉면은 30그릇을 만들 수 있지만, 비빔냉면은 20그릇만 만들 수 있습니다. 물냉면은 시간당 12만 원[(판매가격 9,000원-재료비 5,000원)×30그릇]의 마진이 남는 반면, 비빔냉면은 시간당 10만 원[(판매가격 1만 500원-재료비 5,000)×20그릇]의 마진밖에 남기지 못합니다. 시간 제약이 또 반대의 결과를 가져올 수도 있습니다.

간단해 보이는 가격 결정 문제도 이렇게 고려할 사항이 많습니다. 그래서 어떻게 원가를 측정해야 하는지, 합리적인 가격 결정을 내리려면 어떤 요소들을 고려해야 하는지 등의 관리회계를 배우는 것입니다.

원가 계산이 중요한 이유

제품 원가 계산 방식은 회계기준이 따로 정해져 있지 않습니다. 각자 상황에 맞게끔 정하면 됩니다. 그렇다고 너무 대충하면 제품 원가를 합리적으로 측정할 수 없어 판매 계획을 세우거나 주력 제품을 정하는 등 사업 전략을 짜는 데 어려움을 겪을 수 있습니다. 그래서 기업들은 원가회계에 공을 굉장히 많이 들입니다. 원가 정보가 잘 작성되어야 다음과 같은 이슈들을 검토하거나 의사결정을 할 수 있습니다.

- 제품별 목표 이익을 위해 달성해야 하는 판매량은 얼마인가?
- 제품 판매량이 변할 때 이익이 얼마나 변화하는가?
- 재고 관련 원가를 줄이는 최적의 재고량은 얼마인가?
- 목표 이익 달성을 위해 제품 판매가격을 얼마로 정해야 하는가?
- 자원의 제약이 있을 때 어느 제품을 더 생산해 판매해야 하는가?
- 사업 계획보다 판매가 저조할 경우 손실을 보지 않는 선에서 최소 얼마나 팔아야 하는가?
- 판매가 저조한 제품의 생산을 중단해야 하는가?

소상공인도, 스타트업도, 대기업도 기본적으로 이런 사항들을 검토해야 합니다. 그러려고 매년 사업 계획을 세우면서 목표를 정하고, 결산을 하면서 성과를 평가하는 것입니다.

041 회계 무작정 따라하기

활동마다 비용을 계산하는 활동원가계산

활동원가계산(ABC)이란?

앞서 냉면집은 제조경비를 판매량 기준 또는 투입 시간 기준으로 배부했습니다. 이렇게 배부하다 보면 정교함이 떨어집니다. '어차피 냉면집이 한 달에 제조경비 1,500만 원을 사용하는 건 변함없는 사실인데 굳이 정교할 필요가 있을까?'라고 생각한 분들도 있을 것입니다. 그런데 물냉면과 비빔냉면을 각각 요리사 1명이 도맡아 만들고 냉면집 사장님은 이들에게 성과에 따른 보너스를 준다고 가정해보면 이 배부 기준을 어떻게 하느냐에 따라 서로 민감해질 수밖에 없을 것입니다.

판매량 기준으로 제조경비를 배부하면 물냉면, 비빔냉면 모두 원가가 8,000원이지만 투입 시간 기준으로 배부하면 비빔냉면이 물냉면보다 원가가 1,250원 비싸기 때문에 판매가격도 물냉면보다 높게 책정되어야 할 것입니다. 비빔냉면 요리사는 제조경비를 이렇게 단순하게 배부하는 것이 못마땅할 수도 있죠. 그러니 큰 기업들은 오죽할까요?

제조경비를 어떻게 배부하느냐에 따라 제품가격이 바뀝니다. 그리고 제품별, 부서별 성과 평가가 완전히 달라질 수 있어 더욱 정교함이 요구됩니다. 과거에는 이 제조경비를 판매량, 제조 시간 등 단순 지표로 배부했는데, 요즘에는 기업들이 이 제조경비를 정말 자세하게 배부하려고 합니다. 여기서 나오는 배부 기법을 'ABC'라고 합니다. ABC는

'Activity Based Costing'의 약어로, 우리말로는 '활동원가계산'입니다. 다시 냉면집 사례를 보겠습니다. 제조경비 1,500만 원을 배부하려고 하는데 물냉면과 비빔냉면은 만드는 과정 자체가 다르니 각 요리사의 활동도 다를 수밖에 없습니다. 물냉면은 육수가, 비빔냉면은 양념이 생명이기 때문에 각자 영업 전날부터 많은 공을 들입니다. 즉 면을 뽑아 미리 준비한 육수와 양념으로 만드는 과정이야 복잡할 게 없지만, 그 전에 준비하는 시간이 꽤 오래 걸립니다. 그 부분에서 발생하는 활동들을 찾아 활동별로 배부하는 것이 더 합리적입니다. 그래서 활동원가계산이라는 것이 생겨난 거죠.

활동원가계산 적용 사례

이 냉면집은 최고의 맛을 내기 위해 각 요리사가 영업 전날 새벽에 재래시장에 방문해 신선한 재료를 사오는 것부터 시작됩니다. 사온 재료를 손질하고, 각각 육수와 양념을 만듭니다. 그리고 영업 당일 미리 준비한 재료와 실시간으로 뽑은 면을 이용해 최종 제품을 만듭니다. 즉 총 4가지 활동으로 나눌 수 있습니다.

활동원가계산을 위한 활동 분류

활동 분류	활동별 원가율
재료 구매	시간당 2만 5,000원
재료 손질	
육수 및 양념 제조	
당일 냉면 제조	

냉면집 사장님은 물냉면 요리사와 비빔냉면 요리사의 시간당 원가를 차별 없이 2만 5,000원으로 책정했습니다. 각 요리사의 한 달 활동 시간을 집계하니 다음과 같습니다.

각 요리사의 한 달간 활동 시간

구분	물냉면 요리사	비빔냉면 요리사	합계
재료 구매	50시간	75시간	125시간
재료 손질	50시간	75시간	125시간
육수 및 양념 제조	80시간	80시간	160시간
당일 냉면 제조	90시간	100시간	190시간
합계	270시간	330시간	600시간

시간당 2만 5,000원의 활동별 원가를 각 요리사의 활동 시간에 곱해 원가를 배부하면 다음과 같습니다.

각 요리사의 활동 시간별 활동 원가

구분	물냉면 요리사	비빔냉면 요리사	합계
재료 구매	125만 원	187만 5,000원	312만 5,000원
재료 손질	125만 원	187만 5,000원	312만 5,000원
육수 및 양념 제조	200만 원	200만 원	400만 원
당일 냉면 제조	225만 원	250만 원	475만 원
합계	675만 원	825만 원	1,500만 원

이렇게 제조경비를 배부하는 것에 대하여 두 요리사의 이견이 없어 냉면집 사장님은 이를 냉면 원가 계산 방식으로 선정했습니다. 이제 제품별 원가를 다시 계산해보면 다음과 같습니다.

물냉면과 비빔냉면의 제품별 원가

구분	물냉면(200g, 1인분)	비빔냉면(200g, 1인분)
재료비	5,000원	5,000원
제조경비	2,250원*	4,125원**
원가합계	7,250원	9,125원

* 675만 원/3,000그릇
** 825만 원/2,000그릇

냉면집 사장님은 이 원가표를 근거로 판매가격을 다시 짜려고 합니다. 그런데 변수가 몇 가지 더 있습니다. 비빔냉면 원가가 비싸다고 가격을 많이 올리면 판매량이 떨어질 가능성이 있습니다. 그리고 두 요리사의 근무 시간을 고려하면 한 달에 판매하는 양도 무한정 늘릴 수 없습니다. 그래서 이런저런 점을 고려해 판매가격을 결정하기로 했습니다. 중요한 건 이렇게 합리적으로 결정하는 것이 조직 내부의 불만을 최소화할 수 있고, 실적 관련 의사결정을 할 때 큰 도움이 된다는 겁니다. 그래서 많은 기업이 활동원가계산으로 간접비를 배부하는 것을 선호합니다.

잠깐만요 활동원가계산 도입 시 주의해야 할 점

많은 기업이 활동원가계산을 도입하면서 가장 많이 겪는 애로 사항은 아무래도 부서 간 또는 담당자 간의 이견 발생입니다. 원가를 어떻게 계산하는가에 따라 부서 또는 개인의 성과 평가에 영향을 미칠 수 있기 때문이죠. 그리고 회사가 원가를 잘못 계산하면 회사 전체 손익에 악영향을 미치는 문제가 발생할 수도 있습니다.

따라서 이 제도를 도입할 때는 활동분석(Activity Analysis)에 가장 심혈을 기울여야 합니다. 해당 활동과 관련된 부서의 담당자나 관리자와 반드시 면담을 진행하고, 설문조사, 프로세스에 대한 관찰, 과거 데이터 분석 등을 통해 배부 기준을 정해야 합니다.

전사의 이익을 해치지 말아야 하고 부서 간 불화나 손해 없이 배부 기준을 정해야 하다 보니 계산 방식 자체는 어렵지 않은데, 실무적으로 부딪치는 문제들을 풀어가는 것이 너무나 어렵고 중요합니다.

042 손익분기점을 계산해봅시다

회계 무작정 따라하기

이익과 손실을 나누는 기준

손익분기점이란, 한 회계 기간 동안 발생한 수익이 총비용과 일치하는 수량을 의미합니다. 즉 이익도, 손실도 나지 않는 본전의 수량이라고 보면 됩니다.

냉면집 사장님은 한 달에 1,500만 원의 고정비가 발생하고 물냉면과 비빔냉면의 원재료비가 5,000원씩 발생하는 상황에서 손익분기점을 계산해보기로 했습니다. 각각의 냉면가격을 조정하기 전에 1만 원에 팔고 있었으니 이 기준으로 계산하겠습니다. 한 달에 몇 그릇을 팔아야 손익분기점, 즉 본전일까요?

냉면 한 그릇을 판매할 때마다 발생되는 마진은 5,000원입니다. 판매가격 1만 원에서 원재료비 5,000원을 뺀 수치입니다. 이 5,000원을 제품 단위당 공헌이익*이라고 합니다. 한 그릇을 판매할 때마다 냉면집에 5,000원의 이익을 공헌한다는 의미입니다.

냉면집은 한 달 동안 발생되는 고정비 1,500만 원을 건지려면 한 달간 최소 3,000그릇, 한 달을 30일이라고 하면 하루 평균 100그릇 이상 팔아야 한다는 계산이 나옵니다. 즉 3,001그릇부터 초과이익이 발생합니다.

> **알아두세요**
>
> **공헌이익**
> 수익에서 변동비를 뺀 금액을 말합니다. 제품 1개의 판매가격에서 단위당 변동비를 빼면 제품 단위당 공헌이익이 계산됩니다.
> 변동비는 판매량에 비례해 발생하지만 고정비는 판매량과 관계없이 발생되므로 제품 단위당 공헌이익과 고정비를 알면 손익분기점을 계산할 수 있습니다.

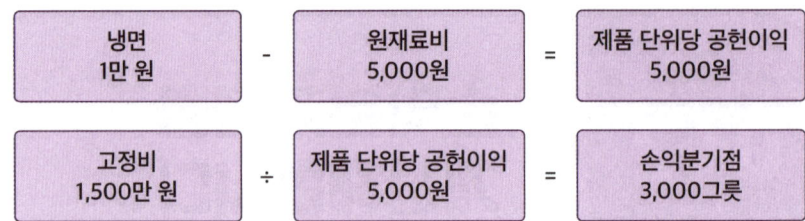

손실 방어막 안전한계

이 냉면집은 한 달에 5,000그릇 정도 팔리니 충분히 여유가 있습니다. 5,000그릇 기준으로 매출액은 5,000만 원이고, 손익분기점 매출액은 3,000만 원입니다. 실제 매출액이 손익분기점 매출액을 초과하는 2,000만 원을 '안전한계'라고 합니다. 손실을 발생시키지 않으면서 허용할 수 있는 매출액의 최대 감소액을 의미합니다.

손익분기 매출액	안전한계
손익분기점	실제 매출액

예를 들어 다음 달에 날씨가 서늘해지면 냉면 매출액이 4,000만 원으로 줄 것 같다고 해도 아직 1,000만 원의 여유가 있습니다. 만약 날씨가 추워져 매출이 3,000만 원 아래로 줄어든다면 냉면집 사장님은 심리적 여유가 없을 것입니다. 손익분기점을 넘기지 못하는 매출이 발생하기 시작하면서 안전한계가 없기 때문입니다.

판매가격을 결정하기 전에 판매량부터 예측해야 합니다. 그래야 고정비를 넘어설 정도의 마진을 확보하기 위해 판매가격을 얼마로 정할지 결정할 수 있습니다.

잠깐만요

신사업의 손익분기점 구하기

기업들은 신사업을 시작하기 전에 사업 계획을 짭니다. 신사업에 들어가는 투자액, 향후 발생될 것으로 예상되는 수익과 비용을 추정해봐야 득실을 따질 수 있습니다. 이때 작성하는 추정손익계산서는 일반적인 손익계산서의 모습과 다릅니다. 회사 내부 목적으로 쓰일 거라 그런 것도 있지만, 사업성이 있는지를 따져야 하는 것이 가장 큰 목적이기 때문에 세부 계정과목별 정밀한 추정을 요합니다.

비용 같은 경우에는 매출원가와 판매비와관리비를 변동비와 고정비 성격으로 나누어 분석하고 예상치를 계산합니다. 그래야 몇 년 내에 손익분기점에 도달할 것이라는 목표를 세우고, 투자 대비 어느 정도의 수익률을 올릴 수 있는지 예측할 수 있습니다.

예를 들어 인건비와 감가상각비가 대표적인 고정비라면 인건비는 임금상승률을 고려해야 하고, 사업 확장에 따른 추가 채용도 반영해야 합니다. 시간이 지나면서 구성원들의 승진에 따른 연봉 인상도 있을 테니 이런 점들도 숫자에 집어넣어야 합니다.

감가상각비는 시설투자비를 정액법이나 정률법으로 상각만 하면 되니 간단해 보일 수 있지만, 자산별 내용연수를 정해야 하고, 추후 사업 확장에 따른 추가 투자와 그에 따른 추가 감가상각비까지 계산해야 합니다.

전기요금, 통신비 같은 경우에는 사용량이 증가할수록 비용도 단계적으로 올라가는 성격이 있으니 그런 부분도 신경 써야 하고, 원재료비 같은 경우에는 리서치 자료를 통해 향후 원자재 가격이 어떻게 변할 것인지 고려해 예산을 잡아야 합니다.

이런 식으로 비용 추정이 끝나면 회사는 제품의 목표 판매가격, 목표 판매량 등을 정해야 합니다. 판매가격은 제조 원가에 원하는 마진을 붙여 결정하겠지만 은근히 고려할 것이 많습니다. 시장에서의 회사 위치와 예상 점유율, 경쟁 구조 등을 고려해야 적정 판매가격을 결정할 수 있습니다.

사업 초기에는 아무래도 회사의 신제품을 알리고 시장을 확장하는 것이 중요하므로 적자를 감수할 수밖에 없습니다. 그러나 일정 시점부터는 손익분기점을 돌파해 이익을 달성해야 합니다. 사업을 하다 보면 계획과 다르게 흘러갈 수도 있고, 계속해서 변수가 생기니 주기적으로 사업 계획을 업데이트할 필요가 있습니다.

이익을 늘리는 고정비 절감 효과

영업레버리지란?

지난달에 공헌이익이 5,000원인 냉면을 5,000그릇 팔았는데, 이번 달에는 날씨가 더 더워져 6,000그릇을 팔았습니다. 그렇다면 이 냉면집의 이익은 얼마나 늘었을까요? 고정비는 1,500만 원으로 변화가 없습니다. 먼저 직접 계산해보고 다음 답을 확인하기 바랍니다.

	구분	이번 달	지난달	증감	증감률
	매출액	6,000만 원	5,000만 원	1,000만 원	20%
−	재료비	3,000만 원	2,500만 원	500만 원	20%
=	공헌이익	3,000만 원	2,500만 원	500만 원	20%
−	고정비	1,500만 원	1,500만 원	−	0%
=	순이익	1,500만 원	1,000만 원	500만 원	50%
	순이익률	25%	20%	−	−

지난달에 비해 이번 달 매출액이 20% 늘어났습니다. 판매량 증가에 따라 재료비도 비례해 20% 늘어났습니다. 공헌이익 역시 20% 늘어날 수밖에 없습니다. 그런데 고정비는 변화가 없었습니다. 따라서 순이익은 50%나 늘어나는 결과를 가져옵니다.

매출액이 20% 늘어났는데 순이익이 50%나 늘어나니 냉면집 사장님은 일할 맛이 날 것입니다. 이렇게 고정비 비중이 큰 회사는 매출액 증가 폭보다 이익 증가 폭이 더 늘어나게 됩니다. 이를 '고정비 절감 효과'라고 합니다. 전문 용어로는 '영업레버리지'라고 하죠. 레버리지는 지렛대를 의미하므로 고정비가 지렛대 역할을 해 이익을 더 끌어올렸다는 취지로 이해하면 됩니다.

'빚 내서 집 사'라는 말이 한창 유행했을 때 레버리지 효과*라는 말이 유행하기도 했습니다. 고정금리로 주택담보대출을 받아 이자비용을 매년 일정 금액 이상 지불하는데, 집값은 천정부지로 뛰니 결국 내가 낸 이자비용보다 집값 상승 폭에서 발생하는 이익이 훨씬 크다는 의미겠죠.

고정비 절감 효과가 가장 크게 나타나는 업종은 단연 반도체 산업입니다. SK하이닉스의 비용을 살펴보면 변동비는 25% 정도이고, 고정비는 75%나 됩니다. 고정비 비중이 매우 크기 때문에 매출이 증가하면 영업이익이 더 크게 늘어나는 효과를 가져옵니다. 반도체 슈퍼사이클 시기가 찾아왔던 2017년의 손익을 2016년과 비교해보면 이익이 얼마나 크게 늘어났는지 체감할 수 있을 것입니다.

> **알아두세요**
>
> **레버리지 효과**
> 고정비 때문에 매출 증가율보다 이익 증가율이 커지는 현상으로, '고정비 절감 효과'라고도 합니다.
> 고정비는 매출액과 변동비가 증가하거나 감소하는 것과 상관없이 변하지 않습니다. 매출액과 변동비가 비례적으로 증가할 때 고정비는 변화가 없으므로 이익은 더 크게 증가합니다. 반대로 매출액과 변동비가 비례적으로 감소할 때 고정비는 변화가 없으므로 이익은 더 크게 감소합니다.

SK하이닉스의 2016~2017년 재무상태표

(단위: 백만 원)

구분	2017년	2016년	증감	증감률
매출액	30,109,434	17,197,975	12,911,459	75%
매출원가	12,701,843	10,787,139	1,914,704	18%
매출총이익	17,407,591	6,410,836	10,996,755	172%
판매비와관리비	3,686,265	3,134,090	552,175	18%
영업이익	13,721,326	3,276,746	10,444,580	319%

2016년 대비 2017년 매출액이 75%나 늘어났습니다. 그야말로 좋은 시절이었죠. 그런데 영업이익은 무려 319%나 늘어났습니다. 매출액이 75% 늘어도 고정비는 과거와 큰 차이 없이 그대로 쓰고 있으니 냉면집

사례처럼 이익이 크게 늘어나게 된 것입니다.

> **잠깐만요**
>
> ### 고정비의 종류
>
> 저희 동네 대로변에 있는 한 가게가 꽤 오랫동안 비어 있었습니다. 자리가 꽤 괜찮은데 경기가 워낙 좋지 않다 보니 임차인을 구하지 못한 것입니다. 문 앞에 '월세 500만 원'이라고 적혀 있었는데, 얼마 지나지 않아 400만 원으로 바뀌어 있었습니다. 그럼에도 공실은 오래 갔죠.
>
> 얼마 뒤에 보니 다행히 임차인을 구했는지 인테리어 공사가 한창이었고, 최근에 네일숍이 오픈을 했습니다. 지나가면서 내부를 슬쩍 보니 4명의 직원이 손님을 응대하고 있었습니다.
>
> 네일숍을 차린 사장님이나 저나 여러분이나 누구나 셈법은 비슷할 것입니다. 손님 한 명이 평균 4만 원을 쓴다고 했을 때 한 달 동안 몇 명의 고객이 찾아와야 본전을 뽑을 수 있을까요?
>
> 재료비가 매출액의 30% 정도 발생한다고 하면 고객 한 명당 2만 8,000원이 남으니 고객 수를 곱한 숫자가 임차료 400만 원, 상가 관리비, 직원 4명에 대한 급여 및 4대보험료 등 이상이어야 이익을 낼 수 있습니다. 여기서 재료비는 매출에 비례해 발생하는 변동비이고, 임차료, 관리비, 인건비 등은 매출과 상관없이 발생하는 고정비입니다.
>
> 제조업에서는 재료비를 제외하고 대부분의 비용이 고정비 성격을 갖습니다. 인건비, 감가상각비, 보험료, 수도광열비, 광고선전비, 세금 등이 대표적인 항목입니다.
>
> 소비재 기업들은 재료비 외에 판매수수료 같은 변동비도 있기 때문에 이를 제외하고 대부분의 비용이 고정비입니다. 화장품이나 의류 기업의 경우에는 이커머스 플랫폼이나 오프라인 쇼핑몰 등에서 제품이 팔릴 때마다 매출액 비례로 수수료를 내기 때문에 이 부분이 변동비가 됩니다. 그러나 기업 대 기업 간 거래를 하는 회사는 온오프라인 매장에 입점해 재화를 판매하는 행위를 하지 않으니 재료비만 변동비가 됩니다.

고정비를 줄일 수 없다면 판매량을 늘려라

만약 매출이 크게 감소한다면 어떻게 될까요? 당연히 고정비 부담이 따라올 텐데, 숫자로 계산해보면 체감도가 더 커질 것입니다. 냉면집이 지난달에 6,000만 원어치를 팔았는데, 이번 달에는 5,000만 원어치밖에 팔지 못했다고 가정하고 손익을 분석해보면 다음과 같이 계산됩니다.

구분	이번 달	지난달	증감	증감률
매출액	5,000만 원	6,000만 원	-1,000만 원	-17%
- 재료비	2,500만 원	3,000만 원	-500만 원	-17%
공헌이익	2,500만 원	3,000만 원	-500만 원	-17%
- 고정비	1,500만 원	1,500만 원	0	0%
순이익	1,000만 원	1,500만 원	-500만 원	-33%

매출은 17% 감소했는데 고정비 부담으로 순이익은 33%나 감소하는 효과를 가져옵니다. 고정비가 어느 정도 발생하는 사업장에서는 매출 감소로 인한 이익 감소가 생각보다 크다는 것을 알 수 있습니다. 그래서 고정비 부담이 크면 원가를 절감하기보다는 판매량 증가로 인한 이익 증가를 누리기 위해 판매 전략을 새롭게 짤 필요가 있습니다.

SK하이닉스는 2018년까지 좋은 시절을 보냈습니다. 그런데 2019년부터 반도체 슈퍼사이클이 꺾이고 말았습니다. 그 당시 손익을 비교해보면 확 와닿을 것입니다.

SK하이닉스의 2018~2019년 재무상태표

(단위: 백만 원)

구분	2019년	2018년	증감	증감률
매출액	26,990,733	40,445,066	-13,454,333	-33%
매출원가	18,825,275	15,180,838	3,644,437	24%
매출총이익	8,165,458	25,264,228	-17,098,770	-68%
판매비와관리비	5,452,740	4,420,478	1,032,262	23%
영업이익	2,712,718	20,843,750	-18,131,032	-87%

매출액이 33% 감소했는데 영업이익은 무려 87%나 감소했습니다. 20조 원대 영업이익이 1년 만에 2조 7,000억 원대로 내려앉았습니다. 매출원가와 판매비와관리비 증가가 일부 있었지만, 고정비 자체가 큰 기업이기 때문에 이런 매출 감소는 엄청난 이익 감소를 불러일으킵니다.

워낙 사이클 변동이 큰 업종이기 때문에 손익도 크게 움직입니다. SK하이닉스의 실적은 그 이후에 다시 좋아졌지만 2023년에 또다시 큰 폭의 매출 감소를 겪었습니다. 그래서 2023년에는 7조 원이 훨씬 넘는 영업적자를 기록했습니다. 하지만 2024년에는 고대역폭메모리(HBM)의 판매 급증으로 매출액이 2배 이상 증가하면서 23조 원이 넘는 사상 최대 영업이익을 달성했습니다.

기업마다 변동비와 고정비 비중이 다릅니다. 변동비 비중이 큰 기업은 고정비 비중이 작기 때문에 일정 수준 이상의 판매량만 도달하면 손익분기점을 돌파할 수 있습니다. 고정비 비중이 큰 기업은 무조건 많이 팔아야 이익을 낼 수 있습니다. 회사마다 비용 구조가 다르니 사업 전략도 달라집니다. 따라서 회사의 비용 구조를 정확히 파악해 비용 절감 전략을 세울 필요가 있습니다.

원재료비 부담이 큰 기업은 기술개발을 통해 재료 배합이나 제조 공정 관련 개선 사항을 고민해야 합니다. 고정비 부담이 큰 기업은 인력, 시설 장치, 공간 관련 재배치나 효율적인 운영 방안을 생각해야 합니다. 그래서 기업에서 원가관리회계 내공이 쌓인 사람이 빛을 보는 것입니다.

> **잠깐만요**
>
> **이익을 늘리기 위해 줄여야 하는 것들**
>
> 이익을 늘리려면 매출을 증가시키거나 비용을 줄여야 합니다. 기업은 매출을 더 늘리는 데 한계가 있거나 시장의 경쟁이 치열해 판매량이 변화가 없다면 비용 절감을 고민합니다.
>
> 비용을 줄이는 가장 쉽고 단순한 방법으로는 인력 감축, 복리후생 감축, 경비 통제 등이 있습니다. 하지만 이런 방법들은 직원들의 사기 저하와 우수 인력의 이직으로 이어질 가능성이 크므로 장기적으로 좋은 방법이 아닙니다.
>
> 그래서 기업들은 이런 방법을 사용하기 전에 전략적 비용 절감부터 고려합니다. 예를 들어 실내외 모든 전등을 LED로 교체하는 식의 에너지 관련 비용 절감을 모색하거나 생산 및 사무 공간의 효율적 운영 여부를 검토합니다. 조직을 개편해 적재적소에 인력이 투입되도록 하고, 나아가 생산이나 운영 프로세스를 재설계하거나 판매 및 공급망을 혁신함으로써 비용 절감 요인을 찾습니다.

제품 판매가격을 결정합시다

회계 무작정 따라하기 **044**

최소 판매가격 구하기

원가관리회계를 열심히 공부한 굿바디주식회사의 박득근 대표는 제품 판매가격을 조정해야겠다고 생각했습니다. 그래서 주력 제품인 다이어트 일주일 치 식단의 변동비와 회사 고정비를 정리해보았습니다.

- **변동비**: 원재료비 6만 원, 판매수수료 2만 원
- **고정비**: 인건비, 감가상각비, 임차료 등 월 3,000만 원

월 판매량이 6,000개로 예상된다면 제품을 얼마 이상에 판매해야 할까요? 변동비 8만 원은 판매량에 비례해 발생할 것입니다. 고정비 3,000만 원은 판매량과 관계없이 발생하니 많이 팔아야 고정비 절감 효과를 누릴 수 있을 것입니다. 월 판매량 6,000개 기준 제품 단위당 고정비는 5,000원입니다. 그렇다면 회사는 이 제품을 최소 8만 5,000원 이상에 팔아야 한다는 계산이 나옵니다. 이 금액 위에서 마진을 붙여 판매해야 이익을 남길 수 있습니다.

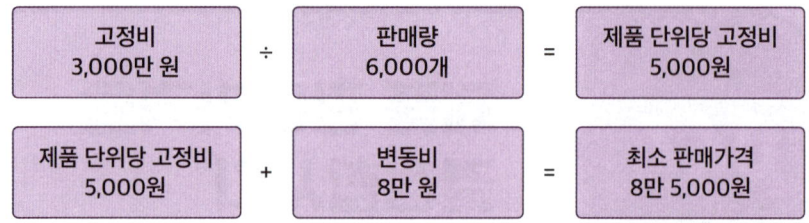

만약 월 판매량이 8,000개로 예상된다면 제품을 얼마 이상에 판매해야 할까요? 변동비 8만 원은 변함이 없는 숫자입니다. 단위당 고정비는 많이 줄어들 것으로 예상되네요. 계산해보면 월 판매량 8,000개 기준으로 제품 단위당 고정비는 3,750원입니다. 그렇다면 회사는 이 제품을 최소 83,750원 이상에 팔아야 한다는 계산이 나옵니다. 이 금액 위에서 마진을 붙여 판매해야 이익을 남길 수 있습니다.

박득근 대표는 제품 판매가격을 10만 원으로 책정했습니다(부가가치세 제외). 월 판매량 6,000개 기준으로 제품당 1만 5,000원의 이익을 남길 예정입니다. 판매가격 10만 원 대비 이익률은 15%로 계산되네요.

박득근 대표는 판매량이 8,000개로 늘어 고정비 절감 효과가 발생한다 해도 판매가격을 변동하지 않을 생각입니다. 판매가격을 자주 바꾸면 소비자들이 혼란스러워할 수도 있기 때문이죠. 대신 일정 이익을 남기는 선에서 절감된 고정비만큼을 마케팅에 사용할 계획입니다. 구독형 서비스에 신규 가입한 회원을 대상으로 할인을 해준다거나 기존 고객들에게 신제품을 서비스로 제공하는 식으로요. 결국 이런 서비스를 할 때도 돈이 들어가는데, 이왕이면 비용 절감을 통해 하는 것이 좋겠죠?

045 적자가 나는데 계속 팔아야 할까요?

회계 무작정 따라하기

고정비는 사라지지 않는다

굿바디주식회사는 다이어트 일주일 치 식단 외에 단품 사업부도 운영하고 있습니다. 그곳에서는 닭가슴살 샌드위치와 닭가슴살 또띠아랩을 만들어 판매하고 있죠. 샌드위치는 이익을 창출하고 있지만, 또띠아랩은 적자를 면치 못하고 있습니다. 그래서 박득근 대표는 또띠아랩 생산 중단을 고민하고 있습니다. 다음은 두 제품의 한 달간 영업실적입니다.

구분	닭가슴살 샌드위치	닭가슴살 또띠아랩	합계
매출액	1억 원	6,000만 원	1억 6,000만 원
− 원재료비(변동비)	4,000만 원	2,400만 원	6,400만 원
− 판매수수료(변동비)	1,200만 원	720만 원	1,920만 원
= 공헌이익	4,800만 원	2,880만 원	7,680만 원
− 제조 원가(고정비)	2,000만 원	2,500만 원	4,500만 원
− 판매비(고정비)	600만 원	400만 원	1,000만 원
= 영업이익(손실)	2,200만 원	−20만 원	2,180만 원

굿바디주식회사 단품 사업부는 샌드위치를 통해 한 달에 2,200만 원의 영업이익을 창출하지만 또띠아랩으로 20만 원의 손실이 발생하고 있기 때문에 사업부 전체 이익을 놓고 보면 또띠아랩이 정리 대상으로 보입

니다. 또띠아랩을 정리하면 이 사업부의 이익은 정말 증가할까요?

정답은 '아니오'입니다. 또띠아랩을 정리하면 오히려 사업부 손실이 더 커집니다. 매출액 6,000만 원이 감소할 것이고, 원재료비와 판매수수료 2,400만 원과 720만 원이 감소할 겁니다. 즉 공헌이익 2,880만 원이 사라집니다.

그런데 고정비 제조 원가 2,500만 원과 판매비 400만 원은 감소하지 않습니다. 이 사업부 전체 고정비를 이 제품에 배부했기 때문입니다. 또띠아랩을 정리하면 여기에 배부한 고정비 모두가 샌드위치로 배부될 것입니다. 고정비는 회피 불가능한 원가이기 때문입니다.

구분	닭가슴살 또띠아랩	
매출액	6,000만 원	
- 원재료비(변동비)	2,400만 원	
- 판매수수료(변동비)	720만 원	
= 공헌이익	2,880만 원	→ 사라짐
- 제조 원가(고정비)	2,500만 원	} 사라지지 않음
- 판매비(고정비)	400만 원	

단품 사업부가 또띠아랩을 정리하고 샌드위치만 생산한다고 가정해 손익을 뽑아보면 다음과 같습니다.

구분	닭가슴살 샌드위치	
매출액	1억 원	
- 원재료비(변동비)	4,000만 원	
- 판매수수료(변동비)	1,200만 원	
= 공헌이익	4,800만 원	
- 제조 원가(고정비)	4,500만 원	} 또띠아랩으로 분산되어 있던 고정비가 다시 합산됨
- 판매비(고정비)	1,000만 원	
= 영업이익(손실)	-700만 원	

또띠아랩을 정리함으로써 2,200만 원의 이익을 누릴 것으로 기대했으나 700만 원의 손실이 발생하게 됩니다. 상황이 이러하면 정리를 하지 않는 게 좋겠죠? 즉 제품 생산으로 공헌이익을 창출하는 한, 생산을 유지하는 것이 바람직한 의사결정입니다.

제품 생산을 중단해야 하는 때

복수의 사업을 하거나 여러 제품을 만드는데 한두 개가 적자라 해도 공헌이익이 창출되는 한, 생산을 유지하는 것이 바람직하다는 사실을 확인했습니다. 그러면 제품 생산을 완전히 중단하거나 사업을 철수하는 의사결정은 언제 해야 할까요?

당연히 공헌이익도 창출하지 못할 때입니다. 변동비도 건지지 못하는데 고정비까지 추가되면 손실은 눈덩이처럼 불어나니까요. 또는 이익을 낼 수 있는 신제품을 개발하거나 신사업을 추진하면서 적자 제품에 투입되는 고정비를 그대로 쓸 수 있다면 기존 적자 사업을 폐지하는 게 당연할 것입니다.

기업들이 사업부를 정리하거나 제품을 단종시킬 때는 이렇게 공헌이익과 기회비용*을 고려해 의사결정을 할 수밖에 없습니다.

 알아두세요

기회비용

기회비용은 회계상으로 발생한 비용이 아닙니다. 이는 '1안을 선택하기 위해 포기했던 2안, 3안 등의 선택으로 얻을 수 있는 이익'으로 설명되는 경제학 개념입니다. 예를 들어 야구를 매우 잘하는 고3 선수가 국내 프로구단(2안)이나 메이저리그(3안)로 가지 않고 대학교에 진학(1안)한다면 2안, 3안 등에서 얻을 수 있는 이익 수십억 원을 포기했다고 볼 수 있습니다.

이윤 추구를 목표로 하는 기업은 기회비용에 매우 민감합니다. 더 큰 이익을 낼 수 있는 기회가 보이면 지지부진한 기존 사업을 과감히 정리할 것입니다. 그렇게 하지 않으면 현재 이익뿐 아니라 미래에 발생할 수 있는 이익까지 다 포기하는 결과를 가져오게 됩니다.

046 어떤 제품을 주력으로 팔아야 할까요?

시간당 공헌이익을 살펴보자

닭가슴살 샌드위치와 닭가슴살 또띠아랩의 제품 단위당 공헌이익과 시간당 생산량은 다음과 같습니다.

구분		닭가슴살 샌드위치	닭가슴살 또띠아랩
	제품 단위당 판매가격	5,000원	6,000원
−	제품 단위당 재료비	2,000원	2,400원
−	제품 단위당 판매비	600원	800원
=	제품 단위당 공헌이익	2,400원	2,800원
	시간당 생산량	800개	400개

샌드위치는 하나 팔릴 때마다 2,400원의 공헌이익이 발생하는 반면, 또띠아랩은 2,800원의 공헌이익을 창출합니다. 또띠아랩의 마진이 좋으니 이 제품을 주력으로 팔아야겠다는 생각이 듭니다. 그런데 시간당 생산량을 보면 샌드위치가 또띠아랩의 2배나 됩니다. 그렇다면 1시간에 벌어들이는 공헌이익은 샌드위치는 192만 원, 또띠아랩은 112만 원입니다. 우리는 누구나 법정 근로 시간 내에만 일을 하는 것을 원칙으로 하므로 이렇게 자원이 제약되어 있을 때는 그 조건에서 최선의 의사결정을 해야 합니다.

① 닭가슴살 또띠아랩을 증산하는 경우

또띠아랩의 제품 단위당 공헌이익이 더 크니 이 제품을 증산하기로 결정한다면 어떻게 될까요? 또띠아랩 1개를 증산하기 위해서는 샌드위치 2개를 감산해야 합니다. 즉 2,800원의 공헌이익을 더 창출하기 위해 4,800원(샌드위치 단위당 공헌이익 2,400원×2개)을 포기해야 합니다. 그러면 1시간 동안 2,000원의 손실이 발생합니다. 좋은 의사결정이 아닙니다.

② 닭가슴살 샌드위치를 증산하는 경우

1시간당 공헌이익이 큰 샌드위치를 증산하기로 결정한다면 어떻게 될까요? 샌드위치 1개를 증산하기 위해 포기해야 하는 또띠아랩은 0.5개입니다. 즉 2,400원의 이익이 증가하고, 1,400원(또띠아랩 단위당 공헌이익 2,800원×0.5개)의 이익을 포기하므로 1,000원의 이익이 증가합니다.

결론적으로 또띠아랩의 제품 단위당 공헌이익이 크다 해도 시간당 공헌이익이 더 좋은 샌드위치를 증산하는 것이 현명한 의사결정입니다.

알쏭달쏭 회계 퀴즈

▼Q1 냉면집 순이익을 계산해보세요.

> 냉면집의 한 달 제조경비의 총합은 1,500만 원이고, 1시간 동안 물냉면은 15그릇, 비빔냉면은 10그릇을 만들 수 있습니다. 이번 달 판매량이 물냉면은 3,000그릇, 비빔냉면은 2,000그릇이라고 할 때 각각의 조건에서 순이익을 계산해보세요.

① 제조경비를 판매량 기준으로 배부할 때

물냉면과 비빔냉면의 판매가격은 모두 9,600원이고, 재료비는 물냉면 5,000원, 비빔냉면 4,000원입니다.

구분	물냉면(3,000그릇)	비빔냉면(2,000그릇)	합계(5,000그릇)
매출액			
재료비			
공헌이익			
공헌이익률(공헌이익/매출액)			
제조경비			
순이익			
순이익률			

② 제조경비를 투입 시간 기준으로 배부할 때

물냉면과 비빔냉면의 판매가격은 모두 9,600원이고, 재료비는 물냉면 5,000원, 비빔냉면 4,000원입니다.

구분	물냉면(3,000그릇)	비빔냉면(2,000그릇)	합계(5,000그릇)
매출액			
재료비			
공헌이익			
공헌이익률(공헌이익/매출액)			
제조경비			
순이익			
순이익률			

▼정답

① 제조경비를 판매량 기준으로 배부할 때

구분	물냉면(3,000그릇)	비빔냉면(2,000그릇)	합계(5,000그릇)
매출액	2,880만 원	1,920만 원	4,800만 원
재료비	1,500만 원	800만 원	2,300만 원
공헌이익	1,380만 원	1,120만 원	2,500만 원
공헌이익률(공헌이익/매출액)	48%	58%	52%
제조경비	900만 원	600만 원	1,500만 원
순이익	480만 원	520만 원	1,000만 원
순이익률	16.7%	27.1%	20.8%

② 제조경비를 투입 시간 기준으로 배부할 때

구분	물냉면(3,000그릇)	비빔냉면(2,000그릇)	합계(5,000그릇)
매출액	2,880만 원	1,920만 원	4,800만 원
재료비	1,500만 원	800만 원	2,300만 원
공헌이익	1,380만 원	1,120만 원	2,500만 원
공헌이익률(공헌이익/매출액)	48%	58%	52%
제조경비	750만 원	750만 원	1,500만 원
순이익	630만 원	370만 원	1,000만 원
순이익률	21.9%	19.3%	20.8%

▼해설   비빔냉면의 원재료 가격이 물냉면보다 1,000원 싸기 때문에 공헌이익률이 높습니다. 비빔냉면 판매량이 물냉면보다 1,000그릇이 적지만 제조경비를 판매량 기준으로 배부하다 보니 고정비 부담이 적어 순이익은 오히려 비빔냉면이 물냉면보다 더 많습니다.

그러나 제조경비를 투입 시간 기준으로 배부하면 물냉면은 한 달 동안 200시간(3,000그릇/시간당 15그릇), 비빔냉면도 한 달 동안 200시간(2,000그릇/시간당 10그릇)이 투입되어 제조경비는 각각 반씩 배부됩니다. 그렇게 되면 물냉면의 순이익이 비빔냉면의 순이익보다 많아지고 순이익률도 올라갑니다. 고정비를 똑같이 750만 원씩 쓰는 상황에서 판매량이 많은 물냉면에서 레버리지 효과가 발생하기 때문입니다.

만약 냉면집 사장님이 이익극대화를 위해 두 메뉴 중 하나에만 집중해야 한다면 물냉면과 비빔냉면 중 무엇을 더 많이 팔아야 할까요? 정답은 비빔냉면입니다. 제조경비 1,500만 원은 회피 불가능한 비용이기 때문에 공헌이익률이 높은 제품을 많이 판매하는 것이 냉면집에 도움이 되기 때문입니다.

어쩌면 우리가 처음 방문한 식당에서 무엇을 먹어야 할지 몰라 사장님에게 요리를 추천해달라고 요청하면 공헌이익률이 높은 메뉴를 소개받을지도 모릅니다.

047	기업도 투자 성향에 따라 투자합니다
048	예적금에 투자합니다
049	주식과 채권에 투자합니다
050	부동산에 투자합니다

일곱째 마당

자금을 운용해 투자할 때

회계 무작정 따라 하기

> 회계 이야기

기업이 자금을 운용하는 방법

우리는 소득에서 생활비를 쓰고 남은 돈을 저축합니다. 하지만 금리가 너무 낮죠. 예금금리 3%를 주는 곳을 찾아 1억 원을 저축한다 해도 연이자는 300만 원이 채 안 됩니다. 세금으로 15.4%를 떼어가니까요.

그래서 여러 투자처를 찾게 됩니다. 요즘은 주식, 채권, ETF만 해도 국장과 미장으로 구분할 정도이니 정말 돈 굴릴 곳이 많습니다. 낮에는 한국 주식에, 밤에는 미국 주식에 투자하고, 여기에 코인투자까지 하는 사람들은 밤낮, 주중, 주말 구분이 없을 것입니다.

이런 상품에 투자하면 하루아침에 수십 퍼센트 수익을 낼 수도 있습니다. 하지만 반대로 하루아침에 그만큼 날릴 수도 있죠. 그래서 재테크를 하기 전에는 정말 많은 공부를 해야 합니다. 정치, 경제뿐 아니라 우리가 지금 배우고 있는 회계도 필수 과목이죠. 기업의 재무 상태와 손익을 알아야 거래되고 있는 주식의 가격이 싼지 비싼지 판단할 수 있습니다.

기업도 마찬가지입니다. 수익에서 비용을 쓰고 남은 돈을 저축하는데, 그 전에 돈 나갈 곳이 있으니 그것부터 해결해야 합니다. 가장 먼저 회사의 기계장치나 시설장치에 대한 투자부터 해야겠죠? 내년에도 제품을 많이 만들어 팔려면 오래된 기계를 좋은 기계로 대체해야 합니다. 공장을 증설하는 경우도 있으니 이런저런 곳에 돈이 많이 들어갑니다. 그리고 은행 대출을 갚아야 합니다. 주주들이 회사 설립과 운영에 도움을 주고 있으니 배당금도 챙겨주면 좋겠죠? 즉 유형자산 취득, 차입금 상환, 배당금 지급 등을 한 뒤 남은 돈을 굴릴 것입니다.

대부분의 기업은 힘들게 번 돈이고, 주주들의 출자로 만들어진 회사이기 때문에 여유자금을 안정적으로 운용합니다. 물론 공격적으로 운용하는 기업도 일부 있습니다. 하지만 이는 매우 위험합니다. 코스닥의 모 회사는 여유자금의 80% 이상을 미국 기업 주식에 몰빵했다가 2022년 주가 하락 때 반토막이 나기도 했습니다.
자금을 안정적으로 운용하는 기조는 변함없지만 워낙 예금금리가 낮다 보니 많은 기업이 일정 여유자금은 주식과 채권, 부동산 등에 투자합니다.

이와 같이 여러 금융자산을 취득할 때, 시가로 평가할 때 그리고 처분할 때 어떻게 회계 처리를 해야 하는지 알아보도록 하겠습니다.

047 기업도 투자 성향에 따라 투자합니다

기업마다 다른 투자 성향

경제활동을 하고 있는 사람이라면 "주식하세요?", "코인하세요?", "재테크하세요?"와 같은 질문을 한 번쯤 받아보았을 것입니다. 언제부터인지 모르지만 주식과 코인 같은 위험자산에 비중을 꽤 실은 분도 있을 것이고, 자산시장이 붕괴하기 시작할 때 투자를 시작한 분도 있을 것입니다. 반대로 자산시장 분위기가 뜨거울 때 뒤늦게 투자를 시작했다가 가격이 하락해 낭패를 본 분들도 있을 것 같네요.

재테크를 하기 전에는 반드시 개인의 투자 성향을 파악해야 합니다. 사람마다 투자 성향이 다르기 때문이죠. 위험을 받아들이면서 높은 수익을 추구하는 투자자도 있고, 힘들게 번 돈을 날리고 싶지 않아 안전을 추구하는 투자자도 있습니다. 그래서 증권사 계좌를 만들고 회원가입을 할 때 투자자 정보확인서를 작성하면서 자신의 투자 성향을 파악해야 합니다.

위험을 받아들이는 정도에 따라 공격투자형, 적극투자형, 위험중립형, 안정추구형, 안정형으로 나뉩니다. 안정형 성향을 보이는 사람에게 주식과 코인 이야기를 하면 관심이 없겠지만, 공격형 투자자에게는 온갖 파생상품뿐 아니라 미수에 신용까지 써 비우량주에 몰빵했던 전설 같은 이야기를 많이 들을 수 있습니다.

정말 공격적인 투자자가 아니라면 원금이 보장되지 않는 금융자산에 투자할 때는 여윳돈으로만 투자해야 합니다. 그래야 손실을 입었을 때

타격이 덜합니다. 그 타격도 받기 싫다면 원금이 보장되는 예금, 적금 위주로 선택하는 것이 좋습니다.

기업도 마찬가지입니다. 사업해서 힘들게 번 돈을 원재료 매입이나 경비 지출 등 운영자금에 투입하거나 유·무형자산에 투자하고, 대출을 상환하는 데부터 씁니다. 그래도 돈이 남거나 당분간 큰돈이 들어갈 일이 없어 돈을 굴려야겠다 싶을 때만 자금을 운용합니다.

기업이 주식이나 파생상품에 투자해 큰돈을 벌겠다고 대출을 받는 경우는 없습니다. 그리고 개인처럼 신용이나 미수도 당연히 쓰지 않습니다. 주주들이 출자해 만든 회사이기 때문에 사업뿐 아니라 자금 운용에도 신중할 수밖에 없습니다. 회사의 손해는 결국 주주의 손해이기 때문이죠. 그러다 보니 많은 기업이 안정적인 예금, 적금 위주로 돈을 굴리고, 경우에 따라서는 주식과 채권 같은 위험상품을 운용하기도 합니다. 상장 기업 중 엔씨소프트 같은 유명 게임 회사의 재무상태표를 보면 돈이 굉장히 많이 쌓여 있는 것을 확인할 수 있습니다. 제조업이 아니기에 생산활동을 하지 않으니 유형자산에 투자를 많이 하지 않기 때문입니다. 네이버, 카카오 같은 기업들도 마찬가지겠죠?

엔씨소프트의 재무상태표

(단위: 백만 원)

유동자산	1,780,032
현금및현금성자산	949,375
단기금융상품·단기투자자산	529,871
매출채권	213,421
기타채권	47,860
기타유동자산	39,505
비유동자산	2,223,677
장기투자자산	819,311
유형자산	998,392
무형자산	102,338

투자부동산	87,793
기타비유동자산	215,843
자산총계	**4,003,709**

유동자산에 현금및현금성자산이 949,375백만 원, 단기금융상품(예적금)·단기투자자산(주식, 채권)이 529,871백만 원 있습니다. 비유동자산에는 장기투자자산(주식, 채권)이 819,311백만 원, 투자부동산이 87,793백만 원 있습니다. 다 합치면 2,386,350백만 원으로, 전체 자산 중 60%나 됩니다.

재무제표 주석사항을 통해 이 계정과목들을 자세히 뜯어보면 은행에 예치된 예적금이 1,282,738백만 원, 주식, 채권, 수익증권 등이 1,015,819백만 원입니다. 무위험상품으로 간주되는 예적금이 위험상품보다 비중이 조금 더 높다는 것을 알 수 있습니다.

엔씨소프트처럼 무위험상품과 위험상품의 비중이 크게 차이가 나지 않는 기업도 있지만, 위험상품에 집중투자하는 기업도 있습니다.

상장 기업 중에 조광피혁이라는 회사가 있습니다. 자산총액이 5,000억 원 정도인데, 자금 운용 규모가 무려 3,000억 원이 넘습니다. 자동차 시트나 신발, 핸드백에 들어가는 피혁 원단을 만드는 제조업이지만 시설 투자에 큰돈이 들어가지 않아 운용 규모가 조금 큽니다.

조광피혁의 재무상태표

(단위: 백만 원)

유동자산	108,901
현금및현금성자산	62,210
매출채권 및 기타채권	15,227
재고자산	28,072
기타유동자산	3,392
비유동자산	482,661

금융자산	386,063
유형자산	24,829
무형자산	3
투자부동산	71,139
기타비유동자산	627
자산총계	591,562

유동자산에 현금및현금성자산이 62,210백만 원, 비유동자산에 금융자산(주식, 채권)이 386,063백만 원, 투자부동산이 71,139백만 원 있습니다. 전체 자산 591,562백만 원 중 이들 자산의 비중은 무려 88%나 됩니다.

유형자산과 무형자산보다 투자자산이 더 많은데, 운용 방식은 매우 심플한 편입니다. 은행에 예치한 62,210백만 원을 제외하고는 모두 주식, 채권, 부동산입니다.

재무제표 주석사항에서 금융자산 내역을 찾아보면 미국 주식에 2,700억 원 이상 투자했고, 나머지는 모두 국내 상장주식에 들어가 있습니다. 회사의 주식투자 실력이 좋아 자산이 조금씩 조금씩 늘어납니다. 공격적인 투자 성향을 갖고 있는데 운용을 잘하니 회사 주주들도 좋아할 것 같네요.

이렇게 회사마다 운용하는 자산의 종류가 제각각입니다. 모두 저마다의 성향에 따라 결정하죠. 대부분의 상장 기업은 보수적인 성향이 크다 보니 많은 돈을 은행에 예치해놓습니다. 기아 같은 경우에는 여유자금이 20조 원이 넘는데, 17조 원가량을 은행 예금과 적금으로 갖고 있습니다. 업력이 80년이 넘다 보니 보수적인 기조가 조금 있겠지만, 40만 명의 주주가 만든 회사이기에 운용에 신중할 수밖에 없을 것입니다. 열심히 사업을 해서 실적을 냈는데 그걸 투자 손실로 까먹으면 안 되니까요.

지금부터는 기업들이 다양한 방식으로 여유자금을 운용할 때 어떻게 회계 처리를 하는지 살펴보도록 하겠습니다.

048 예적금에 투자합니다

장·단기금융상품의 회계 처리

가장 흔하고 쉬운 투자 방법 중 하나는 은행에 예치하는 것입니다. 금리 자체가 높지 않아 투자라고 생각하지 않을 수도 있지만, 예금과 적금도 엄연한 투자입니다. 시중은행의 최대주주가 주로 정부나 국민연금이다 보니 망할 가능성이 없어 예금과 적금을 보통 무위험상품으로 간주합니다. 그러나 예금자보호법상 5,000만 원까지 보장되므로 완전 무위험이라고 보기는 어렵습니다.

참고로 지방은행은 최대주주가 대기업인 경우도 있고, 저축은행이나 제2금융권은 최대주주가 기업이나 개인인 경우도 많습니다. 단, 이들 은행도 예금자보호법 적용을 받습니다.

정기예금, 정기적금처럼 불입하고 만기 때 돈을 찾는 경우도 있지만, 수시 입출 목적으로 보통예금*에 돈을 넣어두는 경우도 있습니다. 회사에서 그에 맞게 회계 처리를 하면 됩니다.

우선 언제나 빼서 쓸 수 있는 목적으로 보통예금에 넣어두었다면 현금및현금성자산이라는 계정과목을 쓰면 됩니다. 거래처에서 외상대를 받을 때 "우리 정기예금 통장에 넣어주세요"라고 할 수 없으니 대부분 보통예금 통장 계좌번호를 알려줄 것입니다. 1,000만 원의 외상대가 입금되었다면 다음과 같이 회계 처리를 하면 됩니다.

> **알아두세요**
>
> **보통예금**
> 정해진 만기 없이 수시로 입금과 출금이 가능한 예금을 말합니다.

〈차변〉		〈대변〉	
현금및현금성자산(자산 증가)	1,000만 원	매출채권(자산 감소)	1,000만 원

실제로 회사가 들고 있는 현금과 수시 입출 목적으로 갖고 있는 보통예금, 당좌예금* 등을 합쳐 '현금및현금성자산'이라고 합니다.

옛날에는 많은 회사가 시재(時在)를 갖고 하루 업무를 시작했습니다. 시재란, 회사가 비용으로 쓰기 위해 갖고 있는 현금을 말합니다. 그런데 요즘은 택배, 퀵 배송뿐 아니라 사무용품 구입, 간식 구입 등이 모두 카드나 페이로 이루어지다 보니 시재가 딱히 필요하지 않습니다. 현금및현금성자산이라는 계정과목을 쓰기는 하지만 대부분 명세를 보면 보통예금이나 당좌예금 등으로 구성되어 있습니다.

굿바디주식회사는 여유자금 1억 원이 생겨 정기예금에 가입할 예정입니다. 박득근 대표는 너무 바빠 주식이나 채권에 신경 쓸 겨를도 없고, 사업 초기라 금융투자로 손실을 보면 안 되겠다 싶어 안전자산을 택했습니다.

박득근 대표는 주거래 은행 사이트에 접속해 금융상품들을 살펴보았습니다. 그리고 2년짜리 정기예금에 가입했습니다. 금리는 기본 3%이고, 이자는 만기일시지급식(단리식)입니다. 회사는 예금에 1억 원을 입금하고 다음과 같이 회계 처리를 했습니다.

> **알아두세요**
>
> **당좌예금**
> 회사가 발행한 어음이나 수표를 소지한 사업자가 언제든 돈을 찾을 수 있도록 만들어진 예금을 말합니다. 예금을 수시로 인출해야 하는 기업들의 경우, 현금을 보관하거나 인출하기 위해 은행을 찾아가는 것이 무척 번거롭겠죠. 당좌예금은 이런 번거로움을 줄여주기 위해 만들어진 상품으로, 많은 기업이 사용하고 있습니다.

〈차변〉		〈대변〉	
장기금융상품(자산 증가)	1억 원	현금및현금성자산(자산 감소)	1억 원

만기가 1년 넘게 남았으므로 정기예금은 비유동자산에 해당합니다. 그래서 계정과목도 장기금융상품으로 처리합니다. 만약 시간이 지나 이 정기예금의 만기가 1년 이내에 도래한다면 다음과 같이 회계 처리를 해주어야 합니다.

〈차변〉		〈대변〉	
단기금융상품(자산 증가)	1억 원	장기금융상품(자산 감소)	1억 원

만기가 1년 이내에 도래하면 유동자산이 되므로 비유동자산에 있던 장기금융상품을 없애고 단기금융상품을 늘려주면 됩니다. 이를 '유동성 대체'라고 합니다. 이에 대해서는 25장에서 살펴봤었죠? 은행에서 장기차입금을 빌렸는데 만기가 1년 이내에 도래하면 유동성장기부채로 계정명을 바꿔준다고 했습니다. 같은 논리라고 생각하면 됩니다

이자수익과 이자비용의 회계 처리

① 이자수익

굿바디주식회사는 2년 뒤에 600만 원의 이자를 받을 것입니다. 복리라면 이자에 이자가 붙어 609만 원(1억 원×1.03²-1억 원)을 받겠지만, 단리이기 때문에 별수 없네요. 600만 원에서 원천세* 15.4%를 떼면 수령금액은 정확히 507만 6,000원이 됩니다.

굿바디주식회사는 이 정기예금을 7월 1일에 가입했습니다. 그리고 12월 31일에 결산할 때 다음과 같이 이자수익을 인식했습니다.

〈차변〉		〈대변〉	
미수수익(자산 증가)	150만 원	이자수익(수익 발생)	150만 원

이자가 입금되지도 않았는데 수익을 잡았습니다. 왜일까요? 7월 1일부터 12월 31일까지 이자가 발생했다고 보기 때문입니다. 즉 발생주의 회계를 따른 것이죠. 이에 대해서는 이미 3장에서 살펴보았습니다. 그래서 회사는 연 이자 300만 원의 12분의 6만큼 수익으로 인식합니다. 그

 알아두세요

원천세
'소득이 있는 곳에 세금이 있다'라는 말이 있습니다. 소득이 발생하면 세금을 내야 합니다. 이자수익이나 배당수익 같이 금융자산에서 발생하는 소득도 마찬가지입니다. 그런데 수천만 명의 예금가입자가 알아서 세금을 직접 신고·납부하기는 매우 어렵겠죠? 그래서 그 이자수익을 지급하는 은행이 소득자로부터 세금을 미리 징수해 국가에 납부하는 것입니다. 이때 뗀 세금을 '원천세'라고 합니다. 그리고 은행이나 증권사 등을 '원천징수 의무자'라고 하죠.
앞서 살펴봤듯, 회사는 직원들에게 급여를 지급할 때 갑근세를 떼고 예수금으로 처리합니다. 회사에서 세금을 미리 징수하기 때문에 급여를 지급하는 모든 기업도 원천징수 의무자가 됩니다.

리고 돈은 아직 들어오지 않았지만 나중에 받을 예정이기에 미수수익으로 자산 처리를 하죠. 다음 연도 회계 기간 종료일에는 다음과 같이 회계 처리가 될 것입니다.

〈차변〉		〈대변〉	
미수수익(자산 증가)	300만 원	이자수익(수익 발생)	300만 원

이자는 여전히 입금되지 않았지만 1년 동안 정기예금을 잘 유지했고 이자를 받을 권리가 있기 때문에 회사는 자산(미수수익)으로 처리하고 같은 금액만큼 이자수익이 발생했다고 봅니다.

예금에 가입한 지 2년의 시간이 지나 만기가 되어 이자를 수령할 때는 다음과 같이 회계 처리가 됩니다.

〈차변〉		〈대변〉	
현금및현금성자산(자산 증가)	507만 6,000원	미수수익(자산 감소)	450만 원
선납세금(자산 증가)	92만 4,000원	이자수익(수익 발생)	150만 원

은행에서는 이자소득세 15.4%를 원천징수하고, 회사에 이자로 507만 6,000원을 입금해줍니다. 회사는 1년 6개월 동안 자산으로 잡아둔 미수수익 450만 원을 현금 수취와 함께 상계해 없앱니다. 그리고 남은 6개월 치 이자수익 150만 원을 수익으로 인식합니다. 원래는 600만 원을 받아야 하지만 국가에 세금을 내야 하니 실제로 받은 것은 507만 6,000원입니다. 그리고 그 세금은 이자를 받는 쪽이 아닌 주는 은행이 모아 한꺼번에 냅니다. 그래서 원천징수라는 표현을 사용하는 것입니다.

원천징수된 92만 4,000원은 회사가 선납세금(자산 증가)으로 처리했습니다. 회사가 이자수익과 관련된 600만 원 수익을 기준으로 법인세를 신고해야 하는데 92만 4,000원은 이미 낸 세금이므로 나중에 회사의 총세금을 줄여줄 것입니다.

예를 들어 회사의 올해 총이익이 1,000만 원이어서 법인세 100만 원을 납부해야 한다고 가정해봅시다. 총이익 1,000만 원 안에는 이자수익이 포함되어 있습니다. 회사는 이자수익과 관련해 이미 92만 4,000원의 세금을 냈기 때문에 실제 법인세를 납부할 때는 7만 6,000원만 내면 됩니다. 즉 내야 할 돈을 줄여줬으니 92만 4,000원은 자산입니다.

법인세 100만 원을 납부하는 시점의 회계 처리는 다음과 같습니다. 선납세금을 상계하면서 그 해의 법인세비용으로 인식시키면 됩니다.

〈차변〉		〈대변〉	
법인세비용(비용 발생)	100만 원	현금및현금성자산(자산 감소)	7만 6,000원
		선납세금(자산 감소)	92만 4,000원

② 이자비용

한편 이자비용도 마찬가지로 발생주의 회계에 따라 처리해야 합니다. 예를 들어 굿바디주식회사가 7월 1일에 1억 원을 4% 금리로 빌렸다면 매년 이자를 지급해야 합니다. 굿바디주식회사는 12월 31일 결산일에 이자비용을 내지 않아도 되지만 다음 회계 처리처럼 비용으로 인식해야 합니다.

〈차변〉		〈대변〉	
이자비용(비용 발생)	200만 원	미지급비용(부채 증가)	200만 원

1년 치 이자 400만 원의 12분의 6인 200만 원을 비용으로 처리합니다. 돈은 아직 지급되지 않았으니 미지급비용으로 부채를 증가시킵니다. 미수수익과 이자수익 잡는 것과 방향만 다를 뿐 논리는 같습니다.

6월 30일에 이자지급일이 되어 400만 원의 이자를 송금할 때는 다음과 같이 회계 처리를 합니다.

〈차변〉		〈대변〉	
미지급비용(부채 증가)	200만 원	현금및현금성자산(자산 감소)	400만 원
이자비용(비용 발생)	200만 원		

상반기에 이자비용이 12분의 6만큼 또 발생했으니 200만 원을 비용으로 처리하고 전년도에 잡아둔 미지급비용은 상계해 없애면 됩니다.

손익계산서에 이자비용 200만 원이 표시되어 있지만 실제로 나간 돈은 400만 원입니다. 이자수익도 마찬가지입니다. 손익계산서에 잡힌 숫자는 150만 원이지만 실제로 들어온 돈은 507만 6,000원입니다. 이렇게 수익(비용)은 발생 시점에 인식하기 때문에 실제 현금유입(유출)액과 늘 차이가 납니다.

주식과 채권에 투자합니다

매도가능증권이란?

채권에 투자하면 이자도 받고 시세차익도 누릴 수 있습니다. 주식에 투자하면 배당수익도 받고 시세차익도 누릴 수 있죠. 2가지 수익이 발생한다는 점에서 예적금보다 좋아 보입니다. 단, 위험상품이기 때문에 반드시 시세차익을 누린다는 보장은 없습니다. 경우에 따라서는 손실을 보고 팔아야 할 수도 있죠. 그래서 펀드나 ELS 같은 위험상품에 투자할 때는 원금 손실이 발생할 수 있다는 안내가 뒤따릅니다. 예적금을 제외하고 원금 손실 발생 가능성이 없는 투자상품은 찾기 힘듭니다.

굿바디주식회사는 상장주식과 회사채에 500만 원씩 투자하기로 결정했습니다. 1년 정도 투자해 수익이 나면 너무나 좋지만, 손실이 나도 수업료를 낸 셈으로 생각하기로 했죠. 주식과 채권 취득 시점의 회계 처리는 다음과 같습니다.

〈차변〉		〈대변〉	
매도가능증권(자산 증가)	1,000만 원	현금및현금성자산(자산 감소)	1,000만 원

주식투자와 채권투자를 했기 때문에 '증권'이고, 언제나 팔 수 있기 때문에 '매도 가능'입니다. 만약 굿바디주식회사가 상장 기업이라면 한국채택국제회계기준을 따라야 하는데, 이 회계기준에서는 공정가치측정금

 알아두세요

공정가치측정금융자산
상장 기업, 상장 예정 기업의 경우에는 한국채택국제회계기준에 따라 회계 처리를 해야 합니다. 이 회계기준에서는 '매도가능증권'이라는 계정과목 대신 '공정가치측정금융자산'이라는 명칭을 사용합니다. 말 그대로 공정가치로 측정하는 금융자산(주식, 채권 등)이라는 의미입니다.
이 회계기준을 적용받는 기업이 상장주식이나 채권을 보유한 상황이라면 회계 기간 종료일의 주식이나 채권 종가에 보유 수량을 곱해 평가하면 됩니다.

융자산*이라는 명칭을 사용합니다.

만약 회사가 취득한 채권을 중간에 팔지 않고 끝까지 들고 간다면 채권의 명칭은 만기보유증권이 됩니다. 말 그대로 만기까지 보유한다는 취지로 이 계정과목을 써야 합니다. 회사가 취득한 주식과 채권을 장기간 보유하지 않고 전문 트레이더처럼 샀다 팔았다를 반복한다면 이때는 단기매매증권이라는 계정과목을 써야 합니다. 단, 제조업이나 서비스업을 하는 대다수의 기업이 자산운용사나 투자자문사처럼 일과의 대부분을 주식과 채권 거래에 매달릴 수 없기 때문에 주식과 채권을 투자하면 거의 매도가능증권이라는 계정과목을 써야 합니다.

500만 원어치 샀던 주식에서 10%의 평가이익이 발생했고, 12월 30일에 장을 마감했습니다. 그러면 회사는 다음과 같이 회계 처리를 할 것입니다.

〈차변〉		〈대변〉	
매도가능증권(자산 증가)	50만 원	매도가능증권평가이익(자본 증가)	50만 원

50만 원의 시세차익에 대하여 회사는 수익으로 인식하지 않습니다. 왜일까요? 미실현이익이기 때문입니다. 주식투자를 하는 사람이라면 공감할 수 있는 회계 처리일 것입니다. 오늘 주가가 오르면 기분은 좋지만 당장 팔아 현금화할 것은 아니고, 내일 주가가 떨어질 수도 있으니 매도할 때까지는 수익으로 확정 짓기가 어렵습니다.

대부분의 사람이 주식을 팔아야 비로소 수익을 냈다고 생각합니다. 그래도 시세차익이 발생해 자본이 늘었으니 회계도 그런 식으로 처리하면 되겠죠. 그래서 매도가능증권평가이익을 자본 증가로 처리하고, 자본 계정과목 중 기타포괄손익누계액*이라는 항목에 넣습니다. 기타포괄손익누계액은 이렇게 미실현손익이 누적되는 곳입니다.

> **알아두세요**
>
> **기타포괄손익누계액**
> SK하이닉스의 주식을 10만 원에 매입했는데 주가가 20만 원으로 올랐다면 10만 원의 수익이 발생한 것입니다. 단, 아직 팔지 않았으니 미실현이익이죠.
> 우리의 자본은 상속이나 증여받은 것과 수익(소득)에서 비용(생활비 등)을 쓰고 남은 돈으로 구성됩니다. 그런데 이렇게 투자해 발생한 미실현이익은 분명 우리 자산 증가에는 기여했고 자본이 늘어난 것도 맞는데, 상속, 증여도 아니고 수익-비용에도 들어가지 않습니다. 분류를 위해 자본에 미실현손익으로 항목을 하나 더 만드는 게 나을 것 같습니다.
> 기업도 마찬가지입니다. 기업의 자본은 자본금, 자본잉여금, 이익잉여금 등으로 구성됩니다. 주주에게 투자받은 납입자본과 수익-비용 누적액, 이익잉여금이죠.
> 주식투자로 발생한 미실현이익을 분류하려면 계정을 하나 더 만드는 게 좋을 것 같습니다. 그래서 만든 항목이 '기타포괄손익누계액'입니다. 매년 미실현이익과 손실이 발생하니 그 누적된 손익이 자본의 기타포괄손익누계액에 집계됩니다.

주식과 채권을 팔았을 때의 회계 처리

① 익절매의 경우

회사는 다음 해에 주식을 600만 원에 팔기로 결정했고, 매도주문이 체결되었습니다. 500만 원에 사서 600만 원에 팔았으니 이제 진짜 100만 원의 수익이 발생한 것이죠. 이에 대한 회계 처리는 다음과 같습니다.

〈차변〉		〈대변〉	
현금및현금성자산(자산 증가)	600만 원	매도가능증권(자산 감소)	550만 원
매도가능증권평가이익(자본 감소)	50만 원	매도가능증권처분이익(수익 발생)	100만 원

정확히 하면 증권거래세와 증권사 수수료 떼고 현금이 들어오는데, 이 부분은 생략했습니다. 자본에 있던 미실현이익인 매도가능증권평가이익을 상계해 없애버리고 매도가능증권처분이익 100만 원을 수익으로 인식합니다. 이 매도가능증권처분이익은 영업과 관련이 없는 수익이기 때문에 영업외수익으로 분류합니다.

② 손절매의 경우

만약 다음 해에 주가가 떨어져 400만 원에 손절매하기로 했다면 다음과 같이 회계 처리를 하면 됩니다.

〈차변〉		〈대변〉	
현금및현금성자산(자산 증가)	400만 원	매도가능증권(자산 감소)	550만 원
매도가능증권평가이익(자본 감소)	50만 원		
매도가능증권처분손실(비용 발생)	100만 원		

역시 자본에 있던 미실현이익인 매도가능증권평가이익을 상계해 없애버리고 매도가능증권처분손실 100만 원을 비용으로 인식합니다. 이 매

도가능증권처분손실 역시 영업과 관련이 없는 비용이기 때문에 영업외 비용으로 분류합니다.

채권도 매일매일 시세가 변하면서 거래되기 때문에 위와 같이 회계 처리를 하면 됩니다. 그리고 이자는 보통 분기당 1회 받기 때문에 결산일에 미수수익 없이 이자수익으로 수익 처리만 하면 됩니다.

③ 배당금의 경우

주식은 배당을 받기 때문에 배당수익에 대한 회계 처리도 해야 합니다. 굿바디주식회사는 다음 해에 주식을 팔았지만 결산일까지 주식을 보유했으니 배당을 받을 권리가 있습니다. 회사가 투자했던 기업이 3월 말에 주주총회가 끝나고 4월 초에 배당금을 지급하기로 해 굿바디주식회사도 20만 원의 배당금을 받게 되었습니다. 배당금 역시 원천세 15.4%를 떼고 입금됩니다. 배당금이 입금되면 다음과 같이 회계 처리를 하면 됩니다.

〈차변〉		〈대변〉	
현금및현금성자산(자산 증가)	16만 9,200원	배당수익(수익 발생)	20만 원
선납세금(자산 증가)	3만 800원		

이자수익과 논리는 같은데 미수수익이 없다는 점에서 차이가 있습니다. 이자는 예적금 가입 시 약정이 되기 때문에 받을 수 있는 권리가 있어 미수수익이 생길 수 있지만, 배당은 회사가 매년 결정하고 주주총회의 승인을 받는 사항이라 배당금이 입금될 때 수익으로 회계 처리를 하면 됩니다.

050 부동산에 투자합니다

투자 목적의 부동산 회계 처리

회사가 토지와 건물 같은 부동산을 사옥이나 공장으로 사용하려는 의도가 아니라, 임대를 주다가 나중에 부동산 가격이 오르면 팔려는 목적으로 취득했다면 이는 투자부동산이 됩니다. 개인도 다주택자가 있듯, 기업도 건물을 여러 개 가지고 있는 경우가 많은데, 모두 여유자금을 운용하는 방법으로 보면 됩니다.

다음은 게임 회사 엔씨소프트의 재무상태표 중 일부입니다.

엔씨소프트의 재무상태표

(단위: 원)

투자부동산	88,900,074,267
유형자산	1,000,513,233,361

사옥 및 데이터센터 등 사용 목적으로 취득한 토지와 건물은 유형자산 1조 5억 원 안에 들어가 있습니다. 그 외 투자 목적으로 취득한 토지와 건물은 투자부동산 889억 원 안에 들어가 있습니다. 엔씨소프트 주주 입장에서는 회사가 투자부동산을 많이 갖고 있으니 시세가 얼마나 될지 궁금할 것입니다. 그래서 투자부동산을 보유한 기업은 재무제표 주석사항을 통해 공정가치까지 보여주어야 합니다.

엔씨소프트의 재무제표 주석사항 중 투자부동산

(단위: 천 원)

	장부금액	공정가치
토지와 건물 등	88,900,074	390,000,000

엔씨소프트는 토지와 건물을 취득해 감가상각하고 남은 잔액이 889억 원인데, 시세는 3,900억 원이라고 공시했습니다. 시세가 3,900억 원이라고 해서 주식이나 채권처럼 평가이익 회계 처리를 하지는 않았습니다. 단, 상장 기업 중에 평가이익 회계 처리를 하는 곳이 일부 있기는 합니다. 상장사들이 적용받는 한국채택국제회계기준에서는 기업들이 평가이익을 인식할지 여부를 선택하도록 했습니다. 대부분의 기업은 평가이익 처리가 큰 실익이 없다고 생각해 평가하지 않는 것을 선택했습니다.

투자부동산을 처분하기 전까지는 계속 임대수익이 발생할 것입니다. 임대수익 역시 사업과 관련이 없기 때문에 영업외수익으로 처리할 것이라 생각할 수 있는데, 매출액으로 처리합니다. 회사가 부동산을 투자 목적으로 취득하기 위해서는 부동산 임대업을 사업 목적으로 해서 정관에 기재해야 합니다. 즉 주 사업 중 하나인 임대업에서 수익이 발생했으니 매출액이 되는 것입니다.

매각 시 회계 처리

한 회사가 임대 목적으로 취득한 토지(20억 원)와 건물(10억 원)을 가지고 있다고 가정해봅시다. 건물은 그동안 1억 원 감가상각이 되었는데, 시세가 계속 올라 이번에 40억 원에 매각하기로 했습니다. 이런 경우에는 다음과 같이 회계 처리를 하면 됩니다.

〈차변〉		〈대변〉	
현금및현금성자산(자산 증가)	40억 원	투자부동산-토지(자산 감소)	20억 원
감가상각누계액(자산 감소)	1억 원	투자부동산-건물(자산 감소)	10억 원
		투자부동산처분이익(수익 발생)	11억 원

투자부동산을 처분하면서 장부가액(취득원가-감가상각누계액)보다 비싸게 팔면 처분이익, 싸게 팔면 처분손실이 발생합니다. 이 처분손익은 영업외수익에 표시합니다. 매출액이 아닌 이유는 부동산 매매가 회사의 주 사업이 아니기 때문입니다.

만약 부동산 매매가 회사의 주 사업이라면 처분과 관련된 수익은 매출액이 될 수 있습니다. 그러나 대부분의 기업은 본업에 충실하기 때문에 부동산 매매업을 주 사업으로 정관에 기재하지 않습니다.

이렇게 기업들은 여유자금을 예금, 적금, 주식, 채권, 부동산 등으로 운용합니다. 개인과 큰 차이가 없습니다. 물론 코인이나 파생상품에 투자하는 기업도 있지만 극히 드뭅니다. 기업이 파생상품을 갖고 있는 건 대부분 사업을 하면서 발생하는 환위험이나 금리위험을 회피(Hedge)하기 위함이지, 투자자처럼 콜옵션, 풋옵션으로 큰돈을 벌기 위함이 아닙니다. 그리고 코인은 금융자산이 아니기 때문에 기타무형자산, 가상자산 같은 계정과목명을 써서 분류하는데, 시세 변동에 따른 평가손익은 인식하지 않습니다.

무작정 따라하기

알쏭달쏭 회계 퀴즈

▼Q1 부동산의 계정과목을 보기에서 골라 분류해보세요.

> **보기**
> ㉠ 유형자산　　　　㉡ 재고자산　　　　㉢ 투자부동산

① 부동산개발업을 하는 ㈜투기는 수도권 인근의 땅 1,000평을 매입했습니다. 이 땅의 계정과목은?　　　　　　　　　　(　　　　　)

② 제조업을 하는 ㈜재주는 여유자금으로 강남의 상가 건물을 하나 매입했습니다. 이미 입주한 상가 임차인들은 계속 영업을 할 예정이고, ㈜재주는 임대료를 받을 예정입니다. 이 건물의 계정과목은?
　　　　　　　　　　　　　　　　　　　　(　　　　　)

③ 굿바디주식회사는 10층짜리 사옥을 완공했습니다. 이 건물의 계정과목은?　　　　　　　　　　　　　　　　(　　　　　)

④ 굿바디주식회사는 사옥 1층은 스타벅스와 우리은행에, 사옥 2층은 NH투자증권에 임대를 주었습니다. 1층과 2층의 계정과목은?
　　　　　　　　　　　　　　　　　　　　(　　　　　)

일곱째마당 자금을 운용해 투자할 때 **255**

▼정답

① ㉡ 재고자산　② ㉢ 투자부동산
③ ㉠ 유형자산　④ ㉠ 유형자산

▼해설

① 부동산개발업자가 개발해서 판매할 목적으로 취득한 땅이므로 재고자산으로 분류합니다. 재고자산은 판매 목적으로 취득한 재화를 의미합니다.

② 제조업과 관련 없이 상가 건물을 취득했고 임대수익을 받을 목적이므로 투자부동산으로 분류합니다.

③ 회사가 사용할 목적으로 취득한 건물이므로 유형자산으로 분류합니다.

④ 1층과 2층을 임대를 준다고 해서 그 층만 나눠 투자부동산으로 분류할 수는 없습니다. 건물 자체를 회사 사옥을 목적으로 지었기 때문입니다. 그대로 유형자산으로 분류합니다. ②의 경우 발생하는 임대수익은 매출액이지만, ④의 경우 발생하는 임대수익은 영업외수익으로 분류합니다. ②는 부동산임대업이 주업이라 매출로 회계 처리를 하지만, ④는 부동산임대업이 주업이 아니기 때문에 영업외수익으로 처리하는 것입니다.

▼ Q2   주식과 채권의 계정과목을 보기에서 골라 분류해보세요.

> **보기**
> ㉠ 단기매매증권　　　㉡ 매도가능증권　　　㉢ 만기보유증권

① 제조업을 하는 ㈜예솔은 회사의 여유자금으로 삼성전자와 카카오의 주식을 매수했습니다. ㈜예솔은 이 주식의 가치가 오르면 팔 생각입니다. 이 주식의 계정과목은? (　　　　)

② 제조업을 하는 ㈜국장의 대표이사는 주식 트레이딩의 귀재로 알려진 친구를 회사의 CIO(Chief Investment Officer, 최고 투자 책임자)로 스카우트해 회삿돈 20억 원을 맡겼습니다. CIO는 20억 원으로 국내 주식에 단타로만 투자해 수익을 낼 계획입니다. 이 주식의 계정과목은?
(　　　　)

③ 제조업을 하는 ㈜대기는 회사의 여유자금으로 국공채에 투자했습니다. ㈜대기는 이 채권을 만기 때까지 팔 계획이 없습니다. 이 채권의 계정과목은? (　　　　)

④ 제조업을 하는 ㈜바코의 대표이사는 여유자금으로 미래에셋자산운용의 대표 펀드에 투자했습니다. 이 펀드는 채권, 주식 혼합형이고, 대표이사는 수익률이 괜찮을 때 환매할 계획입니다. 이 펀드의 계정과목은? (　　　　)

▼정답
① ⓒ 매도가능증권　② ㉠ 단기매매증권
③ ⓒ 만기보유증권　④ ⓒ 매도가능증권

▼해설
① 주식은 만기가 없기 때문에 만기보유증권이 될 수 없습니다. 단기 매매 목적으로 투자하지 않았다면 매도가능증권으로 분류해야 합니다.
② 짧은 시간 동안 빈번하게 매수와 매도를 반복하는 방식으로 투자한다면 단기매매증권이라는 계정과목을 써야 합니다.
③ 채권은 만기가 있기 때문에 만기까지 기다려 이자와 원금을 취할 수 있고, 채권가격이 오를 때 매도해 처분이익을 실현할 수 있습니다. 만기까지 보유하는 것으로 결정하면 만기보유증권, 중간에 팔 수도 있다면 매도가능증권이 됩니다.
④ 주식과 채권으로 구성된 펀드를 중도에 환매해 수익을 낼 수 있으니 매도가능증권으로 분류합니다.

MEMO

051	유동자산의 종류와 회계 처리 사례
052	비유동자산의 종류와 회계 처리 사례
053	유동부채의 종류와 회계 처리 사례
054	비유동부채의 종류와 회계 처리 사례
055	자본의 종류와 회계 처리 사례
056	손익계산서 작성과 회계 처리 정리

여덟째 마당

재무상태표와 손익계산서를 작성합니다

 회계 이야기

증빙 자료의 중요성

1년 동안 기업에서 발생된 거래와 사건을 회계 처리한 장부를 가지고 자산, 부채, 자본의 증가, 감소를 정리해 표를 만들면 재무상태표가 됩니다. 그리고 1년 동안 발생한 수익과 비용의 합계를 모아 정리하면 손익계산서가 됩니다.

회계 장부에 기록된 회계 처리의 양이 워낙 방대하기 때문에 재무상태표와 손익계산서 작성은 수작업이 불가능합니다. 그래서 회계 프로그램이 자동으로 만들죠. 작년에 남은 자산이나 작년에 갚지 않은 부채가 올해로 이월되는 경우도 많기 때문에 그런 것들을 관리하려면 규모가 아무리 작은 회사라도 회계 장부의 전산화는 필수입니다.

회계 실무를 담당하는 사람은 회계 처리만 제대로 하면 재무제표가 저절로 잘 만들어질 테니 완성된 재무상태표나 손익계산서를 다시 살펴볼 필요가 없겠죠? 그렇지 않습니다. 꼭 살펴봐야 합니다. 사람이 하는 일이기 때문에 실수가 발생할 수도 있으니 검증할 필요가 있습니다.
회사에 현금이 이 정도 있고, 예금과 적금에 이 정도 돈이 들어 있다고 생각했는데 재무상태표에 그 숫자가 나오지 않는다면 은행 잔고증명서, 증권사 잔고증명서 등을 확인해봐야 합니다. 재고자산은 회계 기간 종료일에 실사를 통해 수량을 체크해봐야 하죠.

거래처로부터 받아야 하는 각종 채권과 채무(매출채권, 미수금, 매입채무, 미지급금 등)는 종류와 거래처가 워낙 많기 때문에 회계 프로그램에서 작성해주는 거래처별, 계정과목별 명세서와 원장을 활용하는 것이 좋습니다.

거래처별, 계정과목별 명세서는 한 해 동안의 자산과 부채의 증가, 감소, 기말 잔액을 확인할 수 있는 중요한 보조 자료입니다. 그리고 계정별 원장은 일자별 회계 처리를 계정별로 확인할 수 있는 자료죠.

'왜 재무상태표나 손익계산서에 이 숫자가 나왔을까' 답이 풀리지 않을 때는 명세서나 원장에서 그 날짜의 증빙을 찾아보면 됩니다. 이외에도 회사 내부적으로 재무제표의 숫자를 입증할 여러 자료를 보관하고 있을 테니 쉽게 검증할 수 있을 것입니다.

회사의 재무제표가 제대로 작성되었는지 검사를 하는 회계법인도 비슷한 절차를 밟습니다. 자산이 실제로 존재하는지, 수익과 비용은 제대로 잡혔는지 등을 점검할 때 명세서와 원장을 확인해 중요한 회계 처리 관련 증빙들을 살펴봅니다.

재무상태표와 손익계산서가 정상적으로 작성되어야 회사의 경영진과 구성원뿐 아니라 주주, 은행, 거래처 등 회사를 둘러싼 이해관계자들이 제대로 된 정보를 얻을 수 있으니 회계 처리 단계부터 심혈을 기울일 필요가 있습니다.

051 유동자산의 종류와 회계 처리 사례

회계 무작정 따라하기

분개장과 재무제표

그동안 수많은 회계 처리를 살펴보았습니다. 이렇게 회사에서 발생하는 수많은 거래와 사건을 회계 장부의 차변과 대변에 적는 것을 '분개(分介)'라고 합니다. 이 분개들이 모여 있는 장부는 '분개장(分介帳)'이라고 부르면 되겠죠?

분개장에서 수익과 비용은 손익계산서로, 자산과 부채, 자본은 재무상태표로 보냅니다. 물론 이런 과정은 회계 프로그램이 알아서 해줍니다. 다음은 자산, 부채, 자본으로 이루어진 재무상태표입니다.

재무상태표 예시

과목	당기말	전기말	과목	당기말	전기말
자산			부채		
Ⅰ. 유동자산			Ⅰ. 유동부채		
당좌자산			매입채무		
현금및현금성자산			미지급금		
단기금융상품			단기차입금		
매출채권			유동성장기부채		
대손충당금			미지급비용		
단기대여금			예수금		
미수금			선수금		

미수수익			미지급법인세		
선급금			부가세예수금		
선급비용			Ⅱ. 비유동부채		
재고자산			장기차입금		
상품			퇴직급여충당부채		
제품			부채총계		
재공품			자본		
원재료			Ⅰ. 자본금		
Ⅱ. 비유동자산			보통주자본금		
투자자산			Ⅱ. 자본잉여금		
장기금융상품			Ⅲ. 기타포괄손익		
매도가능증권			Ⅳ. 이익잉여금		
유형자산			이익준비금		
무형자산			미처분이익잉여금		
기타비유동자산			자본총계		
자산총계			부채및자본총계		

실제로 재무상태표를 만들 때는 자산을 왼쪽, 부채와 자본을 오른쪽에 두지 않습니다. 자산이 끝나면 그 아래에 부채와 자본을 표기합니다. 계정과목 옆에는 당기말 잔액, 그 옆에는 전기말 잔액을 표기합니다. 우리가 차변과 대변에 익숙해진 것도 있고, 지면 관계상 이와 같이 그린 것이니 참고하기 바랍니다.

회계연도가 종료되는 날의 자산, 부채, 자본과 관련하여 일어난 수많은 회계 처리를 합치거나 차변과 대변을 상계해 최종적으로 남은 잔액이 재무상태표에 기록됩니다. 예를 들어 1월 1일에 현금및현금성자산이 100만 원이었는데, 1년 동안 차변에서 1,000만 원 증가하고 대변에서 900만 원 감소했다면 12월 31일에 현금및현금성자산 잔액은 200만 원이 될 것입니다.

유동자산의 회계 처리

굿바디주식회사 창업부터 일어난 수많은 거래를 통해 배웠던 계정과목들을 모아 정리하는 취지로 개념과 회계 처리들을 쭉 살펴보도록 하겠습니다. 참고로 회계연도 종료일은 12월 31일입니다.

① 장·단기금융상품

회사가 여유자금을 은행에 적금과 예금으로 예치할 때 쓰는 계정과목입니다. 12월 31일 현재 만기가 1년 이내 남은 예금과 적금은 단기금융상품(유동자산)이 되고, 만기가 1년 넘게 남은 예금과 적금은 장기금융상품(비유동자산)이 됩니다. 장·단기금융상품의 회계 처리는 다음과 같습니다.

거래(사건)	〈차변〉		〈대변〉	
2년 만기 정기예금 100만 원 불입	장기금융상품 (자산 증가)	100만 원	현금및현금성자산 (자산 감소)	100만 원
결산일에 만기가 1년 이내 남음 (유동성 대체)	단기금융상품 (자산 증가)	100만 원	장기금융상품 (자산 감소)	100만 원
정기예금 만기일에 원금을 찾음	현금및현금성자산 (자산 증가)	100만 원	단기금융상품 (자산 감소)	100만 원

② 매출채권

회사가 외상으로 제품을 판매하거나 서비스를 제공할 때 쓰는 계정과목입니다. 대금을 받지 않아도 '판매'라는 사건이 발생했기 때문에 수익(매출)으로 인식합니다.

거래(사건)	〈차변〉	〈대변〉
제품을 100만 원어치 판매하고 대금은 나중에 받기로 함	매출채권 100만 원 (자산 증가)	매출액 100만 원 (수익 발생)
판매대금이 입금됨	현금및현금성자산 100만 원 (자산 증가)	매출채권 100만 원 (자산 감소)

③ 대손충당금

회사가 받아야 할 채권(매출채권, 미수금, 대여금, 미수수익 등)이 회수되지 않을 것이라 예상될 때 대손상각비로 손실을 미리 처리하고 대손충당금으로 원금을 감소시킵니다. 매출채권 관련 대손상각비는 판매비와관리비로 분류되고, 나머지 채권에서 발생하는 대손상각비는 영업외비용으로 처리합니다. 매출 외 거래에서 발생된 채권의 손실이기 때문에 '영업외'입니다.

거래(사건)	〈차변〉	〈대변〉
제품 판매대금 100만 원의 회수가 불가능할 것으로 보임	대손상각비 100만 원 (비용 발생_판매비와관리비)	대손충당금 100만 원 (자산 감소)
계열사가 빌려간 돈 100만 원의 회수가 불가능할 것으로 보임	대손상각비 100만 원 (비용 발생_영업외비용)	대손충당금 100만 원 (자산 감소)
대손 처리한 매출채권이 극적으로 회수되었음	현금및현금성자산 100만 원 (자산 증가) 대손충당금 100만 원 (자산 증가)	매출채권 100만 원 (자산 감소) 대손충당금환입 100만 원 (수익 발생)
대손 처리한 매출채권의 소멸시효가 경과함	대손충당금 100만 원 (자산 증가)	매출채권 100만 원 (자산 감소)

④ 대여금

회사의 주주, 임원, 종업원, 계열사 등이 회사의 돈을 빌려갈 때 쓰는 계정과목입니다. 12월 31일 현재 만기가 1년 이내 남은 대여금은 단기대여금(유동자산)이 되고, 만기가 1년 넘게 남은 대여금은 장기대여금(비유동자산)이 됩니다.

거래(사건)	〈차변〉	〈대변〉
계열사가 회삿돈 100만 원을 2년 동안 빌리기로 함	장기대여금 100만 원 (자산 증가)	현금및현금성자산 100만 원 (자산 감소)
결산일에 대여금 만기가 1년 이내 남음(유동성 대체)	단기대여금 100만 원 (자산 증가)	장기대여금 100만 원 (자산 감소)
대여금을 만기에 상환받음	현금및현금성자산 100만 원 (자산 증가)	단기대여금 100만 원 (자산 감소)

⑤ 미수금

회사의 영업활동(제품 판매, 서비스 제공 등) 외에서 발생한 거래에서 대금을 추후에 받기로 할 때 쓰는 계정과목입니다.

거래(사건)	〈차변〉	〈대변〉
취득원가 200만 원, 감가상각누계액 100만 원인 기계장치를 200만 원에 매각하고 대금은 한 달 뒤에 받기로 함	미수금 200만 원 (자산 증가) 감가상각누계액 100만 원 (자산 증가)	기계장치 200만 원 (자산 감소) 유형자산처분이익 100만 원 (수익 발생_영업외수익)
기계장치 매각 대금이 입금됨	현금및현금성자산 200만 원 (자산 증가)	미수금 200만 원 (자산 감소)

⑥ 미수수익

발생주의 회계 원칙에 따라 수익은 발생했지만 결산일까지 대금이 입금되지 않았을 때 쓰는 계정과목입니다.

거래(사건)	〈차변〉		〈대변〉	
7월 1일에 가입한 단기금융상품 1억 원(금리 3%) 관련 이자수익을 결산일에 인식함	미수수익 (자산 증가)	150만 원	이자수익 (수익 발생_영업외수익)	150만 원
6월 30일에 이자를 현금으로 수령함	현금및현금성자산 (자산 증가)	300만 원	미수수익 (자산 감소) 이자수익 (수익 발생_영업외수익)	150만 원 150만 원

⑦ 선급금

거래처가 거래에 앞서 선불을 요구할 경우, 입금한 금액만큼 선급금으로 처리합니다. 회사는 낸 돈만큼 반대급부를 받을 권리가 있기 때문에 선급금은 자산입니다.

거래(사건)	〈차변〉		〈대변〉	
거래처가 원재료 매입 관련 선금 100만 원을 요구함	선급금 (자산 증가)	100만 원	현금및현금성자산 (자산 감소)	100만 원
입금된 것을 확인한 거래처가 원재료를 보내줌	원재료 (자산 증가)	100만 원	선급금 (자산 감소)	100만 원

⑧ 선급비용

선급금과 비슷한데, 비용에 대한 선급을 하는 경우 쓰는 계정과목입니다. 예를 들어 자동차보험료 1년 치를 선급했다면 지출 시점에 선급비용(자산)이 됩니다. 그리고 만기까지 매달 12분의 1씩 비용화될 것입니다. 이때 다음과 같이 회계 처리를 하면 됩니다.

거래(사건)	〈차변〉		〈대변〉	
7월 1일 자동차보험료 1년 치인 120만 원을 지출함	선급비용 (자산 증가)	120만 원	현금및현금성자산 (자산 감소)	120만 원
12월 31일 6개월 치 보험료를 비용 처리함	보험료 (비용 발생)	60만 원	선급비용 (자산 감소)	60만 원

⑨ 재고자산

원재료를 매입할 때 자산 증가로 처리합니다. 원재료가 투입되어 생산 과정을 거칠 때 재공품으로 회계 처리합니다. 그리고 생산이 끝나고 완성되면 제품으로 회계 처리합니다. 생산 과정 중에 발생한 인건비와 경비 같은 비용들도 재공품이 되었다가 제품이 됩니다. 결국 발생된 비용들을 재공품과 제품으로 자산화시켰지만, 판매가 이루어지는 시점에 모두 매출원가로 다시 비용화됩니다. 이 흐름에 맞춰 다음과 같이 회계 처리를 정리해보겠습니다.

거래(사건)	〈차변〉		〈대변〉	
원재료를 100만 원어치 매입함	원재료 (자산 증가)	100만 원	현금및현금성자산 (자산 감소)	100만 원
생산 과정에서 인건비와 외주가공비가 각각 100만 원씩 발생함	급여 (비용 발생) 외주가공비 (비용 발생)	100만 원 100만 원	현금및현금성자산 (자산 감소)	200만 원
원재료와 인건비, 경비가 모두 투입되었는데 결산기에 제품을 완성하지 못함	재공품 (자산 증가) 급여 (-비용 발생) 외주가공비 (-비용 발생)	300만 원 -100만 원 -100만 원	원재료 (자산 감소)	100만 원
새해에 제품이 완성되어 재공품을 상계함	제품 (자산 증가)	300만 원	재공품 (자산 감소)	300만 원
300만 원짜리 제품에 마진 100만 원을 붙여 외상 판매함	매출채권 (자산 증가) 매출원가 (비용 발생)	400만 원 300만 원	매출액 (수익 발생) 제품 (자산 감소)	400만 원 300만 원

052 비유동자산의 종류와 회계 처리 사례

비유동자산의 회계 처리

① 매도가능증권

기업이 여유자금을 운용할 목적으로 주식이나 채권에 투자한 경우에 쓰는 계정과목입니다. 단기매매 목적도 아니고, 채권을 만기까지 보유하지 않고 언제든지 매도할 수 있다면 이 계정과목을 씁니다. 만약 단기매매 목적으로 투자하면 계정과목 명칭은 단기매매증권이 되어야 합니다. 채권을 투자해 만기까지 보유할 목적이라면 만기보유증권이라는 계정과목을 씁니다.

보유한 주식과 채권에서 평가이익이나 손실이 발생하면 매도가능증권평가이익, 매도가능증권평가손실이라는 계정과목을 쓰는데, 당기손익이 아닌 자본(기타포괄손익)으로 분류합니다. 매도 전까지 발생한 시세차익과 손실은 미실현손익이기 때문입니다. 기업이 보유한 주식이나 채권을 매도하는 시점에 처분이익, 처분손실로 회계 처리하고, 갖고 있던 매도가능증권평가이익, 평가손실은 상계해 없앱니다.

거래(사건)	〈차변〉	〈대변〉
7월 1일 코스닥 상장주식을 100만 원어치 매수함	매도가능증권 100만 원 (자산 증가)	현금및현금성자산 100만 원 (자산 감소)
12월 31일 보유한 주식에서 20%의 평가이익이 발생함	매도가능증권 20만 원 (자산 증가)	매도가능증권평가이익 20만 원 (자본 증가)
1월 2일 보유한 주식을 130만 원에 전량 매도함(세금, 수수료 회계 처리는 생략함)	현금및현금성자산 130만 원 (자산 증가) 매도가능증권평가이익 20만 원 (자본 감소)	매도가능증권 120만 원 (자산 감소) 매도가능증권처분이익 30만 원 (수익 발생_영업외수익)

② 유형자산

기업이 공장이나 사옥 등 사용 목적으로 취득해 장기간 보유하는 토지, 건물, 기계장치, 비품, 공기구 등을 유형자산이라고 합니다. 자산을 매입하느라 빠져나간 돈만큼 취득 시점에 자산으로 처리하고, 사용하는 기간 동안 감가상각비로 비용화시킵니다. 단, 토지와 건설중인자산은 감가상각을 하지 않습니다.

유형자산을 사용하다 매각하게 되면 처분가액과 장부가액(취득가액-감가상각누계액)의 차이만큼 유형자산처분이익(손실)으로 처리합니다. 유형자산 처분이 회사의 본업이 아니기 때문에 유형자산처분이익(손실)은 영업외수익(비용)이 됩니다.

거래(사건)	〈차변〉	〈대변〉
24년 1월 2일 토지를 1억 원에 매입하고 현금으로 전액 결제함	토지 1억 원 (자산 증가)	현금및현금성자산 1억 원 (자산 감소)
24년 6월 30일 건물을 짓는 중인데 중도금으로 건설사에 5,000만 원을 지급함	건설중인자산 5,000만 원 (자산 증가)	현금및현금성자산 5,000만 원 (자산 감소)
24년 12월 31일 공사비 잔금 5,000만 원을 지급함	건설중인자산 5,000만 원 (자산 증가)	현금및현금성자산 5,000만 원 (자산 감소)
25년 1월 2일 건물이 완공됨	건물 1억 원 (자산 증가)	건설중인자산 1억 원 (자산 감소)
25년 12월 31일 건물 감가상각을 함. 20년 동안 상각할 예정	감가상각비 500만 원 (비용 발생)	감가상각누계액 500만 원 (자산 감소)

거래(사건)	〈차변〉		〈대변〉	
26년 1월 2일 건물과 토지를 2억 원에 매각함	현금및현금성자산 (자산 증가) 감가상각누계액 (자산 증가)	2억 원 500만 원	토지 (자산 감소) 건물 (자산 감소) 유형자산처분이익 (수익 발생_영업외수익)	1억 원 1억 원 500만 원

③ 무형자산

기업이 사업에 장기간 사용할 목적으로 취득하는 특허권, 영업권, 소프트웨어 등 형태가 없는 자산을 무형자산이라고 합니다. 유형자산처럼 취득 시점에 지출금액을 자산으로 처리하고, 사용하는 기간 동안 무형자산상각비로 비용화시킵니다. 상각을 하면 유형자산처럼 감가상각누계액을 표시하지 않고 자산 원금에서 줄이는 식으로 표시합니다.

거래(사건)	〈차변〉		〈대변〉	
24년 1월 2일 특허권을 취득하느라 변리사 수수료 및 등기비 등 총 1억 원을 지출함	산업재산권 (자산 증가)	1억 원	현금및현금성자산 (자산 감소)	1억 원
24년 12월 31일 특허권을 상각함. 회사는 5년간 상각할 예정	무형자산상각비 (비용 발생)	2,000만 원	산업재산권 (자산 감소)	2,000만 원

④ 임대차보증금

사무실이나 영업점을 임차해 사용하는 경우 계약 시점에 지급하는 보증금은 회사의 자산이 됩니다. 계약이 만료되는 시점에 돌려받을 돈이기 때문이죠. 반대로 건물주 입장에서는 계약 시점에 받는 임대보증금은 부채가 됩니다. 계약이 만료되는 시점에 돌려주어야 하는 돈이기 때문이죠. 따라서 회사가 매달 내야 하는 임차료는 비용이고, 건물주가 매달 받는 임대료는 수익이 됩니다.

거래(사건)	〈차변〉		〈대변〉	
보증금 1억 원, 월세 200만 원에 사무실 임차 계약을 맺음	임차보증금 (자산 증가)	1억 원	현금및현금성자산 (자산 감소)	1억 원
한 달 치 임차료를 지급함	임차료 (비용 발생)	200만 원	현금및현금성자산 (자산 감소)	200만 원
회사는 사옥 내 빈 공간을 타사에 임대하기로 함. 보증금 1억 원, 월세 300만 원으로 계약함	현금및현금성자산 (자산 증가)	1억 원	임대보증금 (부채 증가)	1억 원
한 달 치 임대료가 들어옴	현금및현금성자산 (자산 증가)	300만 원	임대료수익 (수익 발생)	300만 원

053 유동부채의 종류와 회계 처리 사례

회계 무작정 따라하기

유동부채의 회계 처리

① 매입채무

회사가 상품이나 원재료를 외상으로 매입할 때 쓰는 계정과목입니다. 하청업체나 외주업체에 용역을 제공받고 대금을 나중에 지급할 때도 매입채무 계정과목을 씁니다. 대금을 나중에 지급해도 지금 '매입'이라는 사건이 발생했기 때문에 재고자산 증가 또는 외주가공비* 발생 회계처리를 해야 합니다.

알아두세요

외주가공비
회사가 직접 생산하지 않고 생산전문업체에 원재료를 지급하고 생산을 위탁하는 것을 '외주가공(Outsourcing)'이라고 합니다. 회사의 인건비와 기타 경비 등이 발생하지 않는 대신 외주가공비가 발생할 것이고, 이는 제품 원가의 중요 항목이 됩니다.

거래(사건)	〈차변〉		〈대변〉	
원재료를 100만 원어치 매입하고 대금은 한 달 뒤에 지급하기로 함	원재료 (자산 증가)	100만 원	매입채무 (부채 증가)	100만 원
외주업체에 제품 포장 업무를 맡기기로 함. 대금 100만 원을 한 달 뒤에 지급하기로 함	외주가공비 (비용 발생)	100만 원	매입채무 (부채 증가)	100만 원
외상대 200만 원을 모두 지급함	매입채무 (부채 감소)	200만 원	현금및현금성자산 (자산 감소)	200만 원

② 미지급금

회사가 유형자산 취득 등 영업 외적인 부분에서 거래가 발생했는데 대금을 아직 지급하지 않았다면 미지급금이라는 계정과목을 써야 합니다.

원재료 매입이나 외주가공은 제품 생산과 관련된 활동이므로 여기에서 발생되는 외상은 매입채무로 회계 처리하지만, 회사가 기계장치나 공기구를 구매해 판매하는 회사가 아니므로 이런 유형자산을 취득하고 아직 지급하지 않은 대금은 미지급금으로 회계 처리하는 것입니다.

거래(사건)	〈차변〉		〈대변〉	
1,000만 원짜리 기계장치를 구매하고 대금은 다음 달에 지급하기로 함	기계장치 (자산 증가)	1,000만 원	미지급금 (부채 증가)	1,000만 원
기계장치 구매대금 1,000만 원을 입금해줌	미지급금 (부채 감소)	1,000만 원	현금및현금성자산 (자산 감소)	1,000만 원

③ 차입금

금융기관으로부터 대출을 받은 부분을 차입금으로 회계 처리합니다. 빌릴 때 만기가 1년 이내면 단기차입금이 되고, 1년을 초과하면 장기차입금이 됩니다. 장기차입금이었지만 결산일 현재 만기가 1년 이내에 도래했다면 그 장기차입금은 유동성장기부채로 대체해주어야 합니다.

거래(사건)	〈차변〉		〈대변〉	
은행으로부터 1,000만 원을 만기 1년짜리로 빌려옴	현금및현금성자산 (자산 증가)	1,000만 원	단기차입금 (부채 증가)	1,000만 원
단기차입금 만기가 되어 은행에 상환함	단기차입금 (부채 감소)	1,000만 원	현금및현금성자산 (자산 감소)	1,000만 원
은행으로부터 5,000만 원을 만기 3년짜리로 빌려옴	현금및현금성자산 (자산 증가)	5,000만 원	장기차입금 (부채 증가)	5,000만 원
3월 말에 만기인 장기차입금 2,000만 원을 결산일에 유동성 대체함	장기차입금 (부채 감소)	2,000만 원	유동성장기부채 (부채 증가)	2,000만 원
유동성장기부채 2,000만 원을 만기일에 상환함	유동성장기부채 (부채 감소)	2,000만 원	현금및현금성자산 (자산 감소)	2,000만 원

④ 미지급비용

결산일에 대금 지급 시기가 도래하지는 않았지만 발생주의 회계에 따라 비용으로 처리하는 것을 미지급비용이라고 합니다. 결산일에 부채로 처리하고 대금 지급 시기 때 부채를 감소시키면서 현금을 지급하는 식으로 회계 처리를 합니다.

올해 7월 1일에 빌린 1억 원 단기차입금의 금리는 4%이며, 익년 6월 30일에 이자를 지급할 예정입니다.

거래(사건)	〈차변〉		〈대변〉	
12월 31일(결산일)	이자비용 (비용 발생)	200만 원	미지급비용 (부채 증가)	200만 원
익년 6월 30일(이자지급일)	이자비용 (비용 발생) 미지급비용 (부채 감소)	200만 원 200만 원	현금및현금성자산 (자산 감소)	400만 원

12월 말에 전기요금, 수도요금 등 12월 사용분 100만 원에 대한 고지서가 도착했습니다. 공과금 납부일은 익월 5일까지입니다.

거래(사건)	〈차변〉		〈대변〉	
12월 31일(결산일)	수도광열비 (비용 발생)	100만 원	미지급비용 (부채 증가)	100만 원
익년 1월 5일(공과금납부일)	미지급비용 (부채 감소)	100만 원	현금및현금성자산 (자산 감소)	100만 원

회사는 결산이 한창 진행 중인 2025년 1월에 이사회 결의를 통해 2025년 2월 말에 전 직원에게 성과급 10억 원을 지급하기로 결정했습니다. 회사는 2024년 결산을 마감하기 전에 성과급을 비용과 미지급비용으로 회계 처리하고, 지급되는 시점에 미지급비용을 상계할 예정입니다. 성과급 지급은 2025년에 하지만 2024년에 전 직원이 열심히 일해 회사에

수익이 발생했기 때문에 이에 대한 비용으로 처리하는 것입니다(수익·비용 대응의 원칙).

거래(사건)	〈차변〉		〈대변〉	
12월 31일(결산일)	성과금 (비용 발생)	10억 원	미지급비용 (부채 증가)	10억 원
익년 2월 28일(성과금 지급일)	미지급비용 (부채 감소)	10억 원	현금및현금성자산 (자산 감소)	10억 원

⑤ 예수금

직장에 다니는 사람이라면 세전 급여와 세후 지급액 간의 차이가 매우 크다는 사실을 알고 있을 것입니다. 그 이유는 국민연금, 건강보험 등 4대보험료와 갑근세 등을 떼고 받기 때문이죠. 이렇게 뗀 보험료와 세금 등은 회사가 잠시 맡아놨다가 다음 달 10일에 보험공단과 세무서에 대신 납부해줍니다. 이렇게 잠시 맡았다가 납부하는 돈을 예수금이라고 합니다. 회사 입장에서는 잠시 맡아둔 돈이지만 결국에는 보험공단과 세무서에 내야 할 돈이므로 그때까지 부채로 처리합니다.

거래(사건)	〈차변〉		〈대변〉	
직원 급여 1억 원을 비용 처리하면서 4대보험료와 갑근세 등 1,000만 원을 예수금 처리함	급여 (비용 발생)	1억 원	현금및현금성자산 (자산 감소) 예수금 (부채 증가)	9,000만 원 1,000만 원
예수금으로 처리한 4대보험료와 갑근세를 보험공단과 세무서에 납부함	예수금 (부채 감소)	1,000만 원	현금및현금성자산 (자산 감소)	1,000만 원

⑥ 선수금

회사는 거래에 앞서 거래처에 선금 1억 원을 요구했습니다. 돈을 먼저 보내주면 그 후에 제품을 납품할 예정입니다. 돈이 들어오면 회사는 부채로 인식해야 합니다. 거래가 발생하기 전에 돈을 먼저 받았으니 나중에 제품을 납품할 의무가 생겼기 때문에 부채로 처리하는 것입니다. 입금 후 회사가 거래처에 제품을 보내준다면 그 시점에 선수금을 상계하고 매출로 처리하면 됩니다.

거래(사건)	〈차변〉		〈대변〉	
거래처로부터 1억 원의 선금이 입금됨	현금및현금성자산 (자산 증가)	1억 원	선수금 (부채 증가)	1억 원
회사는 1억 원에 해당하는 제품(원가 9,000만 원)을 거래처에 납품함	선수금 (부채 감소) 매출원가 (비용 발생)	1억 원 9,000만 원	매출액 (수익 발생) 재고자산 (자산 감소)	1억 원 9,000만 원

⑦ 미지급법인세

12월 31일에 회계 기간이 종료되는 회사의 법인세 신고 및 납부일은 익년 3월 31일입니다. 회사는 3개월 동안 회계 결산을 끝내고 세무조정까지 마쳐야 합니다. 회계 결산은 회계기준을 따라야 하고, 법인세 신고는 세법에 맞게 계산해야 합니다. 그러려면 회계 장부를 세법에 맞게 다시 작성해야 하는데, 이를 '세무조정'이라고 합니다.

회계는 발생주의, 수익·비용 대응의 원칙 등을 따라야 하고, 세법은 권리·의무확정주의를 따라야 합니다. 회계에서는 수익으로 처리하지만 세법에서는 인정하지 않는 경우도 있고, 반대로 세법에서는 수익인데 회계에서는 그렇지 않은 경우도 있습니다. 비용도 마찬가지겠죠?

예를 들어 회계 장부에서 수익 1,000원, 비용 800원, 순이익 200원으로 결산을 끝냈습니다. 이 회계 장부로 법인세를 신고해야 하는데, 세법에서는 수익 1,000원 중 600원만 인정하고 비용 800원 중 200원만 인정된다고 가정해보겠습니다. 이때 회계 장부를 다음과 같이 조정해야 합니다.

회계 장부		세무조정		세무조정계산서	
수익	1,000원	익금불산입	400원	익금	600원
비용	800원	손금불산입	600원	손금	200원
순이익	200원			과세표준	400원

회계 장부상으로는 순이익 200원에 법인세율을 곱해 세금을 납부하는 것으로 생각할 수 있지만, 세법에서 볼 때는 400원은 수익으로 인정하지 않고 600원을 비용으로 인정하지 않으니 과세표준 400원에 해당하는 부분에 대해서만 세금을 내면 됩니다. 세법에서는 수익을 '익금', 비용을 '손금'이라고 합니다. 수익, 즉 익금으로 인정하는 부분이 600원이니 400원은 익금에 산입하면 안 됩니다(익금불산입). 그리고 비용, 즉 손금으로 인정하는 부분이 200원이니 600원은 손금에 산입하면 안 됩니다(손금불산입). 이런 식으로 회계와 세무 간 조정 후 작성된 계산서를 '세무조정계산서'라고 합니다. 회사는 이 자료를 근거로 3월 말에 법인세를 신고·납부해야 합니다.

3월 말에 법인세를 신고·납부하는데 이를 왜 결산기에 미지급법인세(부채)로 회계 처리하는 것일까요? 2025년 3월에 법인세를 신고·납부하는 이유는 2024년에 수익과 비용이 발생했기 때문입니다. 원래는 2024년에 내야 하는 세금이지만 결산하는 시간이 필요하니 3개월 뒤에 내라고 하는 것입니다. 납부만 다음 연도인 2025년에 할 뿐, 법인세비용은 수익과 비용이 발생한 2024년의 비용으로 인식하는 게 맞습니다. 그래서 2024년에 법인세비용으로 처리하고 같은 금액만큼 미지급법인세 계정과목을 사용해 부채로 잡았다가 납부하는 시점에 상계 처리합니다.

2024년 12월 31일로 회사의 회계 기간이 종료되었습니다. 회사는 3월 초까지 결산을 마무리했고, 세무조정을 해보니 1억 원의 법인세를 납부해야 하는 것으로 계산되었습니다. 회사는 마감된 장부를 풀어 12월 31일 자로 법인세 회계 처리를 하고, 장부를 다시 마감했습니다. 법인세는 3월 31일에 납부할 예정입니다.

거래(사건)	〈차변〉		〈대변〉	
2024년 12월 31일(회계연도종료일)	법인세비용 (비용 발생)	1억 원	미지급법인세 (부채 증가)	1억 원
2025년 3월 31일(법인세신고·납부일)	미지급법인세 (부채 감소)	1억 원	현금및현금성자산 (자산 감소)	1억 원

2024년 12월 31일로 회사의 회계 기간이 종료되었습니다. 회사는 3월 초까지 결산을 마무리했고, 세무조정을 해보니 1억 원의 법인세를 납부해야 하는 것으로 계산되었습니다. 한편 회사는 2024년 중에 이자소득이 발생하면서 원천세로 154만 원을 납부한 것이 있어 실제로 내야 할 세금은 9,846만 원입니다.

회사는 마감된 장부를 풀어 12월 31일 자로 법인세 회계 처리를 하고, 장부를 다시 마감했습니다. 법인세는 3월 31일에 납부할 예정입니다.

거래(사건)	〈차변〉		〈대변〉	
이자소득 발생 시점	현금및현금성자산 (자산 증가) 선납법인세 (자산 증가)	846만 원 154만 원	이자수익 (수익 발생)	1,000만 원
2024년 12월 31일(회계연도종료일)	법인세비용 (비용 발생)	1억 원	선납법인세 (자산 감소) 미지급법인세 (부채 증가)	154만 원 9,846만 원
2025년 3월 31일(법인세신고·납부일)	미지급법인세 (부채 감소)	9,846만 원	현금및현금성자산 (자산 감소)	9,846만 원

⑧ 부가세예수금

재화를 구입하거나 서비스를 제공받으면 10%의 부가세가 포함된 계산서를 받게 됩니다. 단, 농산품이나 버스요금 등 일부 항목은 부가세 면세 대상이라 10%가 포함되지 않습니다. 그 재화를 판매하거나 서비스를 제공하는 회사는 1,000원짜리를 팔면서 1,100원을 받게 됩니다. 그렇다고 그 100원은 회사가 갖는 돈이 아닙니다. 국가에 세금으로 내야 할 돈을 잠시 맡아둘 뿐인 거죠. 그렇기 때문에 부가세예수금은 부채가 됩니다.

거래(사건)	〈차변〉		〈대변〉	
회사는 1,000원짜리 물품을 부가세 10%를 붙여 1,100원에 외상으로 판매함	매출채권 (자산 증가)	1,100원	매출액 (수익 발생) 부가세예수금 (부채 증가)	1,000원 100원
회사는 부가세를 납부함	부가세예수금 (부채 감소)	100원	현금및현금성자산 (자산 감소)	100원

054 비유동부채의 종류와 회계 처리 사례

회계 무작정 따라하기

비유동부채의 회계 처리

① 판매보증충당부채

회사가 제품을 판매하고 일정 기간 동안 무상으로 판매 보증을 하는 경우가 있습니다. 우리가 큰돈을 들여 구입하는 자동차나 가전제품은 기본적으로 무상 수리 보증 기간이 있습니다. 이 기간 동안 발생하는 수리비는 전적으로 회사가 부담합니다. 회사는 미래에 발생할 이 수리비용을 부채로 처리해야 합니다.

그렇다면 미래에 벌어질 사건(A/S)에 대해 현재 부채를 잡아야 한다면 얼마를 잡는 것이 좋을까요? 정답은 없습니다. 기업들이 알아서 잘 잡아야 합니다. LG전자는 판매보증충당부채로 1조 원 정도를 잡아놓았습니다. 연 매출액이 84조 원이고, 짧게는 1년, 길게는 몇 년씩 무상 보증을 제공하니 그 정도는 잡아야 하나 봅니다. LG전자는 A/S 경험을 통해 축적된 데이터를 바탕으로 그 금액을 계산했을 것입니다.

예를 들어 회사가 제품 판매가액의 1%를 충당부채로 잡는다면 다음과 같이 회계 처리가 됩니다.

거래(사건)	〈차변〉		〈대변〉	
제품 판매액 100억 원에 대하여 판매보증충당부채를 설정함	판매보증비 (비용 발생)	1억 원	판매보증충당부채 (부채 증가)	1억 원

여덟째마당 재무상태표와 손익계산서를 작성합니다 **283**

작년에 고객이 구입한 김치냉장고가 고장이 나 LG전자가 10만 원짜리 부품을 무상으로 교체해주었다면 다음과 같이 회계 처리가 됩니다.

거래(사건)	〈차변〉		〈대변〉	
10만 원짜리 부품을 무상으로 교체해줌	판매보증충당부채 (부채 감소)	10만 원	저장품 (자산 감소)	10만 원

즉 제품을 판매한 시점에 비용과 충당부채를 추정해 잡고, 실제 A/S를 제공하는 시점에는 부채를 상계합니다. 앞서 제품을 판매한 시점, 즉 수익이 발생한 시점에 비용을 대응시켜 잡는 것을 수익·비용 대응의 원칙이라고 배웠습니다. 수익이 발생한 시점에 비용도 인식한다는 논리였죠. 제품을 판매하고 다음 해 이후에 A/S가 발생한다고 해서 그때 비용 처리를 할 수는 없다는 이야기입니다. 그 제품에 대한 매출은 과거에 이루어졌기 때문에 비용도 그 시점에 미리 잡아야지, 매출이 없는 해에 비용만 잡을 수는 없습니다. 비용을 투입하지 않고 얻는 수익은 없기 때문에 수익과 비용은 항상 같은 시점에 인식해야 합니다. 그래서 '수익-비용=이익'인 것입니다.

② 퇴직급여충당부채

회사에 다니는 사람은 누구나 1년 이상 근속하면 퇴직금을 받을 권리가 있습니다. 통상 1년 일하면 30일분 이상의 평균 임금을 받습니다. 회사는 직원이 퇴사할 때 퇴직금을 지급해야 할 의무가 있습니다. 그래서 퇴직급여충당부채라는 계정과목을 씁니다. 미래에 지급해야 할 의무가 있으니 부채이고, 충당이라는 용어가 들어가는 이유는 판매보증충당부채처럼 추정치이기 때문입니다. 미래에 지급해야 하는 돈이라서 계산 방식이 복잡합니다. 미래까지 발생될 것으로 예상되는 인건비 상승률, 직원 근무 기간, 물가상승률 등 다양한 변수를 고려해 계산해야 합니다.

회사는 자금 사정이 좋지 않거나 실적이 악화되고 있는 상황이라면 퇴직금이 부담이 될 수도 있습니다. 그렇다고 그동안 열심히 일한 직원이 퇴사한다는데, 퇴직금을 주지 않을 수는 없죠. 이런 부담들을 없애기 위해 일정 규모의 회사는 직원에게 지급할 퇴직금을 자체적으로 쌓아두지 않고 금융기관에 예치하고 있습니다. 즉 직원이 퇴사할 때 회사 금고에서 돈을 꺼내 지급하는 것이 아니라, 퇴사한 직원이 직접 금융기관에 가서 돈을 찾으면 됩니다. 이것을 '퇴직연금제도'라고 합니다.

예를 들어 회사가 직원들에 대한 1년 치 퇴직금 1억 원을 충당부채로 잡기로 했습니다. 그러면 다음과 같이 회계 처리가 됩니다.

거래(사건)	〈차변〉	〈대변〉
미래에 지급될 퇴직금 1억 원을 충당부채로 설정함	퇴직급여 1억 원 (비용 발생)	퇴직급여충당부채 1억 원 (부채 증가)

회사는 이 1억 원을 외부금융기관에 예치하기로 했습니다. 그러면 다음과 같이 회계 처리가 됩니다.

거래(사건)	〈차변〉	〈대변〉
미래에 지급될 퇴직금 1억 원을 외부금융기관에 예치함	사외적립자산 1억 원 (자산 증가)	현금및현금성자산 1억 원 (자산 감소)

말 그대로 사외에 자산을 적립했다는 의미입니다. 단, 이 1억 원을 갖고 갈 권리는 직원에게 있습니다. 회사는 건드릴 수 없죠. 그래서 말이 자산이지, 사실 자산이라고 보기 어렵습니다. 외부에 예치하는 순간부터 회삿돈이 아니니까요. 그래서 재무상태표에 다음과 같이 표기합니다.

(단위: 원)

재무상태표	
퇴직급여충당부채	100,000,000
사외적립자산	(100,000,000)

재무상태표의 자산 쪽에 자산이 1억 원 증가했다고 표시하는 것이 아니라, 부채 쪽의 퇴직급여충당부채를 차감하는 식으로 표시합니다. 부채에서 (-)는 자산 (+)와 방향이 같기 때문입니다.

회사가 퇴직급여충당부채를 쌓을 때 퇴직급여를 비용으로 처리하는 것도 앞서 설명한 수익·비용 대응의 원칙 때문입니다. 수익이 발생한 시점에 비용도 인식한다는 논리입니다. 그 해의 비용으로 처리하는 이유는 열심히 일한 직원들이 그 해에 매출을 만들어냈기 때문에 그 수익에 대응되는 비용(인건비)으로 보는 것입니다. 우리는 늘 '수익-비용=이익'이라는 공식을 기억하고 있어야 합니다.

055 자본의 종류와 회계 처리 사례

자본의 회계 처리

① 자본금, 자본잉여금

회사가 주주들로부터 사업자금을 투자받고 반대급부로 주식을 발행해 줄 때는 기업가치를 평가해 발행가액을 정합니다. 형식적으로 정하는 주식의 액면가액보다 발행가액이 더 큰 것이 일반적입니다.

이렇게 주식을 발행할 때 액면가액에 주식수를 곱한 것을 '자본금'이라고 합니다. 그리고 액면초과분에 대하여는 주식발행초과금이라는 계정과목을 씁니다. 이 계정과목은 자본잉여금에 포함됩니다. 회사가 신주를 발행하면 증권사 수수료나 등기비용, 회계 및 법률 수수료 등이 발생합니다. 이런 비용들은 주식발행초과금 감소로 회계 처리합니다. 이는 회사가 영업과 관련해서 발생한 비용도 아니고 영업외비용도 아닙니다. 그래서 증자를 하면서 발생한 돈에서 차감 처리하는 것입니다.

거래(사건)	〈차변〉	〈대변〉
액면가 500원, 발행가액 7,000원으로 주식 10만 주를 발행함	현금및현금성자산 7억 원 (자산 증가)	자본금 5,000만 원 (자본 증가) 주식발행초과금 6억 5,000만 원 (자본 증가)
주식 발행 관련 수수료, 등기비 등 1,000만 원이 발생함	주식발행초과금 1,000만 원 (자본 감소)	현금및현금성자산 1,000만 원 (자산 감소)

재무상태표에는 다음과 같이 표시됩니다.

(단위: 원)

재무상태표	
Ⅰ. 자본금	50,000,000
Ⅱ. 자본잉여금	640,000,000
주식발행초과금	640,000,000

② 이익잉여금(이익준비금, 미처분이익잉여금)

회사가 1년 동안 사업을 해서 발생시킨 매출에서 각종 비용(매출원가, 판매비와관리비)을 쓰고 영업 외적인 수익과 비용을 가감한 뒤 법인세비용까지 내면 마지막에 당기순이익이 남습니다. 이 순이익을 주주들과 공유하는데 이를 '배당'이라고 합니다.

배당금 지급은 의무 사항이 아닙니다. 이사회에서 배당금 지급 여부와 금액에 대한 결정을 하고, 주주총회에서 승인을 받아야 합니다. 주주들에게 배당금을 지급하고 남은 것을 '이익잉여금'이라고 합니다. 즉 매년 발생하는 순이익에서 주주들에게 배당금을 지급하고 남아 '잉여'라는 표현을 쓰는 것입니다. 손익계산서의 수익과 비용, 재무상태표의 이익잉여금의 흐름을 따라가면 다음 그림과 같습니다.

재무상태표			손익계산서	
자산	부채			매출액
			−	매출원가
	자본		=	매출총이익
	자본금		−	판매비와관리비
	자본잉여금		=	영업이익
	이익잉여금 ←		+	영업외수익
			−	영업외비용
			−	법인세비용
			=	당기순이익

이익잉여금은 크게 이익준비금과 미처분이익잉여금으로 나눕니다. 이익준비금은 배당금의 10%만큼 적립하는 것을 의미합니다. 회사가 주주들에게 총 1억 원의 배당금을 지급하기로 결정했다면, 이익준비금 1,000만 원을 쌓아야 합니다. 이익준비금은 상법에 따라 자본금의 50%까지 쌓아야 합니다.

미처분이익잉여금이라는 명칭은 말 그대로 이익잉여금인데, 아직 처분하지 않았다는 의미입니다. 12월 31일에 결산을 끝내는 회사 입장에서는 당기순이익까지는 결정되었는데 배당금 지급은 결정이 안 된 상태이기 때문에 '미처분'이라는 용어를 쓰는 것입니다. 배당금 지급은 다음 연도 3월 주주총회에서 결정됩니다. 다음에 소개하는 삼성전자의 결산 일정을 통해 이 개념을 이해해보도록 합시다.

삼성전자의 결산 일정

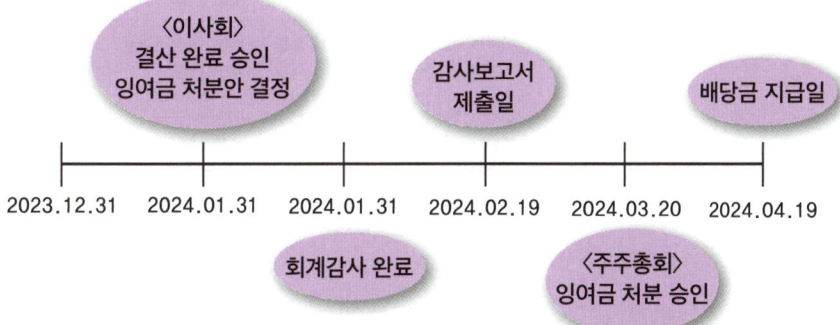

삼성전자의 회계연도 종료일은 2023년 12월 31일입니다. 다른 기업들에 비해 결산 속도가 매우 빠른 편이라 1월 31일에 모든 결산을 끝냈고, 이사회는 재무제표를 승인했습니다. 그리고 잉여금 처분안, 즉 배당금을 얼마 지급할지도 결정했습니다. 이는 처분안에 대한 결정이지, 처분에 대한 결정은 아닙니다.

1월 31일에 회계감사도 끝났고 2월 19일에 감사보고서도 제출되었으니 재무제표는 최종 확정되었습니다. 그런데 재무제표도, 잉여금 처분(배당금 지급)도 최종 승인권자는 주주들입니다. 주주들이 자본을 납입해 세운 회사이기 때문에 회사의 주인인 주주들에게 승인을 받아야 합니다. 삼성전자는 3월 20일에 열린 주주총회에서 주주들에게 재무제표와 잉여금 처분을 승인받았습니다. 그리고 그다음 달인 4월 19일에 주주들에게 배당금을 입금해주었습니다. 그래서 2023년 12월 31일 기준 재무상태표 이익잉여금 앞에 '미처분'이라는 용어가 붙는 것입니다. 2024년 3월 20일에 처분을 했으니 12월 말에 이렇게 용어를 쓸 수밖에 없습니다.

거래(사건)	〈차변〉	〈대변〉
회사는 당기순이익 50억 원으로 결산이 종료됨	당기순이익 50억 원 (비용 발생)*	미처분이익잉여금 50억 원 (자본 증가)
주주총회에서 배당금 지급안 5억 원을 승인함	미처분이익잉여금 5억 원 (자본 감소)	미지급배당금 5억 원 (부채 증가)
회사는 배당금 지급액의 10%를 이익준비금으로 적립함	미처분이익잉여금 5,000만 원 (자본 감소)	이익준비금 5,000만 원 (자본 증가)
회사는 주주총회 후 한 달 뒤에 주주들에게 배당금을 입금함	미지급배당금 5억 원 (부채 감소)	현금및현금성자산 5억 원 (자산 감소)

* 당기순이익이 실제로 감소하는 것도 아니고 비용 발생도 아님. 당기순이익이 자본인 미처분이익잉여금으로 대체되는 걸 보여주는 것임

056 손익계산서 작성과 회계 처리 정리

상장 기업과 비상장 기업의 손익계산서

앞서 언급한 것처럼 분개장에서 작성된 수익과 비용은 모여서 손익계산서로 보내집니다. 회계 프로그램이 알아서 작성해주므로 우리가 손익계산서를 손으로 그릴 일은 없을 것입니다. 손익계산서는 업종이나 회계기준에 따라 다양한 모습을 보입니다. 제조업은 얼마에 만들어서 얼마에 파는지가 중요하기 때문에 매출원가, 매출총이익이 중요합니다. 도소매업도 마찬가지입니다. 얼마에 사와서 얼마에 파는지가 중요하므로 역시 매출원가, 매출총이익이 중요할 수밖에 없습니다. 그러나 서비스업은 다릅니다. 얼마에 만들지도 않고 사오지도 않습니다. 재고 자체가 없기 때문에 매출원가, 매출총이익을 보여줄 필요가 없습니다. 비상장 기업이 주로 적용받는 일반회계기준은 영업이익 아랫단에 영업외수익, 영업외비용이 옵니다. 그러나 상장 기업이 적용받는 한국채택국제회계기준은 영업이익 아랫단에 영업외수익을 기타수익과 금융수익으로, 영업외비용을 기타비용과 금융비용으로 나눕니다.

다음은 비상장 기업의 손익계산서입니다. 왼쪽은 제조업과 도소매업의 손익계산서, 오른쪽은 서비스업의 손익계산서입니다.

비상장 기업 사례: 제조업과 도소매업의 손익계산서(좌)와 서비스업의 손익계산서(우)

과목	당기	전기
Ⅰ. 매출액		
Ⅱ. 매출원가		
Ⅲ. 매출총이익		
Ⅳ. 판매비와관리비		
Ⅴ. 영업이익		
Ⅵ. 영업외수익		
Ⅶ. 영업외비용		
Ⅷ. 법인세비용차감전순이익		
Ⅸ. 법인세비용		
Ⅹ. 당기순이익		

과목	당기	전기
Ⅰ. 영업수익		
Ⅱ. 영업비용		
Ⅲ. 영업이익		
Ⅳ. 영업외수익		
Ⅴ. 영업외비용		
Ⅵ. 법인세비용차감전순이익		
Ⅶ. 법인세비용		
Ⅷ. 당기순이익		

서비스업의 손익계산서는 매출액 대신 영업수익으로, 매출원가 그리고 판매비와관리비 대신 영업비용으로 표기했습니다. 매출액과 영업수익은 같은 의미인데, 제조업은 매출원가, 매출총이익과 대응하기 위해 매출액이 자연스럽고, 서비스업은 영업비용과 대응하기 위해 영업수익이 자연스럽습니다.

서비스업의 손익계산서도 좌측의 손익계산서처럼 만들어도 됩니다. 보기가 불편할 뿐이지, 회사가 규칙을 세워 회계 처리하면 됩니다. 예를 들어 매출 창출에 기여하는 부서에서 발생하는 모든 비용은 매출원가, 나머지 부서에서 발생하는 비용은 판매비와관리비로 처리하는 것입니다. 서비스업을 영위하는 회사가 회계 프로그램을 구입하거나 회계 ERP(전사적 자원관리)를 구축할 때 제조업의 것을 깔았다면 그렇게 비용 처리를 해도 됩니다. 단, 비용 배분 원칙은 지켜야 합니다. 그래야 외부 정보 이용자들도 헷갈리지 않을 것입니다.

상장 기업들이 적용하는 한국채택국제회계기준의 손익계산서는 다음과 같이 조금 더 복잡합니다.

상장 기업 사례: 제조업과 도소매업의 손익계산서(좌)와 서비스업의 손익계산서(우)

과목	당기	전기
매출액		
매출원가		
매출총이익		
판매비와관리비		
영업이익		
지분법손익		
기타수익		
기타비용		
금융수익		
금융비용		
법인세비용차감전순이익		
법인세비용		
당기순이익		
기타포괄손익		
총포괄손익		

과목	당기	전기
영업수익		
영업비용		
영업이익		
지분법손익		
기타수익		
기타비용		
금융수익		
금융비용		
법인세비용차감전순이익		
법인세비용		
당기순이익		
기타포괄손익		
총포괄손익		

영업이익까지는 일반회계기준과 똑같고, 영업이익 아랫단부터 차이가 발생합니다. 앞서 언급했듯, 영업외수익은 기타수익과 금융수익으로 나누었고, 영업외비용은 기타비용과 금융비용으로 나누었습니다. 이자수익이나 배당수익 같은 금융수익과 이자비용 같은 금융비용을 따로 표기해 정보 이용자들에게 도움을 주려는 취지입니다.

지분법손익은 일반회계기준에서 영업외수익이나 영업외비용에 포함되는 항목인데, 한국채택국제회계기준에서는 영업이익 아랫단에 별도로 표기합니다. 지분법손익은 관계기업(지분율 20% 내외 계열사)이 벌어들인 이익을 의미합니다. 예를 들어 A회사가 B회사의 주식을 20% 보유하고 있어 계열사로 편입했습니다. B회사는 올해 10억 원의 순이익을 달성했습니다. A회사가 B회사에 20%의 영향력을 행사하기 때문에 순이익 10억 원의 20%인 2억 원은 A회사의 몫이라고 봅니다. 이를 '지분법이익'이라고 합니다. 반대로 B회사가 올해 10억 원의 순손실을 달성했다면, A회사는 2억 원의 '지분법손실'을 인식합니다.

비상장 기업의 손익계산서는 당기순이익에서 끝나는데, 한국채택국제회계기준은 당기순이익 밑에 기타포괄손익과 총포괄손익이 더 나옵니다. 기타포괄손익은 매도가능증권평가이익 회계 처리 때 살펴봤듯, 미실현손익을 의미합니다. 1년 동안 발생하는 미실현손익을 손익계산서의 당기순이익 밑에 기타포괄손익으로 표시합니다. 그리고 그 금액이 누적된 것은 자본에 기타포괄손익누계액에 표시합니다. 사실 아무도 관심이 없는 계정과목이긴 하지만, 한국채택국제회계기준에서는 당기순이익(실현이익)과 기타포괄손익(미실현손익)을 합친 총포괄손익까지 공시할 것을 요구합니다.

손익계산서가 너무 길어지다 보니 삼성전자 같은 기업은 손익계산서를 2개 만듭니다. 매출액부터 순이익까지인 손익계산서 하나와 당기순이익부터 총포괄손익까지인 포괄손익계산서 하나를 각각 만들고 있죠. 포괄손익계산서를 보는 사람은 많지 않을 듯싶네요. 대부분의 사람은 당해의 매출액부터 당기순이익까지 실현손익을 알고 싶어 하니까요.

손익계정의 회계 처리

굿바디주식회사의 창업부터 일어난 수많은 거래를 통해 배웠던 손익 관련 계정과목들을 모아 정리하는 취지로 개념과 회계 처리들을 쭉 살펴보겠습니다.

① 매출액

제조업과 도소매업은 '판매가격×판매량', 서비스업은 '서비스대가'로 매출액을 정의할 수 있습니다. 판매하면서 할인한 부분은 차감하고, 부가세(VAT)도 포함되지 않습니다. 상거래는 대부분 외상으로 이루어지므로 매출액 발생 시 매출채권이 같이 생겨나며, 대금 회수와 함께 상계됩니다.

> **알아두세요**
>
> **공급가액과 공급대가**
> 공급가액은 VAT가 포함되기 전의 금액을 말하고, 공급대가는 VAT가 포함된 가액을 말합니다.

거래(사건)	〈차변〉		〈대변〉	
공급가액* 1억 원의 제품을 할인해 9,000만 원에 외상 판매함. 단, VAT는 별도임	매출채권 (자산 증가)	9,900만 원	매출액 (수익 발생) VAT예수금 (부채 증가)	9,000만 원 900만 원
외상대가 입금됨	현금및현금성자산 (자산 증가)	9,900만 원	매출채권 (자산 감소)	9,900만 원

② 매출원가

제조업은 생산한 제품이 판매될 때, 도소매업은 매입한 상품이 판매될 때 재고자산을 감소시키면서 매출원가로 비용 처리를 합니다.

거래(사건)	〈차변〉		〈대변〉	
재료비, 인건비, 경비 등을 투입해 생산한 5,000만 원짜리 제품을 6,000원에 판매하기로 함. 단, VAT는 별도임	매출원가 (비용 발생) 매출채권 (자산 증가)	5,000만 원 6,600만 원	제품 (자산 감소) 매출액 (수익 발생) VAT예수금 (부채 증가)	5,000만 원 6,000만 원 600만 원
도매상에서 8,000만 원에 매입한 상품을 9,000만 원에 판매하기로 함. 단, VAT는 별도임	매출원가 (비용 발생) 매출채권 (자산 증가)	8,000만 원 9,900만 원	상품 (자산 감소) 매출액 (수익 발생) VAT예수금 (부채 증가)	8,000만 원 9,000만 원 900만 원

③ 판매비와관리비

판매 및 관리 부서에서 발생하는 경비성 비용들을 '판매비와관리비'라고 합니다. 만약 서비스업에서 손익계산서의 영업비용 대신 매출원가,

판매비와관리비로 분류한다면 부서별로 비용을 처리한 뒤 결산기 때 매출원가, 판매비와관리비로 분류하면 됩니다.

거래(사건)	〈차변〉		〈대변〉	
제조업을 영위하는 A사는 이달 영업 부서 복리후생비, 임차료, 광고선전비로 1,000만 원씩을 집행함	복리후생비 임차료 광고선전비 (비용 발생)	1,000만 원 1,000만 원 1,000만 원	현금 (자산 감소)	3,000만 원

④ 영업외수익

영업활동 이외에서 발생하는 수익을 의미합니다. 회사가 유형자산을 매각할 때 장부가액(취득가액-감가상각누계액)보다 높은 금액을 받으면 유형자산처분이익이 발생합니다. 여유자금을 정기예금에 넣으면 이자수익이 나옵니다. 회사는 유형자산을 처분하는 것이 주 사업이 아니므로 처분이익이 매출이 될 수 없습니다. 또한 투자회사도 아니므로 자금 운용에서 발생되는 이자수익도 매출액이 될 수 없습니다. 따라서 이런 수익들은 모두 영업외수익이 됩니다.

영업외수익의 종류는 다음과 같습니다.

- **유형자산처분이익**: 매각가액과 장부가액(취득가액-감가상각누계액)의 차이
- **외화환산이익**: 외화채권·채무 발생일과 결산일 간의 양(+)의 환율 변동분
- **외환차익**: 외화채권·채무 입금·지급일과 결산일 간의 양(+)의 환율 변동분
- **이자수익**: 현금으로 입금된 이자수익 및 미수수익 발생분
- **잡이익**: 영업활동 외에 발생한 수익 중 특정 계정과목이 없는 경우

거래(사건)	〈차변〉		〈대변〉	
제조업을 영위하는 A사는 사용하지 않는 기계장치(취득가액 1,000만 원, 감가상각누계액 500만 원)를 중고시장에 600만 원에 매각하고 다음 달에 돈을 받기로 함	미수금 (자산 증가) 감가상각누계액 (자산 증가)	600만 원 500만 원	기계장치 (자산 감소) 유형자산처분이익 (수익 발생)	1,000만 원 100만 원
A사는 미국 거래처로부터 받아야 하는 수출대금 1만 달러를 결산기말까지 회수하지 못함. 판매 후 결산기까지 환율은 50원/달러 오름	매출채권 (자산 증가)	50만 원	외화환산이익	50만 원
익년에 A사의 수출대금 1만 달러가 입금됨. 결산기말 환율은 1,350원/달러였고, 입금 시점 환율은 1,400원/달러임	현금및현금성자산 (자산 증가)	1,400만 원	매출채권 (자산 감소) 외환차익 (수익 발생)	1,350만 원 50만 원
결산일에 W은행 정기예금 관련 이자 100만 원이 입금됨. 한편 S은행 정기예금 관련해서는 결산일에 50만 원의 미수수익이 발생함	현금및현금성자산 (자산 증가) 미수수익 (자산 증가)	100만 원 50만 원	이자수익 (수익 발생) 이자수익 (수익 발생)	100만 원 50만 원
금속제품을 생산하는 A사는 생산 과정에서 생긴 금속 부스러기(스크랩)를 모아 폐기물업체에 100만 원(VAT 별도)에 매각함	현금및현금성자산 (자산 증가)	110만 원	잡이익 (수익 발생) VAT예수금 (부채 증가)	100만 원 10만 원

⑤ 영업외비용

영업활동 이외에서 발생하는 비용을 의미합니다. 회사가 유형자산을 매각할 때 장부가액(취득가액-감가상각누계액)보다 낮은 금액을 받으면 유형자산처분손실이 발생합니다. 그리고 은행에서 대출을 받으면 이자비용이 발생합니다. 회사는 유형자산을 처분하는 것이 주 사업이 아니므로 처분손실이 매출원가나 판매비와관리비가 될 수 없습니다. 또한 차입금에서 발생되는 이자비용도 영업에 투입되는 비용이 아니므로 영업이익 윗단의 비용으로 올릴 수 없습니다. 따라서 이런 비용들은 모두 영업외비용이 됩니다.

영업외비용의 종류는 다음과 같습니다.

- **유형자산처분손실**: 장부가액(취득가액-감가상각누계액)과 매각가액의 차이
- **외화환산손실**: 외화채권·채무 발생일과 결산일 간의 음(-)의 환율 변동분
- **외환차손**: 외화채권·채무 입금·지급일과 결산일 간의 음(-)의 환율 변동분
- **이자비용**: 현금으로 지급한 이자비용 및 미지급 이자 발생분
- **기부금**: 회사가 영업과 관련 없이 순수한 목적으로 기부금을 낸 경우
- **잡손실**: 영업활동 외에 발생한 손실 중 특정 계정과목이 없는 경우

거래(사건)	〈차변〉		〈대변〉	
제조업을 영위하는 A사는 건물(취득가액 10억 원, 감가상각누계액 2억 원)을 6억 원에 매각하고 다음 달에 돈을 받기로 함	미수금 (자산 증가) 감가상각누계액 (자산 증가) 유형자산처분손실 (비용 발생)	6억 원 2억 원 2억 원	유형자산 (자산 감소)	10억 원
A사는 미국 거래처로부터 받아야 하는 수출대금 1만 달러를 결산기말까지 회수하지 못함. 판매 후 결산기까지 환율은 50원/달러 떨어짐	외화환산손실 (비용 발생)	50만 원	매출채권 (자산 감소)	50만 원
익년에 A사의 수출대금 1만 달러가 입금됨. 결산기말 환율은 1,400원/달러였고, 입금 시점 환율은 1,350원/달러임	현금및현금성자산 (자산 증가) 외환차손 (비용 발생)	1,350만 원 50만 원	매출채권 (자산 감소)	1,400만 원
결산일에 W은행 차입금 관련 이자 100만 원을 지급함. 한편 S은행 대출 관련해서는 결산일에 50만 원의 미지급 이자가 발생함	이자비용 (비용 발생) 이자비용 (비용 발생)	100만 원 50만 원	현금및현금성자산 (자산 감소) 미지급비용 (부채 증가)	100만 원 50만 원
회사는 후원처인 ○○어린이재단에 1억 원의 기부금을 냄	기부금 (비용 발생)	1억 원	현금및현금성자산 (자산 감소)	1억 원
법인 트럭이 속도를 위반해 범칙금 10만 원을 납부함	잡손실 (비용 발생)	10만 원	현금및현금성자산 (자산 감소)	10만 원

⑥ 법인세비용

매출액에서 매출원가, 판매비와관리비를 차감하고 발생한 영업이익에서 영업 외적인 수익과 비용을 가감한 후에 계산된 법인세비용차감전순이익 기준으로 도출된 법인세입니다. 단, 회계적으로 계산된 수익, 비용과 세법상 계산된 익금(수익), 손금(비용)이 다르기 때문에 손익계산서상 법인세비용차감전순이익에 법인세율을 곱해 계산하는 것은 아닙니다. 앞서 세무조정이라는 복잡한 과정을 거쳐 법인세가 계산된다고 이야기했죠?

거래(사건)	〈차변〉		〈대변〉	
세무조정계산서상 올해 납부할 법인세는 1억 원으로 계산됨. 회사는 당기 결산에 이 숫자를 반영함	법인세비용 (비용 발생)	1억 원	미지급법인세 (부채 증가)	1억 원
회사는 법인세 납부 기한인 익년 3월 31일에 법인세 1억 원을 납부함	미지급법인세 (부채 감소)	1억 원	현금및현금성자산 (자산 감소)	1억 원

무작정 따라하기

알쏭달쏭 회계 퀴즈

▼Q1   다음 7가지 거래에 대한 분개를 직접 해보세요. 단, 부가세는 생략합니다.

① 스타벅스는 오늘 e카드 충전으로 10억 원이 들어왔다.
② G마켓은 이번 주에 상품을 100억 원어치 판매했다. 입점사와의 계약 요건에 따라 오늘 15%의 수수료를 현금으로 받았다.
③ A사는 본사에서 사용하던 사무실 비품(취득원가 1억 원, 감가상각누계액 5,000만 원)을 6,000만 원에 매각했다. 대금은 다음 달에 들어올 예정이다.
④ B사는 이번 달 전 직원 급여 10억 원을 지급하면서 갑근세와 4대보험료로 1억 원을 원천징수했다.
⑤ 12월 31일에 차입금에 대한 6개월 기간의 이자 6억 원을 비용으로 처리했다.
⑥ 장기차입금 2억 원의 만기가 1년 이내로 도래했다.
⑦ 회사는 연 매출액 100억 원의 1%에 대하여 판매보증충당부채를 설정했다.

구분	〈차변〉	〈대변〉
①		
②		

③	
④	
⑤	
⑥	
⑦	

▼정답

구분	〈차변〉	〈대변〉
①	현금및현금성자산 10억 원(자산 증가)	선수금 10억 원(부채 증가)
②	현금및현금성자산 15억 원(자산 증가)	매출액 15억 원(수익 발생)
③	미수금 6,000만 원(자산 증가) 감가상각누계액 5,000만 원(자산 증가)	유형자산 1억 원(자산 감소) 유형자산처분이익 1,000만 원(수익 발생)
④	급여 10억 원(비용 발생)	현금및현금성자산 9억 원(자산 감소) 예수금 1억 원(부채 증가)
⑤	이자비용 6억 원(비용 발생)	미지급비용 6억 원(부채 증가)
⑥	장기차입금 2억 원(부채 감소)	유동성장기부채 2억 원(부채 증가)
⑦	판매보증비 1억 원(비용 발생)	판매보증충당부채 1억 원(부채 증가)

MEMO

- **057** 재무제표를 볼 줄 알아야 하는 이유
- **058** 재무 안정성을 검토해봅시다
- **059** 재무상태표 분석을 위해 계정을 분류해봅시다
- **060** 손익계산서를 제대로 읽어봅시다
- **061** 영업 외 부분에서 중요한 것
- **062** 재무비율을 구해봅시다
- **063** 현금흐름표를 분석해봅시다

아홉째 마당

회사의 재무제표를 분석합니다

회계 무작정 따라하기

 회계 이야기

재무제표를 해석해보자

여러분은 다음 중 어디에 속하나요?
회사 경영진, 회사 구성원, 입사 예정자, 주주, 은행, 회사 거래처, 세무서 등 공공기관 담당자….
사실 경제활동을 하는 사람이라면 여기 어딘가에 속할 것입니다. 그래서 회계 지식과 재무제표 분석 능력은 모두에게 필요하다고 말할 수 있습니다.

이해관계자들은 재무제표를 분석할 때 주의 깊게 보는 내역이 조금씩 다릅니다. 우선 회사 경영진이나 구성원은 수익성, 안정성, 효율성 등 따질 것이 많습니다. 주주는 수익성과 성장성을 우선순위에 둘 것이고, 은행은 안정성과 대출 상환 능력을 중점적으로 볼 것입니다. 입사 예정자는 회사가 망하지는 않을지, 보너스를 많이 받을 수 있을지 등을 염두에 두고 안정성과 수익성 위주로 보겠죠. 외상 거래를 하는 거래처는 회사가 한두 달 뒤에 돈을 줄 수 있을 정도로 안정성과 수익성이 좋은지를 살펴볼 것입니다.
안정성은 재무상태표를 통해, 수익성은 손익계산서를 통해 확인할 수 있습니다. 대출 상환 능력이나 효율성 등은 재무상태표와 손익계산서를 모두 확인해야 합니다.

많은 사람이 재무제표를 분석할 때 중요 계정과목을 찍어서 보는 방법을 사용합니다. 중요성의 기준은 사람마다 다릅니다. 얼마 이상의 금액이 중요하다고 생각하는 사람도 있고, 매출채권이나 재고자산 같은 계정과목의 질적 내용을 중요하게 생각하는 사람도 있죠.

그런데 막상 분석을 해보면 딱딱 찍어서 보는 방법은 그다지 유용하지 않습니다. 매출액과 매출채권, 재고자산과 매출원가 등 서로 연결되는 계정과목이 많아 재무상태표와 손익계산서를 유기적으로 분석해야 하기 때문입니다.

또한 회사가 속해 있는 산업의 전망, 회사의 경쟁력, 회사의 비용 구조, 주요 원자재 가격의 흐름 등도 파악해야 제대로 분석할 수 있습니다.

가장 간단하게 분석하는 방법은 재무비율을 따져보는 것입니다. 유동비율, 부채비율 등이 많이 알려져 있죠. 분자와 분모에 계정과목의 숫자들을 대입해 산출하기 때문에 비교적 쉽습니다. 단, 그 비율을 해석할 때는 주의할 사항이 있습니다. 그 부분도 알아두어야겠죠?

분석에는 정답이 없지만 해석을 제대로 하지 못하면 낭패를 볼 수 있으니 여러 분석 기법을 알아둘 필요가 있습니다. 그래서 마지막 〈아홉째마당〉은 재무상태표와 손익계산서를 분석하는 방법, 재무비율을 해석하는 방법 등으로 채웠습니다.

057 재무제표를 볼 줄 알아야 하는 이유

누구에게나 재무제표는 필수 과목

지금까지 살펴본 내용을 바탕으로 재무제표를 분석해보도록 하겠습니다. 재무제표 분석은 많은 사람에게 반드시 필요합니다. 회계는 회계 직무가 아닌 회사원과 취업 준비생들에게는 교양 필수 과목이고, 회계 직무 회사원과 금융권 종사자, 투자자 등에게는 전공 필수 과목입니다. 회계는 '기업의 언어'라고 합니다. 회사의 각 부서에서 하는 일은 다르지만 하나의 목표를 향해 움직이는 것은 같습니다. 그리고 마지막 목표와 중간 과정에서 항상 숫자로 이야기합니다. 특히 일정 수준 이상의 커리어가 쌓이면 회계 공부는 더더욱 절실해집니다. 경영진과 소통해야 하고, 회사의 이익극대화를 위한 의사결정이나 대안을 제시해야 하는데, 이때 회계 능력과 숫자 센스가 빛을 발합니다.

회계 부서가 아니더라도 영업 부서나 구매 부서 같은 곳에서 근무하게 되면 거래처의 재무제표를 볼 줄 알아야 합니다. 영업 부서의 경우 외상으로 상거래가 이루어지기 때문에 거래처에 외상을 줘도 되는지 판단해야 합니다. 그러려면 거래처의 재무적 안정성이나 이익 창출 여부 등을 따져봐야겠죠? 이런 것도 따져보지 않고 거래처로 들이는 건 은행이 상환 능력도 따지지 않고, 담보도 받지 않고 대출을 해주는 것과 똑같습니다. 구매 부서도 마찬가지입니다. 구매 거래처로부터 안정적인 소재와 부품을 공급받아야 하는데 거래처가 망해버리면 수급에 문제가 생기게 되므로 존속할 수 있는 기업인지 검토해야 합니다.

좁은 취업문을 뚫어야 하는 취업 준비생들은 입사 희망 기업의 재무상태표나 손익계산서를 훑어볼 필요가 있습니다. 안정성과 성장성이 보여야 월급이 밀리지 않을 것이고, 보너스도 기대할 수 있겠죠. 회사가 안정적이면 워라밸 또한 잘 지켜질 가능성이 큽니다. 물론 이런 정보는 취업 사이트에서도 얻을 수 있지만, '곳간에서 인심 난다'라는 속담도 있듯 회사가 부자이거나 부자가 될 가능성이 있어야 하니 꼼꼼하게 훑어보면 취업 준비에 도움이 될 것입니다.

금융기관 재직자의 경우, 재무제표 분석은 필수입니다. 어떤 업무를 맡는가에 따라 재무제표를 보는 관점도 달라질 것입니다. 대출 관련 부서에서는 기업의 상환 능력과 담보 지급 능력 외에도 기업의 자본 조달 니즈를 판단하기 위해 재무제표를 볼 것입니다. 투자나 자금 운용 관련 부서에서는 기업가치, 기업의 자금 운용 니즈 및 성향 등을 파악하기 위해 재무제표를 볼 것입니다.

개인이나 기관투자자는 주식이 상장폐지되지 않고 주가가 우상향해야 하니 기업 성장성과 안정성을 검토하기 위해 재무제표를 분석할 것입니다.

지금부터 각자의 목적에 맞게 어떤 점들을 고려해 재무제표를 분석해야 하는지 자세히 알아보도록 하겠습니다.

058 재무 안정성을 검토해봅시다

자본이 많으면 안정적이다?

기업 재무제표에서 가장 많이 체크하는 것 중 하나는 기업 재무 구조의 안정성 여부입니다. 이는 수많은 이해관계자가 반드시 체크하는 항목이죠. 재무적으로 안정되어 있다는 것은 무엇을 의미할까요? 자본이 많으면 안정적일까요? 자본이 많다는 건 자산이 부채보다 크다는 것을 의미하니 그렇게 보일 수 있습니다. 그런데 꼭 그런 건 아닙니다. 자본이 많아도 망하는 경우가 있죠. 즉 자산이 부채보다 많다고 다 괜찮은 것은 아닙니다. 자본의 계정과목을 다시 한번 소환하겠습니다.

재무상태표
자본
Ⅰ. 자본금
Ⅱ. 자본잉여금
Ⅲ. 이익잉여금
Ⅳ. 기타포괄손익, 기타자본 등

우리는 이미 이 계정과목들의 회계 처리를 한 번씩 해보았습니다. 이제 분석자 입장에서 이 계정과목들을 바라봅시다. 어떤 생각이 드나요? 아마도 한숨이 절로 나올 것 같네요. 자산이나 부채는 계정과목이 수십 개인데, 자본은 계정과목이 몇 개 되지 않기 때문입니다. 즉 분석할 만

한 내용이 많지 않습니다. 삼성전자의 자본을 봐도 위 양식과 크게 다르지 않습니다.

삼성전자의 자본

(단위: 백만 원)

	2023-12-31
자본	
자본금	897,514
우선주자본금	119,467
보통주자본금	778,047
주식발행초과금	4,403,893
이익잉여금	219,963,351
기타자본항목	−476,984
자본총계	224,787,774

여기서 우리가 알 수 있는 내용은 다음과 같습니다.

① 삼성전자는 주주들로부터 약 5조 3,000억 원을 투자받아 회사를 설립했다.
  → 자본금 8,975억 원(우선주 1,195억 원, 보통주 7,780억 원), 주식발행초과금 4조 4,039억 원
② 삼성전자는 주식을 발행할 때 액면가액보다 약 5배 더 높은 금액으로 발행했다.
  → 주식발행초과금 4조 4,039억 원÷자본금 8,975억 원=4.9배
③ 삼성전자는 2023년 12월 말까지 220조 원을 훨씬 초과하는 이익을 창출했고, 주주들에게 배당금을 지불하고 220조 원이 남았다.

주식을 발행하면 '액면가액×주식수'만큼 자본금으로 표시합니다. 그리고 액면을 초과하는 부분에 대해서는 주식발행초과금으로 회계 처리합니다. 즉 삼성전자가 주주들로부터 투자받은 돈은 자본금 8,975억 원과 주식발행초과금 4조 4,039억 원을 합쳐 약 5조 3,000억 원입니다.

자본 계정과목을 통해 알 수 있는 정보는 이 정도입니다. 이 내용만으로는 삼성전자의 안전성을 논하기 쉽지 않습니다. 그래도 220조 원의 이익잉여금이 쌓여 있으니 안정적이라고 말할 수는 있을 것 같은데, 꼭

그런 건 아닙니다.

왜일까요? 삼성전자는 그동안 번 이익을 그대로 현금으로 갖고 있을 리가 없기 때문입니다. 시설투자도 하고 계열사 지분투자도 하는 등 이곳저곳에 돈이 많이 들어갔을 것입니다. 우리가 소득에서 생활비를 쓰고 남은 자본으로 집을 마련하거나 전세보증금을 내느라 통장이 '텅장'이 되는 것과 같은 이치입니다.

참고로 2023년 말 기준 삼성전자는 6조 원의 현금및현금성자산, 약 1조 9,000억 원의 금융상품과 금융자산을 보유하고 있지만 갚아야 하는 차입금 잔액은 29조 원에 달합니다. 자본이 많다고 반드시 돈이 많은 건 아닙니다. 오히려 대출이 많은 경우도 있죠. 유형자산 취득에 목돈이 들어가기 때문에 대출을 많이 쓸 수밖에 없습니다. 이렇게 거액으로 취득한 유형자산으로 제품을 많이 만들고 팔아서 이익을 내야 안정성이 있다고 볼 수 있습니다. 시설투자는 많이 했는데 제품이 팔리지 않아 이익이 줄거나 적자가 난다면 자본만 큰 것일 뿐, 안전한 건 아닙니다.

유동성이 풍부하면 안정적이다?

유동성이 풍부하다는 건 1년 이내에 현금화되는 유동자산이 1년 이내에 갚아야 하는 유동부채보다 많은 것을 의미합니다. 유동자산이 유동부채보다 크면 안전하게 느껴지는데, 그게 맞는지 유동자산과 유동부채에 속하는 계정과목들을 훑어볼까요?

구분	주요 계정
유동자산	현금및현금성자산, 단기금융상품, 매출채권, 재고자산, 선급금, 대여금, 미수금 등
유동부채	매입채무, 미지급비용, 미지급금, 선수금, 예수금, 단기차입금, 유동성장기부채 등

현금및현금성자산과 단기금융상품처럼 은행에서 바로 빼서 쓸 수 있는 돈이 갚아야 하는 단기차입금과 유동성장기부채보다 많다면 정말 안정적일 것입니다. 실적이 좋지 않아도 갖고 있는 돈이 많아 큰 어려움은 없을 것입니다. 그런데 예적금 잔액은 적고 매출채권, 재고자산, 대여금, 미수금 등이 많아 유동성이 풍부한 것이라면 어떨까요? 과연 유동성이 풍부하고 안전하다고 확신할 수 있을까요?

다음은 의료기기를 생산하는 중소기업의 요약 재무 정보입니다.

의료기기를 생산하는 중소기업의 요약 재무 정보 (단위: 억 원)

유동자산	127
현금및현금성자산	2
매출채권	115
대손충당금	−43
재고자산	46
재고자산평가충당금	−3
기타채권등	10
유동부채	57

1년 이내에 현금화되는 유동자산이 127억 원, 1년 이내에 갚아야 하는 유동부채가 57억 원입니다. 회사가 실적이 좋지 않다 해도 70억 원의 여유가 있으니 안정적이라고 생각할 수도 있습니다. 그런데 이 재무 정보를 손익계산서와 같이 비교해보면 그렇지 않습니다.

의료기기를 생산하는 중소기업의 손익계산서 (단위: 억 원)

Ⅰ. 매출액	60
Ⅱ. 매출원가	24
Ⅲ. 매출총이익	36

매출액은 60억 원, 매출원가는 24억 원에 불과해 이익이 잘 나는 것처럼 보입니다. 1년 동안 매출액이 60억 원이니 한 달 평균 매출액은 5억 원입니다. 그런데 12월 말 현재 받아야 하는 매출채권 잔액이 115억 원이나 됩니다. 즉 이 회사는 외상대를 23개월째(115억 원/5억 원) 받지 못하고 있습니다.

이뿐만이 아닙니다. 1년 동안 매출원가가 24억 원이니 한 달 평균 매출원가는 2억 원입니다. 그런데 12월 말 현재 갖고 있는 재고자산 잔액은 46억 원이나 됩니다. 즉 이 회사는 재고자산을 23개월 치(46억 원/2억 원) 갖고 있습니다. 받아야 할 돈은 23개월째 들어오지 않고, 제품을 생산하느라 46억 원이 투입되었는데 23개월째 재고가 팔리지 않고 있습니다. 이 회사는 유동성이 풍부한 게 맞을까요?

유동자산에 현금및현금성자산은 2억 원에 불과하고 나머지는 다 채권과 재고입니다. 그런데 채권은 부실화되고 재고자산은 진부화되고 있습니다. 돈이 말라간다고 표현하는 것이 맞지, 절대 유동성이 풍부하다고 말할 수 없습니다.

재무적으로 안정되었는지는 이렇게 자본이나 유동자산, 부채 같은 큰 계정과목으로 판단하기 어렵습니다. 자산과 부채의 세부 계정과목들을 토대로 꼼꼼하게 살펴봐야 합니다.

안정성은 뚜껑을 열어봐야 알 수 있다

① 서울장수주식회사의 사례

다음은 장수막걸리로 유명한 서울장수주식회사의 재무상태표입니다. 이 회사는 자산총계 약 335억 원의 중소기업으로, 보유한 현금및현금성자산과 장·단기금융상품을 합하면 136억 원이나 됩니다. 이에 반해 갚아야 하는 차입금 총액은 71억 원에 불과합니다. 누가 봐도 재무적으로 안정되어 보입니다. 만약 이 회사의 막걸리가 잘 팔리지 않아 이익이 감소하거나 적자가 발생해도 크게 문제가 되는 않을 듯합니다. 다행히 이 회사는 매출 399억 원, 영업이익 34억 원을 달성하고 있는 알짜 기업입니다.

서울장수주식회사의 재무상태표

(단위: 억 원)

유동자산	168	**유동부채**	112
현금및현금성자산	85	단기차입금	70
단기금융상품	41	매입채무	6
매출채권	26	미지급금	22
재고자산	15	기타유동부채	14
기타유동자산	1	**비유동부채**	1
비유동자산	167	장기차입금	1
장기금융상품	10	**부채총계**	113
유형자산	151	자본금	5
임차보증금	4	이익잉여금	217
기타비유동자산	2	**자본총계**	222
자산총계	335	**부채와자본총계**	335

이 회사는 자본총계가 222억 원이나 되지만, 그만큼의 돈을 갖고 있지는 않습니다. 유형자산이 151억 원이나 됩니다. 감가상각 후에 151억 원이니 취득가액은 훨씬 더 클 것입니다. 즉 이 회사는 자본금 5억 원과 그동안 번 돈에서 주주들에게 배당금을 지급하고 217억 원의 이익잉여금이 쌓였지만, 사업을 위해 대부분 유형자산에 투자했습니다. 시설투자 당시 자금이 부족해 차입금 71억 원이 동원된 것으로 보입니다.

또한 이 회사의 유동자산은 유동부채보다 56억 원이나 큽니다. 유동성이 풍부해 보이죠. 그런데 이 회사는 진짜 유동성이 풍부합니다. 재무상태표에서 확인할 수 있듯, 보유하고 있는 현금과 보통예금은 85억 원, 1년 이내에 만기가 도래하는 예금과 적금은 41억 원이나 됩니다. 그에 반해 차입금은 71억 원뿐이고, 지급해야 하는 매입채무나 미지급금도 많지 않습니다.

그렇다면 이 회사의 매출채권과 재고자산은 부실화, 진부화 위험이 없을까요? 손익계산서를 보면 전혀 없어 보입니다. 연간 매출액이 399억 원이니 한 달 평균 매출액은 33억 원 정도입니다. 12월 말 현재 받아야 하는 매출채권이 26억 원에 불과합니다. 즉 한 달 내외로 돈이 따박따박 잘 들어온다는 이야기입니다.

서울장수주식회사의 손익계산서

(단위: 억 원)

Ⅰ. 매출액	399
Ⅱ. 매출원가	246
Ⅲ. 매출총이익	153

연간 매출원가가 246억 원이기에 한 달 평균 매출원가는 약 20억 원으로 계산됩니다. 12월 말 현재 남아 있는 재고자산은 15억 원에 불과합니다. 역시 재고자산이 한 달을 넘기지 않습니다. 이렇게 외상대가 빨리 들어오고, 제품도 만들자마자 빨리 팔려 나가니 부실채권, 진부화 재고 문제가 전혀 없습니다.

이렇게 재무상태표와 손익계산서의 중요 계정과목들을 살펴보면서 재무적 안정성 여부를 판단해야 합니다. 단순히 유동비율(유동자산/유동부채), 부채비율(부채/자본) 같은 재무지표로 기업을 판단해서는 위험합니다.

② 지평주조주식회사의 사례

이번에는 서울장수주식회사와 라이벌인 지평주조주식회사의 재무상태표를 살펴보겠습니다.

지평주조주식회사의 재무상태표 (단위: 억 원)

유동자산	93	유동부채	123
현금및현금성자산	45	단기차입금	5
단기금융상품	20	유동성장기부채	53
매출채권	14	매입채무	10
미수금	3	미지급금	22
재고자산	8	미지급비용	20
기타유동자산	3	기타유동부채	13
비유동자산	694	비유동부채	387
장기금융상품	3	장기차입금	372
유형자산	644	퇴직급여충당부채	15
무형자산	14	부채총계	510
회원권	3	자본금	1
대여금	17	이익잉여금	276
기타비유동자산	13	자본총계	277
자산총계	787	부채와자본총계	787

이 회사는 자산총계 787억 원의 중소기업으로, 서울장수주식회사보다 2배 이상 큽니다. 보유한 현금및현금성자산, 장·단기금융상품을 합하면 68억 원이나 됩니다. 그런데 갚아야 하는 차입금 총액은 무려 430억 원(단기차입금+유동성장기부채+장기차입금)으로, 갖고 있는 돈보다 훨씬 더 많습니다. 따라서 재무적으로 안정되었다고 말하기 어렵습니다.

만약 이 회사의 막걸리가 잘 팔리지 않아 이익이 감소하거나 적자가 발생하면 큰 문제가 발생할 것입니다. 원금과 대출이자를 상환하기 어려울 테니까요. 하지만 다행히 이 회사는 매출 441억 원, 영업이익 36억 원을 달성하고 있습니다.

이 회사는 자본총계가 277억 원이나 되지만, 보유한 현금과 예금보다 오히려 대출이 더 많습니다. 보유한 유형자산이 무려 644억 원이나 되기 때문이죠. 유형자산은 감가상각 후에 644억 원이니 취득가액은 훨씬 더 클 것입니다. 즉 이 회사는 자본금 1억 원과 그동안 번 돈에서 주주들에게 배당금을 지급하고 276억 원의 이익잉여금이 쌓였지만, 사업을 위해 대부분 유형자산에 투자했습니다. 투자 당시 자금이 부족해 차입금 430억 원이 동원된 것으로 보입니다.

또한 이 회사의 유동부채는 유동자산보다 30억 원이나 큽니다. 즉 유동성이 풍부해 보이지 않습니다. 그러나 돈을 잘 벌고 있기 때문에 큰 문제는 없어 보입니다. 갖고 있는 돈으로 대출을 갚는 게 아니라 벌어서 갚으면 되기 때문이죠.

이 회사의 손익계산서에 의하면 연간 발생되는 영업이익은 36억 원, 당기순이익은 30억 원인데, 실제로는 돈을 더 많이 법니다. 현금흐름표를 보면 영업활동으로 인한 현금흐름이 무려 95억 원이나 됩니다.

지평주조주식회사의 현금흐름표

(단위: 억 원)

Ⅰ. 영업활동으로 인한 현금흐름	95
1. 당기순이익	30
2. 현금의 유출이 없는 비용등의 가산	71
감가상각비	66

유형자산이 크기 때문에 감가상각비가 비용으로 많이 발생됩니다. 연간 발생되는 감가상각비가 66억 원입니다. 회계상 비용 처리가 되니 영업이익은 작아지지만 나간 돈이 아니기 때문에 실제 번 돈은 클 수밖에 없습니다. 1년 동안 막걸리를 판매해서 번 돈으로 생산비, 판매비 등을 쓰고 95억 원을 남기니 대출 상환에는 전혀 어려움이 없어 보입니다.

지평주조주식회사의 손익계산서 (단위: 억 원)

Ⅰ. 매출액	441
Ⅱ. 매출원가	288
Ⅲ. 매출총이익	153
Ⅳ. 판매비와관리비	117
Ⅴ. 영업이익	36

또한 매출채권과 재고자산의 부실화 가능성도 아예 없습니다. 연간 매출액이 441억 원이니 월평균 매출액은 약 37억 원입니다. 12월 말 매출채권 잔액은 14억 원이니 2주일 치 채권도 안 됩니다. 또한 매출원가 288억 원을 12개월로 나누면 월평균 매출원가는 약 24억 원입니다. 12월 말 재고자산 잔액이 8억 원이니 재고 또한 2주일 치가 안 됩니다.

기업의 재무 구조 안정성을 판단하고 싶다면 이런 식으로 하면 됩니다. 유동자산보다 유동부채가 많다고 위험한 것도 아니고, 자본이 많다고 돈을 많이 가진 것도 아닙니다. 갖고 있는 비영업자산(현금및현금성자산, 장·단기금융상품, 금융자산 등)이 차입부채(단기차입금, 유동성장기부채, 장기차입금, 사채 등)보다 큰 기업은 실적이 악화되어도 크게 나빠질 가능성이 적습니다. 만약 차입부채가 월등히 크다 해도 실적이 좋아 상환에 어려움이 없다면 문제 될 것이 없습니다.

가장 최악은 보유한 비영업자산보다 차입부채가 더 큰데, 실적도 나지 않는 기업입니다. 이런 기업들은 천사 같은 투자자가 나타나 회사에 자금을 대주지 않는 한, 위험해질 가능성이 매우 큽니다.

만약 회사가 매출채권과 재고자산이 커 유동자산이 큰 것이라면 반드시 매출액, 매출원가와 비교해 부실채권, 진부화 재고 여부를 확인해야 합니다. 이런 점들만 잘 살펴봐도 기업의 부실화 가능성을 충분히 파악할 수 있습니다.

회계 무작정 따라하기 **059**

재무상태표 분석을 위해 계정을 분류해봅시다

자산을 비영업자산과 영업자산으로 구분

회계 실무자가 재무상태표를 작성할 때는 자산을 1년 이내에 현금화되는 유동자산과 1년 이후에 현금화되거나 사용 목적으로 갖고 있는 비유동자산으로 분류해 작성하면 됩니다.

그러나 재무상태표를 분석하는 입장에서는 이 분류법이 딱히 좋지는 않습니다. 앞서 살펴봤듯, 유동자산이 풍부하다고 반드시 돈이 많은 것도, 안정적인 것도 아니기 때문입니다.

분석하는 입장에서는 유동자산, 비유동자산보다 비영업자산, 영업자산으로 직접 분류하는 것이 좋습니다. 앞서 살펴봤던 지평주조주식회사의 재무상태표에서 현금및현금성자산, 단기금융상품, 장기금융상품 68억 원이 대표적인 비영업자산입니다.

지평주조주식회사의 재무상태표

(단위: 억 원)

유동자산	93	유동부채	123
현금및현금성자산	45	단기차입금	5
단기금융상품	20	유동성장기부채	53
매출채권	14	매입채무	10
미수금	3	미지급금	22
재고자산	8	미지급비용	20
기타유동자산	3	기타유동부채	13

비유동자산	694	비유동부채	387
장기금융상품	3	장기차입금	372
유형자산	644	퇴직급여충당부채	15
무형자산	14	부채총계	510
회원권	3	자본금	1
대여금	17	이익잉여금	276
기타비유동자산	13	자본총계	277
자산총계	787	부채와자본총계	787

비영업자산은 말 그대로 영업에 투입되지 않는 자산입니다. 회사가 막걸리를 만들 때 예금이나 적금을 사용하지는 않겠죠. 막걸리를 만들려면 공장에서 원재료를 이용해 제품을 생산해야 합니다. 즉 유형자산(공장), 재고자산(원재료, 제품) 등은 회사의 매출액을 창출하는 영업자산입니다. 이에 반해 현금및현금성자산, 단기금융상품, 장기금융상품은 이자수익을 만들어냅니다. 그리고 그 이자수익은 영업외수익에 포함됩니다. 비영업자산이 영업활동에 기여하지 않았으니 그 결과물인 이자수익도 당연히 영업이익 아랫단으로 가야 합니다.

금융자산도 마찬가지입니다. 주식에서 나오는 결과물은 배당수익과 처분이익(손실)입니다. 채권에서 나오는 결과물은 이자수익과 처분이익(손실)입니다. 이 수익과 비용도 모두 영업외수익(비용)으로 분류됩니다. 회사가 투자한 주식과 채권이 회사의 매출을 만들어주지는 않으니까요.

투자부동산도 비영업자산입니다. 회사의 본업은 제품이나 서비스를 제공하는 것이지, 부동산 투자가 아니기 때문입니다. 만약 회사가 돈이 떨어진다면 투자부동산이라도 팔 것입니다. 그러나 제품을 생산하기 위해 만들어놓은 공장을 팔지는 않을 테죠. 유형자산에 있는 토지와 건물은 영업에 투입되지만, 투자부동산은 영업에 투입되지 않습니다. 그래서 비영업자산으로 분류합니다. 비영업자산 성격의 계정과목들을 정리하면 다음과 같습니다.

알아두세요

공정가치측정금융자산과 상각후원가측정금융자산

상장 기업의 경우, 한국채택국제회계기준에 따라 매도가능증권 대신 '공정가치측정금융자산'이라는 명칭을, 만기보유증권 대신 '상각후원가측정금융자산'이라는 명칭을 사용합니다.

> 현금및현금성자산, 단기금융상품, 장기금융상품, 매도가능증권, 만기보유증권, 공정가치측정금융자산, 상각후원가측정금융자산', 투자부동산

이 계정과목을 제외한 나머지 계정과목은 모두 영업에 투입되는 자산입니다.

> 매출채권, 재고자산, 유형자산, 무형자산, 미수금, 선급금, 임차보증금 등

사실 계정과목은 이보다 더 많은데, 일일이 열거하지는 않겠습니다. 단순하게 생각하면 됩니다. 비영업자산을 제외한 나머지 자산 계정과목은 영업자산이라고 보면 됩니다.

회사가 사업을 하려면 연구개발을 하거나 다른 회사를 사와야 합니다. 즉 연구개발비나 영업권이 발생됩니다. 연구개발비와 영업권은 무형자산에 포함됩니다. 사업의 시작은 무형자산부터입니다. 단, 연구개발비는 비용 처리가 원칙입니다. 개발에 성공했다면 특허권을 등록할 것입니다. 특허권 역시 눈에 보이지 않으므로 무형자산입니다.

사업 아이템이 확정되었다면 이제 생산 절차로 넘어가야 합니다. 생산을 하려면 공장을 지어야 합니다. 토지를 구입해 건물을 올리고 기계장치, 공구, 기구, 비품 등을 들여야 합니다. 즉 유형자산이 생겨날 차례입니다. 공장이 다 지어졌다면 원재료를 구입해 재공품을 거쳐 제품으로 완성해야 합니다. 즉 재고자산이 나타납니다. 도소매업이라면 상품만 존재하겠죠. 서비스업은 재고자산도, 공장도 없어 유형자산 규모가 작습니다. 사무실은 임차해서 쓰면 되니 임차보증금만 있고 유형자산에 토지와 건물이 없는 경우도 허다합니다.

이제 판매를 해야겠죠? 상거래의 기본 원칙은 외상 거래이니 판매가 발생하면 매출채권이 생겨날 것이고, 대금이 회수되면 매출채권이 감소

할 것입니다. 만약 회사가 유형자산을 매각했는데 잔금을 며칠 뒤에 받기로 했다면 미수금이라는 계정과목을 쓸 것입니다. 원재료를 매입하기 위해 대금을 선지급한다면 자산에 선급금 계정과목이 생깁니다. 모두 영업활동 과정에서 생겨나는 계정과목입니다. 이런 영업자산들은 회사의 매출액과 매출원가, 판매비와관리비를 발생시키면서 영업이익을 만들어내는 역할을 합니다. 그렇기 때문에 영업자산으로 분류하는 것입니다.

비영업자산은 이 회사가 돈을 얼마나 가지고 있는지에 대한 정보를 줍니다. 우리도 마찬가지일 것입니다. 본인이 가지고 있는 돈이 얼마인지 계산할 때 보유하고 있는 예적금 통장을 살펴볼 것입니다. 주식, 채권, 코인 등에 투자하는 분들은 증권계좌와 전자지갑의 잔액을 살펴보겠죠.

만약 소득보다 생활비가 더 많이 발생하면 어떻게 하나요? 어쩔 수 없이 예금을 빼 쓰거나 주식을 팔 것입니다. 마이너스 통장을 쓸 수도 있고요. 돈이 부족하다고 냉장고나 세탁기(유형자산)를 팔지는 않을 것입니다. 또한 뜯지 않은 생필품이나 음식(재고자산)을 팔아 현금화시키지도 않겠죠.

참고로 우리는 영리 목적이 아니므로 냉장고나 세탁기가 유형자산이라고 말하기 어려울 수 있습니다. 또한 재고자산은 판매 목적으로 보유한 자산이므로, 집에 여분으로 가지고 있는 비누, 휴지 같은 생필품이나 우유, 참치캔 같은 음식은 재고자산이 아닙니다.

아무튼 자신이 모은 돈이 얼마나 있는지 파악할 때 은행 통장이나 증권사 계좌를 확인하지, 집에 있는 냉장고나 세탁기 중고가격을 계산하는 사람은 없을 것입니다. 기업도 마찬가지입니다. 올해 사업이 신통치 않아 적자가 발생하면 예적금을 깨거나 대출을 받습니다. 돈이 부족하다고 공장 땅을 팔거나 기계장치를 내놓지는 않죠. 그렇게 하면 영업을 할 수 없으니까요.

예외적으로 영업자산을 매각해 현금화시키는 경우도 있기는 합니다. 회사가 사옥을 팔고 임차한 사무실로 이동하는 경우가 대표적입니다. 또한 국내 공장을 매각하고 인건비가 싼 동남아 지역으로 옮기는 경우도 있습니다. 이마트나 롯데마트처럼 회사가 소유한 점포를 매각한 뒤 재임차하는 것도 이에 해당합니다. 하지만 이런 경우는 예외적이고, 돈이 떨어졌다고 사업 목적으로 보유한 유형자산을 매각하는 기업은 거의 없습니다.

이렇게 비영업자산, 영업자산으로 나누면 분석이 쉬워집니다. 비영업자산 합을 통해 회사의 재무 건전성을 파악할 수 있습니다. 당연한 이야기지만 보유한 현금, 예금, 적금, 주식, 채권, 투자부동산은 많으면 많을수록 좋습니다.

하지만 영업자산은 많고 적은 것이 중요하지 않습니다. 제조업은 유형자산과 재고자산이 크니 많을 수밖에 없고, 서비스업은 자산 규모가 작으니 적을 수밖에 없습니다. 예를 들어 삼성전자는 자산총계가 456조 원인데, 이 중 유형자산은 187조 원, 재고자산은 52조 원이나 됩니다. 전체 자산에서 유형자산과 재고자산의 합이 52%가 넘습니다. 이에 반해 네이버는 자산총계가 36조 원인데, 재고자산은 148억 원, 유형자산은 2조 7,000억 원에 불과합니다. 전체 자산에서 두 자산의 합은 8%도 안 될 정도로 작습니다. 삼성전자는 돈을 벌면 반도체, 가전, 스마트폰 공장 등에 계속 투자해야 합니다. 하지만 네이버는 공장이 없기 때문에 시설투자에 돈을 쓰지 않아도 됩니다.

영업자산이 하는 일은 매출액부터 영업이익을 만들어내는 것입니다. 그렇기 때문에 우리는 손익계산서에 집중하면 됩니다. 삼성전자는 유형자산 187조 원, 무형자산 23조 원, 재고자산 52조 원 등을 왜 갖고 있는 걸까요? 당연히 반도체, 스마트폰 등을 생산해 수익을 창출하기 위해서입니다. 삼성전자가 갖고 있는 반도체 공장 땅값이 오른다고 이걸 팔아서 현금화시키지는 않을 것입니다. 그러니 손익계산서를 봐야지, 유형자산이 얼마짜리인지 보는 것은 큰 의미가 없습니다.

그렇다고 세부 계정 분석이 아예 중요하지 않다는 건 아닙니다. 적어도 매출채권과 재고자산은 살펴봐야 합니다. 삼성전자 같은 큰 기업이야 굳이 보지 않아도 되지만 중견기업, 중소기업을 분석할 때는 반드시 살펴봐야 합니다. 이 회사가 매출액을 많이 일으킨 만큼 채권 회수가 잘 되고 있는지, 보유한 재고자산이 진부화되지 않고 잘 팔리는지를 체크해야 합니다. 이에 대한 내용은 앞서 막걸리 기업 사례에서 충분히 살펴보았습니다.

부채를 차입부채와 영업부채로 구분

회계 실무자가 재무상태표를 작성할 때는 부채를 1년 이내에 지급해야 하는 유동부채와 1년 이후에 지급해야 하는 비유동부채로 분류해 작성하면 됩니다.

그러나 재무상태표를 분석하는 입장에서는 이 분류법이 딱히 좋지는 않습니다. 비영업자산을 계산했다면 갚아야 하는 차입부채와 상계해 잔액을 확인하는 것이 중요합니다. 우리도 마찬가지입니다. 내가 예금, 적금, 주식 등으로 1억 원을 갖고 있는데 이런저런 대출로 3억 원의 차입금이 있다면 현재 돈이 많은 것이 절대 아닐 겁니다. 열심히 일해서 번 돈을 최대한 아껴 써 착실히 갚아야 한다는 것을 누구나 인지합니다.

분석하는 입장에서는 유동부채, 비유동부채보다 차입부채, 영업부채로 직접 분류하는 것이 좋습니다. 앞서 지평주조주식회사의 재무상태표에서 살펴봤듯, 비영업자산이 68억 원인데 막걸리를 생산하기 위해 갖고 있는 나머지 영업자산(비영업자산 제외하고 모두)은 722억 원입니다. 68억 원이나 갖고 있으니 부자 회사처럼 느껴지죠. 올해 막걸리가 덜 팔려도

가진 돈이 많아 걱정할 필요가 없을 듯합니다.

그런데 이 회사의 부채 계정을 보면 유동부채에 단기차입금이 5억 원, 유동성장기부채가 53억 원, 비유동부채에 장기차입금이 372억 원이나 있습니다. 갚아야 할 돈이 가진 돈보다 약 362억 원 더 많습니다. 전혀 부자 회사가 아니죠. 이 회사는 막걸리를 부지런히 팔아 많은 이익을 남겨야 합니다. 그래야 이자도 갚고 원금도 상환할 수 있습니다.

지평주조주식회사의 재무상태표 (단위: 억 원)

유동자산	93	유동부채	123
현금및현금성자산	45	단기차입금	5
단기금융상품	20	유동성장기부채	53
매출채권	14	매입채무	10
미수금	3	미지급금	22
재고자산	8	미지급비용	20
기타유동자산	3	기타유동부채	13
비유동자산	694	비유동부채	387
장기금융상품	3	장기차입금	372
유형자산	644	퇴직급여충당부채	15
무형자산	14	부채총계	510
회원권	3	자본금	1
대여금	17	이익잉여금	276
기타비유동자산	13	자본총계	277
자산총계	787	부채와자본총계	787

차입부채 성격의 계정과목들을 정리하면 다음과 같습니다.

단기차입금, 유동성장기부채, 장기차입금, 사채

이 계정과목을 제외한 나머지 계정과목은 모두 영업에 투입되는 부채입니다.

> 매입채무, 미지급금, 미지급비용, 선수금, 예수금, 미지급법인세, 퇴직급여충당부채 등

사실 계정과목은 이보다 더 많은데, 일일이 열거하지는 않겠습니다. 단순하게 생각하면 됩니다. 차입부채를 제외한 나머지 부채 계정과목은 영업부채라고 보면 됩니다. 회사가 제품을 생산하려면 원재료를 구매해야 합니다. 도소매업의 경우 상품을 사옵니다. 외상으로 매입하고 이후에 돈을 지급할 예정이므로 매입채무가 생겨납니다. 만약 직접 생산하지 않고 외주가공을 맡긴다면 외주업체에 주어야 하는 돈은 매입채무로 처리해야 합니다.

기계장치나 공기구 등 유형자산을 취득하고 제조사에 대금을 지급하는 것도 외상 거래로 이루어집니다. 회사는 지급해야 하는 이 대금을 미지급금으로 처리합니다. 공장에서 전기, 수도, 가스, 통신 서비스 등을 제공받고 연말에 고지서가 날라왔는데, 익월 10일까지 납부하라고 적혀 있습니다. 회사는 이들 비용을 연말에 미지급비용으로 회계 처리하고, 연초에 현금을 지급하면서 미지급비용을 상계 처리해야 합니다. 역시 사업과 관련된 비용들입니다.

거래가 발생하기 전에 선금부터 받았다면 역시 부채로 처리합니다. 앞서 이를 '선수금'이라 부른다고 배웠죠? 예수금은 4대보험료와 갑근세가 주로 잡히는데, 이 역시 사업을 위해 고용한 직원에 대한 비용 부분이므로 영업부채입니다. 퇴직급여충당부채도 같은 맥락입니다.

이런 부채들 역시 영업자산처럼 많고 적은 게 중요한 것이 아닙니다. 이 영업부채들도 회사의 매출액부터 매출원가, 판매비와관리비를 만드는 역할을 합니다. 원재료를 구입해 제품을 만들어 판매하면 매출액과

매출원가가 생겨납니다. 상품을 매입해 판매할 때도 매출액과 매출원가가 발생합니다. 전기, 수도, 가스, 통신요금 등은 회사의 매출원가와 판매비와관리비를 발생시킵니다. 미지급금으로 장만한 유형자산은 생산에 투입되어 역시 매출액과 매출원가를 만듭니다. 즉 제조업일수록 영업부채 규모가 클 것입니다.

삼성전자는 부채 합계가 92조 원인데, 이 중 차입부채를 제외한 나머지 영업부채가 80조 원이나 됩니다. 매입채무 11조 원, 미지급금 15조 원, 미지급비용 26조 원 등 규모가 큽니다. 이에 반해 서비스업인 네이버는 부채 합계가 12조 원으로, 삼성전자보다 확실히 규모가 작습니다. 차입부채를 제외하면 영업부채는 7조 원 수준입니다.

영업부채도 영업자산처럼 매출액과 영업이익을 만들어내는 일을 합니다. 그렇기 때문에 손익계산서에 집중하면 됩니다. 세부 계정과목에 대한 분석은 할 만한 게 별로 없습니다. 매입채무나 미지급금이 과도하게 쌓여 정상적인 사업을 영위하기 어려운 기업 정도만 살펴보면 됩니다.

소위 '티메프 사태'의 주인공인 티몬과 위메프가 그 예입니다. 티몬이 보유한 비영업자산은 약 1,116억 원이고, 갚아야 하는 차입부채는 556억 원에 불과합니다. 재무 구조가 좋아 보이죠? 그런데 이 회사의 매입채무와 미지급금을 보면 무려 5,968억 원이나 됩니다. 비영업자산이 많아 좋아 보였는데 그게 아니었죠. 티몬은 B2C 기업이기 때문에 상품 판매대금 회수가 매우 빨라 매출채권 잔액은 169억 원에 불과합니다. 즉 받을 돈은 얼마 없는데, 줘야 하는 돈은 너무나 많습니다. 비영업자산이 많아도 다 줄 수 없을 정도입니다. 회사는 계속 영업적자를 내고 있으니 벌어서 갚기도 여의치 않습니다.

위메프도 마찬가지입니다. 보유한 비영업자산이 116억 원 정도이고 갚아야 하는 차입부채가 50억 원 정도라 재무 구조가 좋아 보입니다. 하지만 매입채무와 미지급금이 무려 2,923억 원이나 됩니다. 매출채권,

즉 받을 돈은 107억 원인데 줘야 하는 돈은 27배나 많습니다. 이 회사 역시 매년 적자를 기록하고 있으므로 현실적으로 매입처에 돈을 주는 건 불가능해 보입니다.

이렇게 비정상적인 기업들도 있기 때문에 매입채무, 미지급금 등 주요 부채금액 정도는 반드시 살펴볼 필요가 있습니다.

기업 재무제표 분석해보기

지금부터 기업 사례를 통해 종합적인 분석을 해보겠습니다.

① 돈도 많고 실적도 좋은 기업 사례

하이브리드 자동차 부품을 생산하는 중소기업의 재무상태표 (단위: 억 원)

유동자산		551	유동부채		439
	현금및현금성자산	60		단기차입금	20
	단기금융상품	230		유동성장기부채	183
	매출채권	156		매입채무	174
	재고자산	67		미지급금	35
	기타유동자산	38		기타유동부채	27
비유동자산		397	비유동부채		23
	금융자산	6		장기차입금	16
	유형자산	368		기타비유동부채	7
	무형자산	4	부채총계		462
	기타비유동자산	19	자본총계		486
자산총계		948	부채와자본총계		948

이 재무상태표의 주인공은 하이브리드 자동차 부품을 생산하는 중소기업입니다. 보유한 비영업자산을 보면 현금및현금성자산 60억 원, 단기

금융상품 230억 원, 금융자산 6억 원 등 총 296억 원입니다. 갚아야 하는 차입부채는 단기차입금 20억 원, 유동성장기부채 183억 원, 장기차입금 16억 원 등 총 219억 원입니다. 이 회사는 가진 돈이 갚을 돈보다 77억 원 더 많습니다. 재무 구조가 좋은데 실적도 좋습니다.

하이브리드 자동차 부품을 생산하는 중소기업의 손익계산서

(단위: 억 원)

	당기	전기
매출액	998	686
매출원가	841	614
매출총이익	157	72
판매비와관리비	59	45
영업이익	98	27
영업외수익	13	9
영업외비용	13	6
법인세차감전순이익	98	30
법인세비용	3	3
당기순이익	95	27

전기보다 매출액이 30% 넘게 성장했고, 영업이익률도 10%(98억 원/998억 원)나 됩니다. 앞으로도 이렇게 사업이 잘된다면 이 회사는 차입금을 서서히 줄여나갈 것이고, 어느 순간부터는 무차입 기업이 될 것입니다. 물론 사업이라는 게 늘 잘되라는 법은 없으니 항상 안심할 수는 없겠지만, 지금 당장만 놓고 본다면 돈도 많고 실적도 좋은 기업이라 크게 걱정할 필요는 없을 것 같습니다.

연간 매출액이 998억 원이니 한 달 평균 매출액은 83억 원으로 계산됩니다. 재무상태표에 매출채권 잔액이 156억 원인데, 약 1.9개월(156억 원/83억 원) 치 채권으로 보입니다. 채권을 회수하는 데 두 달을 넘기지 않으니 현금흐름도 잘 돌아가는 것으로 볼 수 있습니다.

재고자산 진부화 가능성도 살펴볼까요? 연간 매출원가가 841억 원이니 한 달 평균 매출원가는 70억 원으로 계산됩니다. 재무상태표에 재고자산 잔액이 67억 원이니 약 0.9개월(67억 원/70억 원) 치 재고자산으로 보입니다. 원재료부터 제품까지 한 달을 넘기지 않을 정도로 생산해 팔기 바쁜 회사입니다. 역시 현금흐름에 문제가 없고 재고 진부화 이슈도 없습니다.

매출액부터 영업이익까지만 살펴봐도 이 회사의 펀더멘털이 얼마나 좋은지 알 수 있으므로 그 정도면 충분합니다.

② 돈은 많은데 실적은 좋지 않은 기업 사례

전자제품 부품을 생산하는 중소기업의 재무상태표 (단위: 억 원)

유동자산	163	**유동부채**	45
현금및현금성자산	86	단기차입금	3
단기금융상품	39	유동성장기부채	19
매출채권	8	매입채무	1
재고자산	20	미지급금	19
기타유동자산	10	기타유동부채	3
비유동자산	130	**비유동부채**	47
장기금융상품	1	장기차입금	31
유형자산	120	퇴직급여충당부채	16
무형자산	6	**부채총계**	92
기타비유동자산	3	**자본총계**	201
자산총계	293	**부채와자본총계**	293

이 재무상태표의 주인공은 전자제품 부품을 생산하는 중소기업입니다. 보유한 비영업자산을 보면 현금및현금성자산 86억 원, 단기금융상품 39억 원, 장기금융상품 1억 원 등 총 126억 원입니다. 갚아야 하는 차입

부채는 단기차입금 3억 원, 유동성장기부채 19억 원, 장기차입금 31억 원 등 총 53억 원입니다. 이 회사는 가진 돈이 갚을 돈보다 73억 원 더 많습니다. 재무 구조가 좋기 때문에 실적이 줄거나 적자로 돌아서도 어느 정도는 괜찮을 것 같다는 생각이 듭니다.

순금융자산이 73억 원이니 순영업자산(영업자산-영업부채)은 128억 원으로 계산됩니다. 자산에서 부채를 차감한 것이 자본, 즉 순자산입니다. 이 회사의 자본은 201억 원인데, 순금융자산이 73억 원이니 순영업자산은 당연히 128억 원이 되는 것입니다. 128억 원어치 사업용 순자산으로 어떻게 실적을 만들어내는지 손익계산서를 살펴보겠습니다.

전자제품 부품을 생산하는 중소기업의 손익계산서

(단위: 억 원)

	당기	전기
매출액	82	97
매출원가	59	55
매출총이익	23	42
판매비와관리비	33	29
영업이익(손실)	-10	13
영업외수익	3	4
영업외비용	2	7
법인세차감전순이익(손실)	-9	10
법인세비용	10	1
당기순이익	-19	9

회사는 전자제품 부품을 생산하기 위해 유형자산 120억 원, 재고자산 20억 원, 미지급금 19억 원 등 수많은 영업자산과 부채를 동원했지만, 매출액 82억 원, 영업적자 10억 원을 내고 말았습니다. 매출액보다 매출원가, 판매비와관리비가 더 많이 발생했으니 회사는 갖고 있는 예금을 깨 사용해야 합니다. 갖고 있는 비영업자산에서 이자수익이 3억 원

(영업외수익) 정도 나오지만 대출이자 2억 원(영업외비용)을 갚고 나면 남는 게 1억 원밖에 없으니 나머지 9억 원은 보통예금이나 단기금융상품에서 충당해야 할 것입니다.

연간 매출액이 82억 원이니 한 달 평균 매출액은 7억 원으로 계산됩니다. 재무상태표에 매출채권 잔액이 8억 원이니 약 1개월(8억 원/7억 원) 치 채권으로 보입니다. 다행히 외상대금은 빨리 회수하고 있습니다.

재고자산 진부화 가능성도 살펴볼까요? 연간 매출원가가 59억 원이니 한 달 평균 매출원가는 5억 원으로 계산됩니다. 재무상태표에 재고자산 잔액이 20억 원이니 약 4개월(20억 원/5억 원) 치 재고자산으로 보입니다. 원재료부터 제품까지 4개월이 늘어지면 현금흐름에 부담을 줄 수 있습니다.

재고가 몇 달이 지나면 진부화되는지는 회사마다 상황이 다릅니다. 유행을 타지 않거나 유통기한이 긴 제품도 있고, 그렇지 않은 제품도 있기 때문입니다. 이 회사는 전자제품을 생산하는 대기업에 부품을 납품하는데, 전방기업의 판매 부진에 따라 재고가 쌓이고 있는 상황이고, 마진 압박도 많이 받아 적자가 난 것입니다.

만약 업황이 살아나지 않아 앞으로도 매년 10억 원씩 적자를 낸다면 갖고 있는 비영업자산은 12년이면 바닥을 드러낼 것입니다. 문제는 차입금에 대한 이자비용도 있고 재고자산이 쌓이니 돈이 마르는 시간은 더 빨라질 것이라는 점입니다. 지금 당장 위기 상황이라고 말할 수는 없지만 가까운 미래가 걱정되는 회사라고 볼 수 있습니다. 이 회사는 돌파구를 찾기 위해 부단히 애를 쓰지 않을까 생각됩니다.

③ 가진 돈보다 대출이 더 많지만 실적은 좋은 기업 사례

산업용 모터를 생산하는 중소기업의 재무상태표

(단위: 억 원)

유동자산	508	유동부채	266
현금및현금성자산	177	단기차입금	80
단기금융상품	80	유동성장기부채	65
매출채권	92	매입채무	59
재고자산	153	미지급금	43
기타유동자산	6	기타유동부채	19
비유동자산	567	비유동부채	348
금융자산	5	장기차입금	255
유형자산	270	기타비유동부채	93
무형자산	291	부채총계	614
기타비유동자산	1	자본총계	461
자산총계	1,075	부채와자본총계	1,075

이 재무상태표의 주인공은 산업용 모터를 생산하는 중소기업입니다. 보유한 비영업자산을 보면 현금및현금성자산 177억 원, 단기금융상품 80억 원, 금융자산 5억 원 등 총 262억 원입니다. 갚아야 하는 차입부채는 단기차입금 80억 원, 유동성장기부채 65억 원, 장기차입금 255억 원 등 총 400억 원입니다. 이 회사는 갚을 돈이 가진 돈보다 138억 원 더 많습니다. 재무 구조가 좋은 편이 아니기 때문에 매출과 영업이익이 잘 나와줘야 합니다. 그래야 이자와 원금을 잘 갚을 수 있습니다.

순차입부채가 138억 원이니 순영업자산(영업자산-영업부채)은 599억 원입니다. 599억 원어치 사업용 순자산으로 어떻게 실적을 만들어내는지 손익계산서를 살펴보겠습니다.

산업용 모터를 생산하는 중소기업의 손익계산서

(단위: 억 원)

	당기	전기
매출액	772	875
매출원가	657	760
매출총이익	115	115
판매비와관리비	71	66
영업이익	44	49
영업외수익	8	15
영업외비용	25	26
법인세차감전순이익	27	38
법인세비용	1	1
당기순이익	26	37

회사는 산업용 모터를 생산하기 위해 유형자산 270억 원, 무형자산 291억 원, 재고자산 153억 원, 매입채무 59억 원 등 수많은 영업자산과 부채를 동원해 매출액 772억 원, 영업이익 44억 원을 달성했습니다. 영업외비용에 포함된 이자비용이 21억 원인데, 영업이익 44억 원으로 충분히 지급 가능합니다. 매출액과 영업이익은 전기 대비 다소 줄었지만 이렇게만 사업이 돌아간다면 추후에 원금 상환과 이자 지급에는 문제가 없어 보입니다.

대출이 많다고 늘 나쁜 것은 아닙니다. 대출로 조달받은 자금으로 공장을 짓고 많은 이익을 내서 갚으면 되니까요. 문제는 가진 돈보다 갚을 돈이 많음에도 불구하고 이익을 내지 못하는 경우입니다. 마지막으로 그런 기업의 재무제표를 살펴보겠습니다.

④ 가진 돈보다 대출이 더 많고 실적도 좋지 않은 기업 사례

자동차 부품을 생산하는 중소기업의 재무상태표 (단위: 억 원)

유동자산	87	유동부채	242
현금및현금성자산	7	단기차입금	83
단기금융상품	0	유동성장기부채	31
매출채권	52	사채	34
재고자산	12	매입채무	61
기타유동자산	16	기타유동부채	33
비유동자산	361	비유동부채	147
금융자산	1	장기차입금	131
유형자산	327	기타비유동부채	16
무형자산	29	부채총계	389
기타비유동자산	4	자본총계	59
자산총계	448	부채와자본총계	448

이 재무상태표의 주인공은 자동차 부품을 생산하는 중소기업입니다. 보유한 비영업자산을 보면 현금및현금성자산 7억 원, 금융자산 1억 원이 전부입니다. 갚아야 하는 차입부채는 단기차입금 83억 원, 유동성장기부채 31억 원, 장기차입금 131억 원이 있고, 사채를 34억 원 발행해 총 279억 원입니다. 이 회사는 갚을 돈이 가진 돈보다 271억 원 더 많습니다. 재무 구조가 좋은 편이 아니기 때문에 매출과 영업이익이 잘 나와줘야 합니다. 그래야 이자와 원금을 잘 갚을 수 있는데, 과연 그럴까요?

자동차 부품을 생산하는 중소기업의 손익계산서

(단위: 억 원)

	당기	전기
매출액	196	373
매출원가	324	429
매출총이익(손실)	(128)	(56)
판매비와관리비	54	29
영업이익(손실)	(182)	(85)
영업외수익	46	16
영업외비용	114	31
법인세차감전순이익(손실)	(250)	(100)
법인세비용	–	–
당기순이익(손실)	(250)	(100)

회사는 자동차 부품을 생산하기 위해 유형자산 327억 원, 무형자산 29억 원, 재고자산 12억 원, 매입채무 61억 원 등 수많은 자산과 부채를 동원했습니다. 하지만 매출은 196억 원에 그쳤고, 영업적자 182억 원을 기록했습니다. 매출총이익부터 음수이기 때문에 역마진도 나고 있고, 재고자산평가손실도 많이 발생하는 것으로 추정됩니다. 가진 돈보다 갚아야 하는 대출과 사채가 많다 보니 이자비용도 만만치 않습니다. 손익계산서의 영업외비용에 포함된 이자비용이 9억 원인데, 벌어서 갚을 능력도 없고 가지고 있는 현금도 없습니다. 당장 내년에 상환해야 하는 유동성장기부채 31억 원 또한 큰 부담입니다. 매출액이 감소 추세이고 영업적자가 확대되다 보니 결국 회사는 버티지 못하고 회생신청을 했습니다. 그 결과, 상장 중소기업이었는데 계속기업에 대한 불확실성으로 감사 의견거절을 받고 상장폐지가 되었습니다.

③번과 ④번 기업 모두 대출이 가진 돈보다 많기 때문에 벌어서 갚아야 합니다. ③번 기업은 영업이익을 잘 창출하기 때문에 이자와 원금 상환에 어려움이 없습니다. 그러나 ④번 기업은 영업적자를 내고 있어 이자와 원금 상환이 어렵습니다. 사업을 하다 보면 1~2년 정도 적자가 발생할 수도 있지만, 대규모 적자가 지속된다면 회사는 존속하기 어려울 수밖에 없습니다.

①번과 ②번 기업은 갚아야 하는 대출보다 갖고 있는 비영업자산이 훨씬 많기 때문에 어려움이 없습니다. 특히 ①번 기업은 영업이익까지 잘 창출하고 있으니 돈이 계속 쌓일 수밖에 없습니다. 반면 ②번 기업은 현재 돈은 많지만 계속 적자가 발생한다면 결국 갖고 있는 비영업자산이 바닥을 드러낼 수밖에 없을 것입니다.

재무 구조도 중요하지만 기업이 존속하기 위해서는 영업이익을 잘 창출해야 합니다. 즉 재무상태표 분석도 중요하지만 손익계산서 분석이 더 중요할 수 있다는 이야기입니다. 자, 이제 손익계산서 분석으로 넘어갈까요?

060 손익계산서를 제대로 읽어봅시다

손익계산서의 의미

손익계산서에 가장 먼저 나오는 계정과목은 매출액입니다. 한 회사의 손익계산서를 봤더니 연 매출액이 100억 원으로 되어 있습니다. 다음 중 어떤 해석이 가장 정확할까요?

> ① 이 회사는 1년 동안 100억 원의 돈을 벌었구나.
> ② 이 회사는 1년 동안 100억 원어치 수익이 발생했네. 정확히 돈을 얼마 벌었는지는 모르겠네.

정답은 ②번입니다. 앞서 수익은 거래나 사건이 발생할 때 인식해야 한다고 배웠습니다. 손익계산서의 매출액은 현금매출도 있지만 외상매출도 있습니다. 대부분의 상거래가 외상으로 이루어지므로 외상 거래 발생 시 모두 매출로 잡습니다. 돈이 얼마나 들어왔는지는 재무상태표의 매출채권을 보면 알 수 있습니다.

현재 매출채권 잔액이 얼마 없다면 돈이 잘 들어왔다는 의미이고, 매출액 대비 매출채권 잔액이 과하게 많다면 돈이 잘 들어오지 않았다는 의미입니다. 그렇기 때문에 손익계산서의 숫자를 갖고 '돈을 얼마 벌었다'와 같이 표현하는 것은 바람직하지 않습니다.

일반적인 손익계산서 양식을 살펴보겠습니다.

일반적인 손익계산서 양식

구분	당기	전기
매출액		
매출원가		
매출총이익		
판매비와관리비		
영업이익		
영업외수익		
영업외비용		
법인세차감전순이익		
법인세비용		
당기순이익		

매출액 발생을 위해 투입되는 매출원가와 판매비와관리비 모두 발생된 비용입니다. 현금으로 나가는 비용도 있고, 그렇지 않은 비용도 있습니다. 현금으로 나가지 않는 가장 대표적인 비용은 유형자산에서 발생되는 감가상각비와 무형자산에서 발생되는 무형자산상각비입니다.

기업의 유형자산과 무형자산이 클수록 이 비용들 역시 크게 발생합니다. 즉 제조업의 경우 감가상각비가 많이 발생해 영업이익이 작아집니다. 실제로 나가는 돈은 아니지만 회계상 비용으로 처리되므로 마치 돈을 잘 벌지 못하는 것 같은 오해를 불러일으킵니다. 그러나 앞서 이야기했듯, 손익계산서 숫자는 발생된 수익, 비용, 이익이지, 돈을 의미하는 것은 아닙니다.

앞서 살펴본 지평주조주식회사의 경우, 자산이 787억 원인데 이 중 유형자산은 644억 원입니다. 전체 자산의 82%가 유형자산입니다. 이 회사의 유형자산 명세를 보면 토지는 167억 원이고, 건설중인자산은 3억 원에 불과합니다. 즉 170억 원을 제외한 나머지 유형자산은 모두 감가상각 대상입니다. 이 회사의 한 해 감가상각비 발생액은 66억 원이나 됩니다. 손익계산서 중 영업이익까지 살펴보면 다음과 같습니다.

지평주조주식회사의 손익계산서 (단위: 억 원)

Ⅰ. 매출액	441
Ⅱ. 매출원가	288
Ⅲ. 매출총이익	153
Ⅳ. 판매비와관리비	117
Ⅴ. 영업이익	36

회사의 영업이익은 36억 원, 당기순이익은 30억 원에 불과한데, 매출원가와 판매비와관리비 안에 감가상각비 66억 원이 포함되어 있습니다. 만약 감가상각비가 비용으로 처리되지 않았다면 이 회사는 102억 원 정도 벌 것으로 추정할 수 있습니다. 실제로 이 회사는 이 해에 95억 원을 벌었습니다. 그에 대한 정보는 현금흐름표에 나옵니다.

지평주조주식회사의 현금흐름표 (단위: 억 원)

Ⅰ. 영업활동으로 인한 현금흐름	95
1. 당기순이익	30
2. 현금의 유출이 없는 비용등의 가산	71
감가상각비	66
Ⅴ. 영업이익	36

시설투자가 많이 들어가는 산업일수록 회계적 영업이익은 작고, 현금흐름은 크게 발생하는 특징이 있습니다. 삼성전자의 경우 1년 동안 발생하는 감가상각비만 35조 5,000억 원이 넘고, 무형자산상각비도 3조 원이 넘습니다. 손익계산서상 영업이익은 6조 5,000억 원, 당기순이익은 15조 5,000억 원인데, 만약 감가상각비와 무형자산상각비를 비용 처리하지 않았다면 영업이익은 45조 원이 될 것입니다. 실제로 삼성전자

의 현금흐름표를 보면 영업활동을 통해 44조 1,000억 원을 벌었다고 표시되어 있습니다.

삼성전자의 현금흐름표

(단위: 천억 원)

I. 영업활동으로 인한 현금흐름	441
1. 당기순이익	155
2. 현금의 유출이 없는 비용등 조정	365
감가상각비	355

손익계산서의 수익과 비용은 현금흐름을 보여주지 못합니다. 발생된 수익과 비용을 보여줄 뿐입니다. 그리고 수익과 비용 중 비현금성수익과 비용도 존재합니다. 또한 수익이 발생했는데 아직 대금을 받지 못해 매출채권이 많이 쌓인 경우도 있을 것이고, 반대로 비용이 많이 발생했는데 아직 대금을 지급하지 못해 매입채무나 미지급금, 미지급비용 같은 부채가 많을 수도 있습니다. 그래서 재무상태표와 손익계산서, 현금흐름표를 항상 같이 놓고 분석해야 합니다.

기업의 위치가 중요하다

기업의 손익계산서를 분석하기 전에 그 회사의 위치부터 파악해야 합니다. 이 회사는 B2B(기업 대 기업 간 거래) 기업인가, B2C(기업 대 소비자 간 거래) 기업인가? 전방에 위치한 기업인가, 후방에 있는 기업인가? 어디에 속해 있는가에 따라 손익계산서에서 봐야 할 포인트가 달라집니다.

① B2B 기업과 B2C 기업

B2B 기업은 특정 거래처에 제품을 납품하거나 서비스를 제공합니다. 이에 반해 B2C 기업은 불특정 다수인 개인 고객을 상대합니다. 식음료,

소비재 등을 생산하는 회사들이 대표적인 B2C 기업입니다. 우리는 이 회사들의 제품을 마트나 백화점 같은 오프라인 매장이나 온라인 등에서 구매합니다. 이들 제품은 어떻게 우리의 손안에 들어올 수 있었을까요? 회사가 생산을 마친 제품을 전국 곳곳의 편의점, 마트, 백화점, 쇼핑몰 등에 유통시켰기 때문입니다. 온라인에서 판매하기 위해서는 각종 전자상거래 기업을 통해야 합니다.

쿠팡처럼 제품을 직접 매입해 직접 판매하는 기업도 있지만, 대부분은 네이버나 11번가 같은 오픈마켓 형태입니다. 오픈마켓에는 수많은 유통사가 입점해 있습니다. 아모레퍼시픽에서 화장품을 만들면 직접 유통을 하기도 하지만, 수많은 유통 기업이 여러 채널을 통해 판매를 합니다. 방문 판매를 하는 경우도 있고, 면세점이나 쇼핑몰에 입점하는 경우도 있고, 직영 매장을 여는 경우도 있죠. 유통 채널은 정말 다양합니다. 또한 화장품 신제품이 나오면 수많은 잠재고객에게 알려야 합니다. 즉 광고비도 많이 써야 합니다. 이런 유통 관련 비용과 광고비 등은 판매비와관리비에 포함됩니다. 그래서 B2C 기업들은 손익계산서에서 판매비와관리비 금액이 매우 큽니다. 심지어 매출원가보다 판매비와관리비가 더 큰 경우도 많습니다.

다음은 유명 B2C 기업들의 손익 정보입니다.

B2C 기업들의 손익계산서

(단위: 억 원)

구분	아모레퍼시픽	F&F	쿠쿠홈시스	빙그레
Ⅰ. 매출액	36,740	19,785	9,545	13,943
Ⅱ. 매출원가	11,551	6,323	3,711	9,531
Ⅲ. 매출총이익	25,189	13,462	5,834	4,412
Ⅳ. 판매비와관리비	24,107	7,944	4,386	3,289
Ⅴ. 영업이익	1,082	5,518	1,448	1,123
판매비와관리비/매출액	66%	40%	46%	24%

화장품 기업인 아모레퍼시픽, 디스커버리와 MLB 브랜드를 갖고 있는 의류 회사 F&F, 소형 가전제품을 주로 만드는 쿠쿠홈시스의 손익계산서를 보면 판매비와관리비가 매출원가보다 큽니다. 제조업이면 생산원가가 큰 것이 일반적입니다. 그러나 이들 기업은 그렇지 않습니다. 가장 오른쪽에 비교 대상으로 넣은 빙그레는 매출원가가 판매비와관리비보다 커 전형적인 제조업의 모습을 보여줍니다.

소비자 입장에서 이런 숫자들을 보면 어떤 생각이 드나요? '화장품, 옷, 가전 등의 생산원가가 생각보다 얼마 안 하네. 우리가 비싸게 사고 있는 것이구나'라고 생각할 수도 있습니다. 하지만 이 회사들도 할 말이 있습니다. 주로 온라인이나 백화점, 쇼핑몰에서 제품을 판매하는 회사에서 가장 많이 발생하는 비용 중 하나는 바로 판매수수료입니다. 즉 매출액에 비례해 일정 비율만큼 수수료를 내야 합니다.

2024년 5월 코레일유통은 대전역에 입점해 영업을 하고 있는 유명 제과점 성심당에 계약이 끝나면 월세에서 판매수수료율로 바꾸겠다고 통보했습니다. 이에 성심당은 철수를 하겠다고 이야기했죠. 지금은 잘 해결되어 성심당은 대전역에서 계속 영업을 하고 있습니다. 그만큼 B2C 기업 입장에서는 수수료가 큰 부담일 것입니다.

오프라인에 제품을 뿌려야 하니 유통비도 많이 발생합니다. 카드사 결제수수료와 광고선전비도 많이 발생하니 생산원가 대비 판매가격이 높을 수밖에 없죠.

빙그레 같은 식음료 기업들은 소비재 기업들에 비해 상대적으로 유통구조가 단순합니다. 매출액에 비례해 판매수수료가 발생하지 않습니다. 마트나 슈퍼, 온라인 쇼핑몰 등에서 박스로 매입해 단품으로 소비자에게 마진을 붙여 파는 구조이기 때문에 판매비와관리비가 크지 않습니다.

반면 B2B 기업들은 매출원가 비중이 절대적으로 크고, 판매비와관리비는 적은 편입니다. 생산원가에 마진을 붙여 거래처에 판매하는 형식이므로 유통비나 판매수수료라는 개념이 없습니다. 그래서 판매비와관리비 숫자가 매우 홀쭉합니다.

B2B 기업들의 손익계산서

(단위: 억 원)

구분	동진쎄미켐 (반도체 소재)	성우하이텍 (자동차 부품)	엠플러스 (2차전지 장비)	금호석유화학 (합성고무, 합성수지)
Ⅰ. 매출액	13,099	43,219	3,401	63,225
Ⅱ. 매출원가	10,098	38,179	2,998	56,767
Ⅲ. 매출총이익	3,001	5,040	403	6,458
Ⅳ. 판매비와관리비	1,239	2,473	164	2,869
Ⅴ. 영업이익	1,762	2,567	239	3,589
매출원가/매출액	77%	88%	88%	90%

동진쎄미켐, 성우하이텍, 엠플러스는 회사 이름이 다소 생소할 수 있을 것 같습니다. 소위 '소부장' 기업들이죠. 우리 같은 소비자는 소재, 부품, 장비를 사는 일이 거의 없습니다. 이런 회사들은 제품을 생산해 SK하이닉스, 현대차, LG에너지솔루션 같은 기업에 판매합니다. 매출원가에 마진(매출총이익)을 붙여 판매하고, 표에서 볼 수 있듯 판매비와관리비는 매우 적게 발생합니다.

금호석유화학도 마찬가지입니다. 합성고무나 합성수지를 생산하면 타이어, 신발, 전기·전자·자동차 부품사에 납품을 합니다. 판매처가 한정되어 있어 판매비와관리비는 매우 미미하고, 매출원가는 매출액 대비 90%나 됩니다.

이들 기업들을 분석할 때는 매출원가에 집중해야 합니다. 대체로 재료비 비중이 크기 때문에 국제 원자재 가격이 상승 추세인지 하락 추세인지 살펴봐야 합니다. 원재료 가격이 오를 때 제품가격이 연동해 오르는 경우도 있지만, 경쟁력이 없는 기업은 그렇지 못하기도 합니다. 어떤 기업은 재료비보다 고정비 비중이 더 큰 경우도 있습니다. 고정비 부담이 큰 기업은 판매량이 늘어나면 이익이 크게 증가하고, 판매량이 줄어들면 이익이 크게 줄거나 적자로 전환되기 쉽습니다. 이런 손익 구조는 이후에 자세히 살펴보도록 하겠습니다.

② 전방기업과 후방기업

산업 생태계에서 앞단에 있는 기업을 전방기업, 뒷단에 있는 기업을 후방기업이라고 합니다. 이 산업 생태계를 유식한 말로 표현하면 '밸류체인(Value Chain)'이라고 하죠. 제품 생산을 위해 원재료 매입부터 가공, 판매 등에 이르는 과정에서 가치 창출과 관련된 핵심 활동을 규명하기 위해 고안된 개념입니다. 예를 들면 반도체 소재부터 완성품 생산까지의 생태계를 그리고, 각 과정에 필요한 자원을 생산하거나 개발하는 기업들을 풀어서 보는 식입니다.

반도체 밸류체인

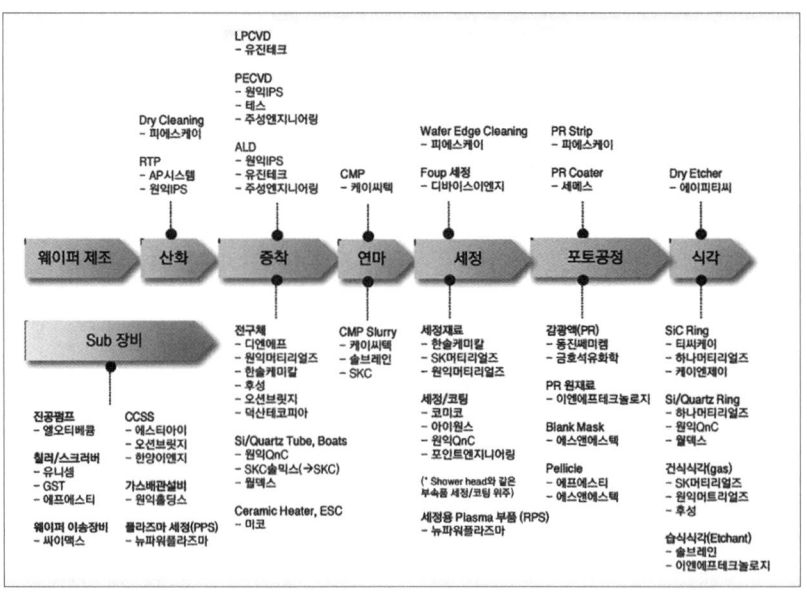

※ 출처: LS증권 리서치센터

삼성전자나 SK하이닉스가 반도체를 생산하기 위해서는 웨이퍼를 매입해 여러 과정을 거쳐야 합니다. 각 과정에 들어가는 각종 장비와 소재, 부품이 워낙 많다 보니 밸류체인 그림을 그리면 굉장히 장황해지죠. 이 밸류체인을 숫자적으로 접근해보겠습니다.

만약 반도체 산업이 호황, 소위 '슈퍼사이클'에 접어들면 이 생태계는 어떻게 될까요? 삼성전자, SK하이닉스뿐 아니라 모든 소부장 기업이 낙수 효과를 누릴 것입니다. 반대로 반도체 산업이 불황에 접어들면 어떻게 될까요? 삼성전자와 SK하이닉스 같은 대기업도 적자에 빠질 것입니다. 그렇게 되면 뒷단에 있는 소부장 기업 모두 실적 악화로 어려움을 겪을 가능성이 큽니다.

그렇다면 그중 누가 더 심한 적자에 빠질까요? 대개는 뒷단에 있는 소부장 기업의 실적이 크게 악화됩니다. 아무래도 전방에 있는 대기업은 매출액이 감소하는 상황에서 손실을 최소화하기 위해 소재, 부품, 장비를 싼 가격에 납품받길 원할 것입니다. 반면 뒷단에 있는 소부장 기업들은 납품가격이 떨어지더라도 회사 전체 손실을 최소화하기 위해 밑지는 거래를 할 수밖에 없습니다. 그 이유가 아니더라도 앞단에 있는 대기업과의 관계를 유지하기 위해 억지로 거래에 응하는 경우도 있을 것입니다.

물론 예외 경우도 있습니다. 어떠한 공정에 들어가는 장비나 부품을 만드는 회사가 한 군데밖에 없다면 그곳은 예외입니다. 소위 '독점'인 경우에는 불황인 상황에서 매출이 감소되긴 하지만, 다른 소부장 기업들처럼 큰 적자를 내진 않습니다. 기술력이 있는 기업들은 늘 그렇게 살아남았습니다. 기술력이나 경쟁력이 떨어지는 기업들은 전방기업의 호황, 불황 여부에 따라 이익이냐, 손실이냐가 결정되는 경우가 많습니다.

다음은 SK하이닉스의 2021~2023년 손익 정보입니다.

SK하이닉스의 2021~2023년 손익계산서

(단위: 백만 원)

구분	2021년	2022년	2023년
매출액	42,997,792	44,621,568	32,765,719
매출원가	24,045,600	28,993,713	33,299,167
매출총이익	18,952,192	15,627,855	−533,448
판매비와관리비	6,541,852	8,818,438	7,196,865
영업이익(손실)	12,410,340	6,809,417	−7,730,313

2021년과 2022년에는 40조 원이 넘는 매출을 달성했지만, 2023년에는 매출액 앞자리 숫자가 바뀔 정도로 감소 폭이 컸고 적자에 빠졌습니다. 그해에 삼성전자 반도체 사업부도 매출액이 무려 32조 원이나 감소했고, 15조 원의 영업적자를 기록했습니다.

한편 반도체 후공정 분야인 반도체 조립 및 테스트 제품을 생산하는 상장 기업이 4군데가 있습니다. 2023년에 반도체 실적이 크게 악화되었을 때 이 회사들의 손익 정보를 살펴봅시다.

4개 기업의 2023년 손익계산서

(단위: 억 원)

구분	H사	S사	C사	W사
시장점유율	58%	26%	11%	5%
매출액	9,680	4,376	1,855	862
매출원가	8,410	4,383	1,918	1,033
매출총이익(손실)	1,270	(7)	(63)	(171)
판매비와관리비	691	160	87	57
영업이익(손실)	579	(167)	(150)	(228)

이 표를 보면 냉정한 현실과 마주하게 됩니다. "1등만 기억하는 더러운 세상"이라는 외침이 들리는 것도 같네요. 4개 회사 모두 2021년과 2022년에 흑자를 달성했습니다. 그런데 2023년에 전방기업들의 판매량이

줄어드니 후방기업들도 영향을 받았습니다. 시장점유율이 약한 순서대로 매출총손실과 영업손실이 크게 발생했습니다.

H사는 2022년 대비 영업이익이 반토막이 날 정도로 타격이 컸지만 손해는 보지 않았습니다. 그러나 나머지 3군데는 매출이 크게 감소했고, 영업적자에 빠졌습니다. 이들의 손익 추이를 SK하이닉스, 삼성전자와 비교해보면 방향이 같을 수밖에 없습니다. 전방기업의 판매량이 떨어지는데 후방기업의 판매량이 늘어날 리 없습니다. 반도체 판매가격이 떨어지면 후방기업들의 납품가격도 떨어질 수밖에 없습니다. 문제는 떨어지는 정도의 차이입니다. 아무래도 품질과 기술력이 좋은 후방기업은 상대적으로 영향을 덜 받을 것입니다.

그래서 많은 투자자가 1등 기업에만 투자하려고 하는 것입니다. 또한 업황이 좋지 않을 때는 그 산업에 속한 모든 기업을 투자 대상에서 제외시킵니다. 반대로 반도체 업황이 좋아지면 삼성전자, SK하이닉스뿐 아니라 밸류체인에서 중요 공정을 담당하는 1등 기업 위주로 투자를 하죠. 숫자가 이렇게 나오는 것을 알기 때문에 그렇게 전략을 짜는 겁니다.

매출 증가 가능성을 분석하자

손익계산서에 가장 먼저 나오는 숫자는 매출액입니다. 매출액은 '판매가격×판매량'으로 구할 수 있습니다. 그렇다면 어떻게 해야 매출액이 늘어날까요? '판매가격×판매량'을 토대로 생각하면 아주 간단합니다. 비싸게 팔거나 많이 팔면 되죠. 기업 모두가 자사의 제품을 비싸게 팔고 싶어 합니다. 그런데 현실은 그렇지 않습니다. 비싸게 팔 수 있는 기업들은 정해져 있습니다.

제품을 비싸게 파는 가장 대표적인 기업은 샤넬이나 루이비통 같은 명품을 생산하거나 소비자의 브랜드 충성도가 높은 기업들입니다. 판매가격을 더 올려도 신제품이 나오면 오픈런 같은 일이 벌어지죠. 이런 기업들은 경제 침체 여부나 인플레이션과 무관하게 판매가격을 올리는 데 매우 자유롭습니다. 독점 기업들도 마찬가지입니다.

아이폰을 생산하는 미국의 애플이나 국내 유일의 안드로이드폰을 생산하는 삼성전자 모두 현실적으로 독점 기업입니다. 새 모델이 출시될 때마다 판매가격에 깜짝 놀라곤 합니다. 애플은 2022년 상반기부터 판매량이 둔화되고 있음에도 계속해서 판매가격을 올려 영업이익률 30%를 유지하고 있습니다.

제품가격이 원자재 가격에 연동해 올라가는 경우도 있습니다. 정유사가 대표적인 예입니다. 국제 유가가 올라가면 주유소의 휘발유와 경유의 가격이 올라갑니다. 반대로 국제 유가가 내려가면 가격이 내려가죠. 원자재 가격이 올라 제품가격을 올리는 경우도 있습니다. 시장 지배력이 있고, 브랜드 충성도가 높은 기업들은 원자재 가격이 올라간 것 이상으로 제품가격을 올리기도 합니다. 그런데 원자재 가격이 올랐지만 제품가격을 올리지 못하는 경우도 많습니다. 앞서 살펴본 후방의 B2B 기업들이 그렇고, 시장 지배력이 높지 않은 기업들도 마찬가지입니다.

후방에 있는 B2B 기업 중 경쟁력이 없는 소부장 기업들은 전방에 있는 기업들의 영향을 많이 받기 때문에 판매가격 결정권이 없는 경우가 많습니다. 또한 시장 경쟁이 치열한 상황에서 원자재 가격이 올랐다고 제품가격에 반영했다가 다른 경쟁사에 시장 파이를 빼앗길 수도 있어 눈치를 봐야 하는 경우가 많습니다. 즉 제품가격을 올릴 수 있는 기업은 현실적으로 많지 않습니다. 그렇기 때문에 많이 파는 전략을 취해야 합니다.

그렇다면 많이 팔려면 어떻게 해야 할까요? 산업이 성장 사이클에 접어드는 것이 가장 좋습니다. 2023년에 고전했던 반도체 산업이 2024년에 다시 호황을 맞으니 전방기업, 후방기업 모두 실적이 크게 개선되었습니다. SK하이닉스는 2023년 매출액이 약 33조 원이었는데 2024년에는 100% 증가한 66조 원을 기록했습니다. SK하이닉스에 반도체 장비를 납품하는 한미반도체도 2024년 매출액이 2023년 대비 252%나 성장했습니다.

① 수출 비중 > 내수 비중

수출 비중이 높은 기업이 내수 비중이 높은 기업보다 매출 규모가 큽니다. 매출 증가 속도 또한 빠릅니다. 아무래도 국내 시장은 좁고 해외 시장은 넓기 때문이겠죠. 삼양식품이 대표적인 예입니다. 이 회사의 사업보고서에 공시된 수출 정보와 내수 정보를 살펴봅시다.

삼양식품의 2021~2023년 수출 정보와 내수 정보 (단위: 억 원)

구분	2021년	2022년	2023년
수출	3,886	6,057	8,093
내수	2,525	3,015	3,561
합계	6,411	9,072	11,654
수출 비중	61%	67%	69%

2021년에 6,411억 원이던 제품 매출액이 2년 만에 1조 1,000억 원을 훌쩍 뛰어넘었습니다. 그 기간 동안 내수도 많이 늘었지만, 수출은 2배 이상 증가했습니다. 수많은 유튜버와 K팝 스타가 매운맛 챌린지에 동참해 불닭볶음면 흥행에 불을 지핀 결과입니다. 이 회사는 불닭볶음면이 없었다면, 수출이 터지지 않았다면 매출액 3,000억 원 내외의 내수기업에 지나지 않았을 것입니다.

이번에는 같은 업계에 있는 오뚜기의 사업보고서에 공시된 수출 정보와 내수 정보를 살펴봅시다.

오뚜기의 2021~2023년 수출 정보와 내수 정보

(단위: 억 원)

구분	2021년	2022년	2023년
수출	2,736	3,265	3,325
내수	24,654	28,568	31,220
합계	27,390	31,833	34,545
수출 비중	10%	10%	10%

오뚜기의 매출 규모는 삼양식품보다 3배 정도 크지만, 수출 비중은 10%에 그치고 있습니다. 매출이 매년 조금씩 늘어나고 있긴 하지만, 내수 비중이 압도적으로 크기 때문에 회사 실적 성장을 기대하기는 어렵습니다. 아무리 K푸드가 열풍이라 해도 삼양식품 같은 기업에 한정된 이야기인 것입니다.

오뚜기의 매출 규모는 삼양식품의 3배지만 주식시장에서는 삼양식품의 시가총액이 6조 5,000억 원으로 1조 5,000억 원인 오뚜기보다 4배 이상 큽니다. 투자자들도 매년 실적이 정체인 오뚜기보다는 성장세를 보이는 삼양식품의 기업가치를 더 높게 쳐줄 수밖에 없을 것입니다.

② 유행 선도와 신제품 개발 능력

아무리 국내 시장이 작아도 유행을 선도하거나 신제품 개발 능력이 탁월한 기업은 판매량 증가에 따른 매출 증대를 만들어낼 수 있습니다. K뷰티 관련 중견기업, 중소기업들이 그 예입니다. 이 산업의 대명사라 할 수 있는 LG생활건강과 아모레퍼시픽은 갈수록 매출이 줄어들고 있습니다.

LG생활건강과 아모레퍼시픽의 2021~2023년 매출액

(단위: 억 원)

구분	2021년	2022년	2023년
LG생활건강	80,915	71,858	68,048
아모레퍼시픽	48,631	41,349	36,739

가장 큰 기업들의 매출액이 매년 앞자리 숫자가 바뀔 정도로 줄고 있으니 화장품 산업 자체가 좋아 보이지 않네요. 하지만 그 산업에 속한 모든 기업의 실적이 나쁜 것은 아닙니다. '메디큐브' 같은 브랜드를 갖고 있는 중소 화장품 기업 에이피알과 마녀공장의 매출액은 매년 증가하고 있습니다.

에이피알과 마녀공장의 2021~2023년 매출액

(단위: 억 원)

구분	2021년	2022년	2023년
에이피알	2,591	3,977	5,238
마녀공장	626	1,018	1,050

에이피알은 유재석 크림, 김희선 크림, 가정용 피부 관리 디바이스 등을 히트시킨 기업이고, 마녀공장은 클린 뷰티, 비건 화장품을 바탕으로 성장하고 있는 기업입니다. 이렇게 산업적으로 힘든 상황에서도 알차게 성장하는 기업들이 있기 때문에 다양한 각도에서 매출 증가 요인을 분석해야 합니다.

보통의 남자이거나 화장품에 관심이 없는 사람들은 사실 잘 모를 수도 있습니다. 그러나 트렌드에 관심이 많고 모든 사회 현상을 숫자로 연결 지어 생각하는 사람들은 특별한 기업을 잘 찾아낼 것입니다. 그런 분들이 주식투자를 하면 성공할 확률이 굉장히 높죠. 전설적인 투자자 피터 린치(Peter Lynch)도 "주식투자의 아이디어는 생활 속에서 발견하는 것이다"라고 말했습니다.

기업의 이익극대화는 비용에 달렸다

기업의 손익계산서를 분석할 때 매출액의 증가·감소 원인을 파악하고, 향후 성장·정체 등을 예상했다면 그다음에는 비용을 분석해야 합니다.
즉 매출원가와 판매비와관리비를 분석해야 하죠.
분석에 앞서 퀴즈 하나를 풀어볼까요?

> 1,000원짜리 라면 한 봉지에 들어가는 면, 스프 등의 원재료비는 400원입니다. 이 회사는 인건비, 감가상각비 등 고정비가 연간 600억 원 발생합니다. 이 회사는 1년 동안 라면을 몇 개 팔아야 손익분기점에 도달할까요?

이 회사는 라면 한 봉지를 팔 때마다 600원의 마진이 발생합니다. 이 600원이 '공헌이익'이라고 배운 것을 기억할 겁니다. 즉 라면 한 봉지를 팔 때마다 회사 이익에 공헌한다는 의미입니다.

한 봉지당 600원의 마진이 남는 라면을 몇 개 팔아야 본전일까요? 정답은 1억 개입니다. 인건비나 감가상각비 같은 고정비는 라면이 많이 팔리든 적게 팔리든 상관없이 1년 동안 숨만 쉬어도 발생되는 비용입니다. 그래서 회사는 이 고정비를 무조건 뽑아내야 합니다. 그래야 이익이 생기죠. 1억 개를 팔면 본전, 1억 1개부터 초과이익이 발생되는 구조입니다.

즉 모든 기업의 매출원가와 판매비와관리비는 이렇게 변동비, 고정비로 분류해야 합니다. 그래야 제대로 비용을 분석할 수 있습니다.

① 변동비 비중이 큰 기업

일반적인 기업의 손익계산서를 보면 다음과 같이 되어 있어 증감 분석이나 이익률 계산 정도만 할 수 있습니다.

에코프로비엠의 제6~8기 손익계산서

(단위: 원)

구분	제8기(2023년)	제7기(2022년)	제6기(2021년)
매출액	6,900,867,843,535	5,357,607,238,956	1,485,628,623,826
매출원가	6,607,474,525,916	4,841,442,891,689	1,295,494,962,535
매출총이익	293,393,317,619	516,164,347,267	190,133,661,291
판매비와관리비	137,363,382,225	135,487,629,192	75,102,412,791
영업이익	156,029,935,394	380,676,718,075	115,031,248,500

이 손익계산서의 주인공은 2차전지의 양극재를 생산하는 에코프로비엠입니다. 전기차와 K배터리의 성장세를 타며 최근 2년간 매출액이 가파르게 성장했습니다. 사실 매출액 증가 요인은 어느 정도 판단이 됩니다. 그런데 영업이익을 자세히 보면 제6기(2021년)보다 제8기(2023년)의 매출액이 4배 정도 되는데, 영업이익은 소폭 늘어난 것에 그쳤습니다. 제7기(2022년)보다 제8기(2023년)의 매출액이 1조 5,000억 원 이상 증가했는데, 영업이익은 반토막도 더 났습니다.

이런 손익계산서를 보면 조금 답답할 것입니다. 보통 매출액이 늘어나면 영업이익도 비례해 늘어날 것이라 기대하게 되는데, 여기는 반대입니다. 그 원인을 알려면 매출원가와 판매비와관리비를 해부해봐야 합니다. 그러나 이 손익계산서만으로는 해부 자체가 불가능합니다. 그래서 매출원가와 판매비와관리비의 세부 명세가 있는 재무제표 주석사항을 살펴봐야 합니다. 재무제표 주석사항은 재무상태표와 손익계산서의 숫자에 대한 세부 명세나 중요 정보들을 알려주는 역할을 합니다.

재무제표 주석사항 중에서 '비용의 성격별 분류'를 찾으면 다음과 같은 표가 나옵니다.

에코프로비엠의 재무제표 주석사항 중 비용의 성격별 분류

(단위: 천 원)

구분	공시금액
제품과 재공품의 감소(증가)	(273,900,302)
원재료와 소모품의 사용액	6,338,634,746
종업원 급여	123,092,671
유형자산감가상각비	87,037,666
사용권자산감가상각비	1,467,681
무형자산상각비	4,179,726
외주가공비	43,329,492
지급수수료	56,745,230
운반료	8,386,155
광고비	401,635
운용리스료 지급	2,349,448
재고자산평가손실	165,295,656
성격별 기타비용	187,818,104
매출원가 및 판매비와관리비 합계	6,744,837,908

매출원가 및 판매비와관리비 합계 6조 7,448억 원의 세부 명세를 보여줍니다. 이 표만 있으면 그래도 원인을 분석할 수 있지 않을까요? 표가 조금 복잡해 보이지만, 단순화시켜 분석하면 됩니다. B2B 제조업에서는 원재료비가 거의 유일한 변동비입니다. 일부 다른 비용도 있겠지만 비중이 미미하기 때문에 원재료비만 변동비라고 간주해도 무방합니다. B2C 기업은 제품 원재료비 외에 다른 변동비가 더 존재합니다. 판매수수료나 유통수수료 등이 대표적입니다. 판매량에 비례해 비용이 발생되는 대표적인 변동비입니다. 이런 비용들을 제외한 나머지는 고정비라고 보면 됩니다.

변동비와 고정비를 분류해야 비용 분석이 쉬워지고, 기업의 앞날에 대한 예측도 가능해집니다. 대표적인 변동비인 원재료비 같은 경우에는 떨어지는 것이 당연히 좋습니다. 라면을 판매하는 회사 입장에서는 라면의 주원료인 팜유나 소맥가격이 떨어져야 이익이 늘어납니다. 만약 팜유나 소맥가격이 오르면 제품가격을 올릴 것입니다.

2022년에 소맥가격이 29%, 팜유가격이 13% 올랐습니다. 신라면, 짜파게티 등을 만드는 농심은 부담이 될 수밖에 없었죠. 제품 판매가격을 올리지 않으면 이익이 크게 줄어들거나 적자에 빠질 수 있습니다. 원재료 가격이 올라간 만큼 제품 판매가격을 올린다고 해서 신라면이나 짜파게티의 판매량이 크게 떨어질 가능성은 높지 않습니다. 그러나 농심은 인플레이션 부담 때문에 신라면과 짜파게티의 판매가격을 각각 11%, 14% 정도만 올렸습니다.

그해 농심의 매출액은 18% 증가했습니다. 판매가격 인상 효과와 판매량 증가 효과로 매출은 제법 늘었는데, 영업이익은 6% 증가하는 데 그쳤습니다. 원재료 가격 부담이 결국 이익 증가를 막은 셈이죠. 회사의 영업이익률도 2021년에 비해 0.4% 떨어진 3.6%에 그쳤습니다.

농심의 제58~59기 손익계산서

(단위: 원)

구분	제59기(2022년)	제58기(2021년)	증감	증감률
매출액	3,129,065,208,087	2,662,982,988,213	466,082,219,874	18%
매출원가	2,229,502,633,084	1,844,870,906,955	384,631,726,129	21%
매출총이익	899,562,575,003	818,112,081,258	81,450,493,745	10%
판매비와관리비	787,389,718,287	711,972,360,363	75,417,357,924	11%
영업이익	112,172,856,716	106,139,720,895	6,033,135,821	6%
영업이익률	3.6%	4.0%	-	-

원재료 비중이 큰 회사는 원재료 가격이 올랐을 때 제품가격을 더 올리면 이익이 늘어납니다. 빙그레의 2023년 사업보고서를 보면 주요 원재료인 원유(原乳)의 가격이 1Kg당 1,100원에서 1,163원으로 5.7% 올랐습

니다. 그런데 이 회사의 주력 제품인 바나나맛우유와 요플레의 가격은 같은 기간 동안 5.9%, 11.1% 올랐습니다. 따옴과 투게더의 가격도 각각 9%, 8.9% 올랐습니다. 이 회사는 분명 이익이 늘어났을 것입니다. 실제 손익계산서를 보면 다음과 같습니다.

빙그레의 제57~58기 손익계산서

(단위: 원)

구분	제58기(2023년)	제57기(2022년)	증감	증감률
매출액	1,394,316,382,403	1,267,685,822,673	126,630,559,730	10%
매출원가	953,133,610,774	931,974,590,214	21,159,020,560	2%
매출총이익	441,182,771,629	335,711,232,459	105,471,539,170	31%
판매비와관리비	328,937,553,429	296,303,577,191	32,633,976,238	11%
영업이익	112,245,218,200	39,407,655,268	72,837,562,932	185%
영업이익률	8.1%	3.1%	-	-

제58기(2023년)에 매출액이 10% 증가해 1조 3,943억 원이 되었는데, 영업이익은 무려 185% 증가한 1,122억 원입니다. 영업이익률을 계산해보면 제57기(2022년)에 3.1%였는데, 제58기에는 8.1%가 되었습니다. 경기가 좋지 않다고 식음료 소비가 줄지는 않는데 판매가격을 올렸으니 매출액은 증가됩니다. 여기에 원재료 가격 인상 폭보다 조금 더 가격을 올렸으니 마진은 커질 수밖에 없습니다.

앞서 살펴봤던 에코프로비엠은 전체 매출원가와 판매비와관리비 6조 7,448억 원 중에 원재료비가 6조 3,386억 원이나 됩니다. 비중을 계산하면 무려 94%나 됩니다. 이런 회사는 다른 비용을 분석할 필요가 없습니다. 오로지 원재료 가격이 올라가는지, 떨어지는지만 보면 됩니다. 그리고 원재료 가격 변동분만큼 제품 판매가격을 올렸는지, 올리지 않았는지 살펴보면 됩니다.

에코프로비엠은 2023년에 매출액이 29%나 늘어났는데, 영업이익은 무려 59% 감소했습니다. 원재료 가격은 올랐는데 제품가격은 올리지 못했을 가능성이 커 보이네요. 에코프로비엠은 글로벌 2차전지 양극재 출하량 1위 기업입니다. 시장점유율은 6.6%로, 2위 이하 기업과 차이가 많이 나는 편은 아니지만, 그래도 시장에서 지배력을 갖고 있습니다. 하지만 이 회사의 제품가격은 원재료 가격과 연동되어 시장에서 결정되는 특징이 있습니다.

다시 한번 주유소 사례를 소환해보겠습니다. 국제 유가가 오르면 정유가격도 오르고, 국제 유가가 내려가면 정유가격도 내려갑니다. 즉 제품가격이 원재료 가격과 연동됩니다. 그러면 S-Oil이나 GS칼텍스 같은 기업들은 이익극대화를 위해 원유가격이 오르는 게 좋을까요, 떨어지는 게 좋을까요?

오르는 게 좋습니다. 제품을 생산하기 위해 원유를 미리 사오는데, 그 이후에 원유가격이 오르면 회사 입장에서는 원재료를 싸게 사왔는데 제품가격이 오르니 손익이 좋아질 수밖에 없습니다. 예를 들어 1월에 원유를 배럴당 70달러에 매입했습니다. 이 원유로 두 달 동안 인건비와 각종 경비를 투입해 휘발유를 생산합니다. 3월에 휘발유를 판매하려고 하는데, 그사이에 국제 유가가 배럴당 90달러로 올랐습니다. 그러면 당연히 휘발유 가격이 올라가죠. 회사 입장에서는 매우 좋은 상황입니다. 배럴당 70달러에 매입한 원유로 휘발유를 만들었으니 3월보다 더 싸게 원재료를 매입한 셈이고, 판매가격은 현시점의 원유가격에 연동되어 올라가니 이익이 극대화됩니다.

이번에는 반대 상황을 생각해봅시다. 3월에 원유를 배럴당 90달러에 매입했습니다. 역시 이 원유로 두 달 동안 인건비와 각종 경비를 투입해 휘발유를 생산합니다.

5월에 휘발유를 판매하려고 하는데, 그사이에 국제 유가가 배럴당 70달러로 내려갔습니다. 그러면 당연히 휘발유 가격은 떨어지죠. 회사 입장에서는 매우 좋지 않은 상황입니다. 배럴당 90달러에 매입한 원유로 휘발유를 만들었으니 5월보다 비싸게 원재료를 매입한 셈이고, 판매가격은 현시점의 원유가격에 연동되어 떨어지니 이익이 감소하거나 손실이 발생할 수밖에 없습니다.

2차전지 소재도 이와 똑같은 원리로 가격이 결정됩니다. 먼저 에코프로비엠의 사업보고서에 있는 주요 원재료 가격의 정보를 살펴보겠습니다.

니켈가격과 재고량 정보

※ 출처: 에코프로비엠 2023년 사업보고서

그래프를 통해 알 수 있듯, 1년 동안 니켈가격은 50% 가까이 하락했습니다. 재고량이 쌓이면서 가격 하락을 초래했습니다. 니켈을 이용해 제품을 생산하는 에코프로비엠 입장에서 원재료 가격 하락은 호재입니다. 자동적으로 원가 절감이 되니까요.

그러나 앞서 이야기했듯, 정유사나 2차전지 소재 같은 정유화학 기업들에게 원자재 가격 하락은 호재가 아닌 악재입니다. 원자재 가격이 떨어지면 제품가격도 연동해 떨어지기 때문이죠. 5월에 니켈을 톤당 2만 5,000달러에 매입해 열심히 2차전지 양극재를 만들어 7월 말에 판매하려고 하는데, 그사이에 니켈가격이 2만 달러로 떨어졌습니다. 제품가격은 당연히 연동되어 내려갈 테니 에코프로비엠 입장에서는 손해일 수밖에 없습니다. 원재료도 비싸게 사왔는데 가공비까지 써가며 만든 제품이 정상 가격도 못 받게 됐기 때문입니다.

제조업은 원재료비 같은 변동비 부담이 큰 경우가 많습니다. 그리고 일반적으로 원재료 가격이 떨어지면 마진 폭이 확대되고, 원재료 가격이 올라가면 마진 폭이 좁아질 가능성이 있습니다. 단, 정유사나 2차전지 소재 같은 정유화학 기업들처럼 제품가격이 국제 원자재 시세에 연동되는 경우는 예외입니다. 원재료 가격이 올라가야 이익이 좋아집니다.

② 고정비 비중이 큰 기업

한편 고정비가 변동비보다 더 많이 발생하는 경우도 있습니다. 제조업 중에서는 반도체 기업이 유일합니다. SK하이닉스의 '비용의 성격별 분류 주석사항'을 살펴봅시다.

SK하이닉스의 재무제표 주석사항 중 비용의 성격별 분류 (단위: 백만 원)

구분	공시금액
제품 및 재공품의 변동	1,769,061
원재료, 저장품 및 소모품 사용	9,547,151
종업원급여	5,406,915
감가상각비 등	13,619,161
지급수수료	3,133,975
동력 및 수도광열비	2,563,624
수선비	1,763,270
외주가공비	1,496,271
기타영업비용	1,534,757
대체: 개발비자산화 등	(338,153)
합계	40,496,032

매출원가와 판매비와관리비 40조 4,960억 원 중에서 원재료비는 9조 5,472억 원입니다. 비중이 24%에 불과합니다. 종업원급여와 감가상각비 등을 합치면 19조 원이 넘습니다. 이 두 항목만 거의 50%입니다. 그 외에 나머지 비용들도 모두 고정비로 간주할 수 있습니다. SK하이닉스는 전형적인 B2B 기업이기 때문에 판매수수료나 유통비 같은 변동비는 없습니다.

매출원가와 판매비와관리비 40조 4,960억 원에서 원재료비 9조 5,472억 원을 제외한 30조 9,488억 원이 고정비입니다. 가만히 숨만 쉬어도 1년에 이 정도 비용은 그냥 발생한다는 의미입니다. SK하이닉스는 반도체 판매가격에서 원재료비를 차감하고 발생한 마진에서 30조 9,488억 원을 건질 만큼의 판매량이 나와야 이익이 발생하는 구조입니다. 그러려면 굉장히 많은 반도체를 팔아야 합니다. 2021~2023년 SK하이닉스의 손익계산서를 살펴봅시다.

SK하이닉스의 2021년~2023년 손익계산서

(단위: 백만 원)

	2023년	2022년	2021년
매출액	32,765,719	44,621,568	42,997,792
매출원가	33,299,167	28,993,713	24,045,600
매출총이익	(533,448)	15,627,855	18,952,192
판매비와관리비	7,196,865	8,818,438	6,541,852
영업이익(손실)	(7,730,313)	6,809,417	12,410,340

대략 40조 원대 매출액을 달성해야 이익 실현이 가능할 것으로 예상할 수 있습니다. 과거보다 시설투자와 인력이 많이 늘었기 때문에 손익분기점은 다소 올라갔을 것입니다.

이렇게 고정비 부담이 큰 기업의 재무제표는 깊이 분석할 필요가 없습니다. 오로지 판매량만 신경 쓰면 됩니다. 판매량이 늘어나면 이익은 알아서 증가할 것이고, 판매량이 감소하면 이익이 크게 감소하거나 심한 경우 적자에 빠질 것입니다.

정도의 차이이지, 고정비 부담은 어느 기업이나 다 겪습니다. 예를 들어 기아의 '비용의 성격별 분류 주석사항'을 보면 전체 매출원가와 판매비와관리비에서 재료비가 차지하는 비중은 70%입니다. 고정비는 약 26조 원으로, 30% 정도 됩니다. SK하이닉스에 비하면 비중이 낮은 편이지만 작은 금액은 아닙니다. 가만히 숨만 쉬어도 나가는 비용이니 자동차를 많이 만들어 많이 팔아야 이익극대화가 가능합니다. 2023년 하반기부터 자동차 판매량이 감소하고 있기에 기아 입장에서는 부담이 될 것입니다. 그래도 2021년부터 3년간의 판매량 집계를 보면 과거보다 큰 폭으로 늘었기 때문에 당장 큰 부담은 아니지만, 판매량이 계속 감소하면 이익이 줄어들 수도 있습니다.

참고로 2023년 기아의 영업이익률은 12%에 달했지만, 2020년 전에는 3% 내외에서 큰 변동이 없을 정도로 이익률이 좋지 않았습니다. 2020년에 자동차를 260만 대 팔았는데, 2023년에는 308만 대를 팔면서 고정비 절감 효과를 톡톡히 누렸습니다.

061 영업 외 부분에서 중요한 것

영업외수익과 영업외비용

영업외수익과 영업외비용은 아무래도 중요성이 떨어집니다. 영업이익 창출에 기여하는 수익과 비용이 아니고, 말 그대로 영업 외적인 부분에서 발생하기 때문입니다. 영업외수익과 비용은 일회성도 있고, 매년 발생하는 손익도 있습니다. 그래서 그런 계정과목들을 구분해 살펴보는 것이 가장 좋습니다. 영업외수익과 영업외비용의 항목은 다음과 같습니다.

영업외수익과 영업외비용 항목

구분	당기	전기
영업이익		
영업외수익		
이자수익		
유형자산처분이익		
외화환산이익		
외환차익		
잡이익		
영업외비용		
이자비용		
유형자산처분손실		
외화환산손실		

외환차손		
잡손실		

매년 반복적으로 발생하는 영업외수익과 영업외비용은 무엇일까요? 은행 예금과 적금의 잔액이 0원으로 떨어지지 않는 한, 이자수익은 매년 발생합니다. 이자비용도 마찬가지겠죠? 은행 대출이 0원이 아닌 이상 매년 발생할 것입니다. 수출, 수입을 하는 회사라면 외화환산이익(손실), 외환차익(손)이 매년 발생합니다. 역시 반복적인 계정과목입니다. 단, 내수 위주의 기업이라면 이런 계정과목들은 나오지 않을 것입니다. 그 외에 유형자산처분이익(손실), 잡이익(손실) 등은 모두 반복적으로 발생하지 않습니다. 회사가 보유한 토지나 건물을 판다고 매출로 회계 처리를 하지 않습니다. 부동산을 파는 건 회사의 영업이 아니기 때문에 영업외수익(비용)으로 회계 처리를 합니다. 회사가 매년 팔 부동산이나 기계장치가 차고 넘치지는 않을 것이기에 이런 계정항목도 드문드문 나올 겁니다.

다음은 자동차 부품을 생산하는 회사의 손익계산서 중 일부입니다.

자동차 부품을 생산하는 회사의 손익계산서 (단위: 억 원)

영업이익(손실)	(13)
영업외수익	100
이자수익	87
외환차익	13
영업외비용	29
이자비용	2
외환차손	27
법인세비용차감전순이익	58
법인세비용	10
당기순이익	48

이 회사는 자동차 부품 판매 사업으로 13억 원 영업적자를 보고 있습니다. 그런데 영업외수익이 100억 원이나 잡히면서 당기순이익 48억 원을 실현했습니다. 영업외수익의 세부 계정과목을 보니 이자수익만 87억 원입니다. 참고로 이 회사의 재무상태표를 보면 현금및현금성자산, 단기금융상품, 장기금융상품 등의 총합이 3,000억 원 정도나 됩니다. 재무 구조가 좋은데 사업이 신통치 않아 적자를 내는 상황입니다.

영업적자를 내고 있지만 반복적으로 발생하는 이자수익으로 충분히 메꾸고 남을 정도입니다. 이 회사의 영업적자가 수십 억 원으로 커지지 않는 한, 회사는 괜찮을 것 같습니다. 영업외수익에 반복적으로 발생하는 큰 금액의 이자수익이 자리 잡고 있으니까요. 역시 반복적으로 발생하는 외환차손이 외환차익보다 많기는 하지만 이자수익으로 커버 가능해 문제는 없어 보입니다.

이런 회사들의 매출액과 영업적자를 보면 '회사가 참 힘들구나' 하고 생각할 수 있지만, 당기순이익까지 다 살펴보면 안심할 수 있습니다. 물론 회사는 기본적으로 사업을 해 영업이익을 창출하는 것이 목적이라 좋은 손익계산서의 모습이 아니기는 합니다. 하지만 사업이 매년 잘되라는 법은 없으니 이렇게 어려울 때 이자수익이라도 많이 나 손실을 커버해주면 좋겠죠.

다음은 철강 회사의 손익계산서 중 일부입니다. 앞서 살펴본 자동차 부품 생산 회사와 비슷한 모습을 보입니다.

철강 회사의 손익계산서

(단위: 억 원)

영업이익(손실)	(15)
영업외수익	387
이자수익	14
유형자산처분이익	373
영업외비용	340

이자비용	111
외환차손	229
법인세비용차감전순이익	32
법인세비용	2
당기순이익	30

이 회사도 사업으로 15억 원을 까먹었지만 당기순이익이 발생합니다. 다행이라고 생각할 수 있는데, 앞서 살펴본 자동차 부품 생산 회사와는 다릅니다. 반복적으로 발생하는 이자수익, 이자비용, 외환차손을 합치면 326억 원 손실입니다. 대출이 많아 이자비용이 많이 발생하는데, 환율 때문에 외환차손도 큽니다. 매년 반복적으로 발생하는 이런 금액들을 커버할 만큼 많은 영업이익을 창출해야 하는데, 영업적자를 내고 말았습니다.

그럼에도 불구하고 당기순이익이 발생한 것은 유형자산처분이익이 무려 373억 원이기 때문입니다. 오랫동안 보유했던 공장 용지를 매각하면서 시세차익을 본 것이죠. 이 회사는 철강을 만드는 회사이지, 땅을 판매하는 회사가 아니기 때문에 이 차익은 당연히 영업외수익에 잡힙니다. 그리고 일회성 수익이라 올해는 당기순이익으로 마감했지만, 내년에 영업이익을 달성하지 못하면 당기순손실이 발생할 가능성이 매우 높습니다. 유형자산처분이익이 내년에 또 발생할 가능성도 없고, 이자비용은 매년 많이 발생할 것이기 때문입니다.

그래도 결국은 영업이익

어떤 경우든 가장 중요한 것은 영업이익 창출입니다. 그것이야말로 회사의 기본 목표이기 때문이죠. 그래서 손익계산서를 분석할 때 매출액부터 영업이익까지를 우선적으로 살펴야 합니다. 영업이익 아랫단은 반복적으로 발생하는 수익, 비용들 위주로만 보면 됩니다. 은행에서 기업들의 이자보상비율(영업이익/이자비용)을 중요하게 보는 이유도 여기에 있습니다. 사업을 통해 창출하는 영업이익으로 매년 발생하는 이자비용을 갚을 능력이 있는지 보는 것이죠. 이익도 내지 못하는 회사에 대출을 해줬다가 원금은커녕 이자도 받지 못할 수 있으니 영업이익 여부부터 살피는 것입니다.

주식시장도 마찬가지입니다. 기업이 일회성 발표를 하면 항상 매출액과 영업이익부터 보여줍니다. 주주 입장에서는 영업외수익, 영업외비용이 중요하지 않기 때문입니다. 기업의 펀더멘털은 매출액과 영업이익으로 증명되고, 결국 이 숫자들이 주가에 영향을 미칩니다. 그래서 삼성전자 같은 기업은 매년 분기가 종료되고 5영업일 이내에 다음과 같이 잠정 실적을 발표합니다.

삼성전자의 잠정 실적

연결재무제표 기준 영업(잠정)실적(공정공시)						
※ 동 정보는 잠정치로서 향후 확정치와는 다를 수 있음.						
1. 연결실적내용					단위 : 조원, %	
구분		당기실적 ('24.4Q)	전기실적 ('24.3Q)	전기대비증감율(%)	전년동기실적 ('23.4Q)	전년동기대비증감율(%)
매출액	당해실적	75.00	79.10	-5.18	67.78	10.65
	누계실적	300.08	225.08	-	258.94	15.89
영업이익	당해실적	6.50	9.18	-29.19	2.82	130.50
	누계실적	32.73	26.23	-	6.57	398.17
법인세비용차감전계속사업이익	당해실적	-	-	-	-	-
	누계실적	-	-	-	-	-
당기순이익	당해실적	-	-	-	-	-
	누계실적	-	-	-	-	-
지배기업 소유주지분 순이익	당해실적	-	-	-	-	-
	누계실적	-	-	-	-	-

삼성전자는 12월 31일로 회계 기간이 끝나고 5영업일인 1월 8일에 전자공시시스템(DART)을 통해 잠정 실적을 발표했습니다. 법인세비용차감전계속사업이익과 당기순이익은 비워놓았습니다. 즉 회계 기간 종료일 후 5영업일 내로 매출액, 매출원가, 판매비와관리비 결산부터 빨리 끝냈다는 의미입니다. 어차피 주주나 은행 같은 이해관계자들은 영업외수익과 비용은 중요하게 생각하지 않으니 영업이익 윗단까지 빨리 결산해 궁금증을 해결해주자는 취지입니다.

참고로 한국채택국제회계기준을 적용하는 상장 기업들은 영업외수익과 영업외비용을 다음과 같이 나누어 공시합니다.

일반회계기준(비상장 기업)	한국채택국제회계기준(상장 기업)
영업이익	영업이익
+ 영업외수익	+ 지분법손익
	+ 금융수익
	+ 기타수익
− 영업외비용	− 금융비용
	− 기타비용

이자수익, 배당수익, 금융자산처분이익 같은 계정과목은 금융수익으로, 이자비용, 금융자산처분손실 같은 계정과목은 금융비용으로 묶습니다. 이들을 제외한 나머지 계정과목은 기타수익과 기타비용으로 묶습니다. 그래서 일반회계기준을 적용하는 비상장 기업보다 한국채택국제회계기준을 적용하는 상장 기업들의 손익계산서가 훨씬 길어 보입니다.

062 재무비율을 구해봅시다

재무비율의 6가지 종류

재무비율은 재무상태표와 손익계산서의 계정과목들을 분자, 분모에 대입해 산출할 수 있습니다. 수많은 계정과목으로 공식을 만들기 때문에 종류가 꽤 많지만, 크게 6가지로 나뉩니다.

구분	종류
수익성비율	총자산이익률, 자기자본이익률, 매출액이익률
성장성비율	총자산증가율, 매출액증가율, 영업이익증가율, 순이익증가율
안정성비율	부채비율, 차입금 의존도
채무 상환 능력	이자보상비율, 차입금 상환계수
유동성비율	유동비율, 당좌비율, 현금비율
효율성비율	매출채권회전율, 재고자산회전율, 총자산회전율

재무비율을 계산한 뒤에 전기, 전전기와 비교해 개선되는지, 악화되는지를 살펴볼 수 있습니다. 비슷한 기업과 비교해 경쟁사보다 나은 건지 나쁜 건지도 확인할 수 있습니다. 재무비율 구조와 숫자의 의미를 하나씩 살펴봅시다.

1. 수익성비율

수익성비율로 가장 많이 회자되는 것은 투하자본수익률, 즉 ROI(Return On Investment)입니다. 이는 '보유한 자산 또는 자본 등으로 적정 수준 이상의 이익을 실현하고 있는가'를 나타내는 지표로, 경영 관리의 유효성을 측정할 수 있습니다. 쉽게 말해 투입(Input) 대비 산출(Output)을 평가하기 위한 지표인데, 하나의 공식으로 정의되지는 않습니다. 기업을 둘러싼 이해관계자의 목표와 해석에 따라 총자산이익률(Return On Assets, ROA), 자기자본이익률(Return On Equity, ROE) 등으로 변형해서 사용합니다.

매출액이익률(Return On Sales, ROS)은 매출액 대비 매출총이익률, 영업이익률, 순이익률을 계산하는 것으로, 공식 자체가 매우 간단합니다. 분자와 분모에 재무상태표, 손익계산서 숫자만 대입하면 되기 때문에 어렵지 않습니다. 단, 해석할 때 주의가 필요합니다.

① 총자산이익률(ROA)

'총자산 대비 이익을 얼마나 올렸는가'라는 질문에서 나온 재무비율입니다. 이 지표는 대개 경영진의 성과 측정을 위한 KPI(Key Performance Indicator)*로 많이 활용합니다. 경영진에게 사업을 할 수 있도록 이만큼의 자산을 줄 테니 최대한 이익을 많이 만들어내라는 취지입니다.

 알아두세요

KPI
기업은 이익을 극대화하기 위해 부서 또는 구성원에게 각각의 목표를 부여합니다. 목표 달성을 위해 결정적인 역할을 하는 중요 요소들을 설정하고 관리해야 하므로 핵심성과지표, 즉 KPI라고 부릅니다.

$$ROA = \frac{당기순이익}{평균자산총액[(기초+기말)/2]} \times 100$$

ROA를 구하는 공식은 단순해 보이지만 고려할 사항이 많습니다. 분자의 당기순이익은 1월 1일부터 12월 31일까지 발생된 금액입니다. 분모의 자산은 12월 31일 잔액입니다.

유량
저수지에서 흘러나오는 물처럼 일정 기간 동안 시간 단위로 측정되는 지표를 '유량'이라고 합니다. 손익계산서의 수익과 비용은 회계 기간 동안 발생한 값이므로 유량입니다.

저량
저수지에 고여 있는 물처럼 일정 시점에 측정되는 지표를 '저량'이라고 합니다. 재무상태표의 자산, 부채, 자본은 회계 기간 종료일 잔액이므로 저량입니다.

분자는 연간 발생된 유량(Flow)* 개념인데, 분모는 연말 저량(Stock)* 개념이라 분모를 유량처럼 변형합니다. 그래서 기초(전기말 12월 31일)자산과 기말(당기말 12월 31일)자산을 합쳐 평균을 냅니다. 평균 자산 대비 1년 동안 낸 이익이라 해석해도 무방합니다.

중요한 점은 분모에 재무상태표값, 분자에 손익계산서값이 대입된다면 반드시 분모를 평균화해야 한다는 것입니다. 이것은 모든 재무비율에서 일관되게 적용되는 원칙입니다. 다음 사례를 봅시다.

기아의 요약 재무상태표와 손익계산서

(단위: 조 원)

	2023년	2022년
자산	81	74
부채	34	34
자본	47	40
당기순이익	9	5

기아의 평균 자산은 78조 원[(81조 원+74조 원)/2]입니다. 분자에 당기순이익을 대입하면 ROA는 11%입니다.

$$ROA = \frac{9조\ 원}{(81조\ 원 + 74조\ 원)/2} \times 100 = 11\%$$

단순하게 생각해보면 은행에 78조 원을 예치했을 때 금리가 2% 내외라면 2조 원도 이익을 내지 못할 텐데, 기아는 9조 원의 이익을 거두었으니 사업하기를 잘했다는 생각이 들 것입니다.

이렇게 다른 투자안과 비교하거나 동종업계와 비교하는 식으로 회사의 ROA 수준을 판단할 수 있습니다. 그리고 과거 ROA와 비교해 회사의 성장성도 분석할 수 있습니다.

② **자기자본이익률(ROE)**

주주가 투자해준 자본으로 얼마나 이익을 올렸는지 측정하는 지표입니다. 즉 주주들의 관심 지표입니다. ROA 공식과 같이 분자인 당기순이익은 연간 실적이지만, 분모인 자본은 잔액 기준이므로 분모는 평균값을 씁니다.

$$ROE = \frac{당기순이익}{평균자본총액[(기초+기말)/2]} \times 100$$

기아의 사례로 계산해보면 ROE는 21%입니다.

$$ROE = \frac{9조 원}{(47조 원 + 40조 원)/2} \times 100 = 21\%$$

자본에서 가장 큰 비중을 차지하는 것은 이익잉여금입니다. 회사에 매년 이익이 발생하면 이익잉여금이 쌓이고 자본은 계속 커집니다. 그럼에도 불구하고 전년도 대비 ROE가 증가한다면 회사는 '정말 사업을 잘하는구나' 하는 생각이 절로 들겠죠. 분모인 자본이 불어나는 것보다 분자인 당기순이익이 더 많이 늘었으니까요.

참고로 기아의 2021년 자본이 35조 원이었기 때문에 2022년의 ROE를 계산해보면 13%[{5조 원/(40조 원+35조 원/2)}×100]가 나옵니다. 1년 만에 ROE가 8%포인트 늘었으니 사업을 굉장히 잘한다고 볼 수 있겠죠.

ROE는 주로 주주가 회사의 펀더멘털을 측정할 때 쓰입니다. 단, ROE가 계속 올라간다고 주가 또한 계속 올라간다는 법은 없습니다. 오를 수도 있고 아닐 수도 있는데, 대체로 오를 확률이 높을 뿐입니다.

주가는 주식시장에서 여러 대외 변수, 수급, 심리, 정치, 경제 등 수많은 요인이 복합적으로 작용되기 때문에 예측 불가능합니다. 이 지표는 참고 사항으로 보면 좋겠습니다. 그래도 이왕이면 ROE가 높거나 계속 증가하는 기업 위주로 종목을 선별하면 투자 실패 위험은 줄어들 것입니다.

③ 매출액이익률(ROS)

매출액이익률은 손익계산서를 분석할 때 기본적으로 계산해볼 것입니다. 회사의 매출액 대비 매출총이익률, 영업이익률, 순이익률을 계산해 전기 대비 좋아졌는지, 동종업계 대비 양호한지 살펴보기 위함이죠. 공식은 매우 간단합니다.

$$매출총이익률 = \frac{매출총이익}{매출액} \times 100$$

$$영업이익률 = \frac{영업이익}{매출액} \times 100$$

$$당기순이익률 = \frac{당기순이익}{매출액} \times 100$$

이마트와 홈플러스의 2022년 손익계산서

(단위: 억 원)

	이마트	홈플러스
매출액	154,868	66,006
매출원가	113,569	45,454
매출총이익	41,299	20,552
판매비와관리비	38,711	23,154
영업이익(손실)	2,588	-2,602
당기순이익(손실)	10,507	-4,458
매출총이익률	27%	31%
영업이익률	2%	-4%
당기순이익률	7%	-6.8%

마트 시장점유율 1위와 2위를 차지하고 있는 이마트와 홈플러스의 2022년 손익계산서입니다. 도소매업이기 때문에 매출원가는 매입액을 의미합니다. 즉 매출총이익률은 두 회사가 제품 제조사로부터 사온 가격 대비 고객들에게 팔았을 때의 상품 마진율을 의미합니다.

두 마트의 상품 믹스가 다르기 때문에 정확히 비교할 수는 없지만 수치로만 보면 홈플러스가 이마트보다 마진율이 좋습니다. 하지만 홈플러스는 영업적자, 이마트는 영업이익을 달성했습니다.

그렇다고 이마트의 영업이익률이 매우 높은 건 아닙니다. 두 회사 모두 판매비와관리비가 많이 발생하는 편인데, 이마트는 규모가 크기 때문에 어느 정도 이익을 낼 수 있는 여건이 됩니다. 반면 홈플러스는 판매비와관리비를 절감하지 못하면 흑자를 내기 쉽지 않아 보입니다.

물론 매출액을 더 늘리면 좋겠지만 그러려면 매장을 더 짓거나 기존 매장을 확충해야 하는데, 쿠팡 같은 이커머스 기업들이 오프라인 유통업을 잠식한 상황이라 현실적으로 불가능합니다.

이마트는 영업이익률이 2%밖에 되지 않지만 당기순이익률은 7%나 됩니다. 영업이익과 당기순이익 사이에 영업외수익이 큰 숫자가 들어와 당기순이익이 커진 것입니다. 영업외수익 내역을 살펴보면 유형자산처분이익이 무려 1조 원이 넘습니다. 성수동 사옥과 매장을 매각하면서 큰 차익을 낸 그런 것이죠. 한창 부동산 시세가 좋은 시절이었습니다.

이마트와 홈플러스의 2023년 손익계산서로 매출액이익률을 계산해보면 다음과 같습니다.

이마트와 홈플러스의 2023년 손익계산서

(단위: 억 원)

	이마트	홈플러스
매출액	151,419	69,314
매출원가	110,721	47,536
매출총이익	40,698	21,778

판매비와관리비	38,818	23,773
영업이익(손실)	1,880	-1,995
당기순이익(손실)	2,588	-5,743
매출총이익률	27%	31%
영업이익률	1.2%	-3%
당기순이익률	1.7%	8%

양사 모두 매출총이익률은 큰 변화가 없고, 이마트는 영업이익률이 더 악화되었습니다. 물가와 임금 상승에 따른 판매비와관리비는 계속 올라가니 영업이익률은 악화될 수밖에 없을 것입니다.

눈에 띄는 건 이마트의 당기순이익률이 크게 낮아진 것입니다. 왜 그럴까요? 2022년에는 유형자산을 매각해 큰 영업외수익이 발생했지만, 2023년에는 그런 일이 없었으니 당기순이익이 작을 수밖에 없습니다. 영업외수익과 비용은 일회성 숫자가 워낙 많이 발생하기 때문에 영업이익보다 당기순이익이 더 크거나 작아지는 경우가 많습니다.

우리가 손익계산서의 많은 이익 중에서 영업이익을 우선적으로 보는 이유는 회사의 사업 실력을 볼 수 있기 때문입니다. 일회성 수익과 비용이 반영되지 않고 오로지 본업에서 발생한 매출액으로 영업 관련 비용인 매출원가와 판매비와관리비를 쓰고 얼마나 이익을 남기는가가 가장 중요합니다.

2. 성장성비율

재무비율 종류 중에서 가장 거창한 것은 바로 성장성비율입니다. 이름만 들어도 뭔가 있어 보이는데, 공식은 매우 간단합니다. 전기 대비 당기 증감율이 성장률입니다.

성장성비율은 결괏값에 대한 해석이 중요한데, 과연 내년에도 성장할 수 있을지를 따져봐야 합니다. 그러려면 숫자에 대한 분석 정밀도를 좀 더 올려야 합니다. 그리고 무엇보다 산업의 특성과 성장성 같은 질적 요소를 판단하는 것이 중요합니다.

① 총자산증가율

먼저 총자산증가율입니다. 총자산증가율은 재무상태표의 당기말 자산총계와 전기말 자산총계로 계산할 수 있습니다. 자산이 전기말보다 왜 늘어났는지 분석해야 합니다. 대개 돈을 많이 벌면 자산이 늘어나는데, 꼭 그렇지 않은 경우도 있습니다. 돈은 벌지 못하는데 대출을 받았거나 유상증자를 해 자산이 늘어났을 수도 있습니다. 성장은 했지만 내용적으로는 썩 좋지 않죠.

$$총자산증가율 = \frac{기말총자산 - 기초총자산}{기초총자산} \times 100$$

다음은 전 세계를 뒤흔든 코로나19의 영향으로 극심한 적자를 겪었던 제주항공의 2021~2022년 재무상태표입니다. 수천억 원대 영업적자를 냈지만 자산과 자본은 오히려 증가했습니다.

제주항공의 2021~2022년 재무상태표 (단위: 원)

	2022년	2021년	증감	증감율
자산	1,644,674,848,545	1,266,756,061,417	377,918,787,128	30%
부채	1,357,023,834,316	1,082,667,273,848	274,356,560,468	25%
자본	287,651,014,229	184,088,787,569	103,562,226,660	56%

제주항공의 총자산증가율이 30%나 되는 이유는 무엇일까요? 당기순이

익이 발생하면 자본의 이익잉여금이 쌓이니 자본이 늘어납니다. 자본이 늘어나면 자산이 증가하죠. 그런데 당기순손실이 발생했으니 자본의 이익잉여금이 줄어들게 됩니다. 그러면 자본이 줄어드는 게 맞겠죠? 회사는 2년 연속 수천억 원대 영업적자를 내 보유 현금이 말라가니 대출을 늘릴 수밖에 없었고, 대출을 늘리는 데 한계가 있으니 주주들을 상대로 유상증자를 했습니다. 즉 대출로 인한 부채 증가, 유상증자로 인한 자본 증가로 자산이 증가한 것입니다. 내용상 좋지 않은 성장이죠.

② 매출액 증가율, 영업이익 증가율, 순이익 증가율

손익계산서의 매출액, 영업이익, 당기순이익 증감을 계산하면 되기 때문에 공식은 매우 단순합니다. 전기 대비 성장하면 좋은 것은 분명한데 왜 성장했는지를 알아야 내년 이후도 예상이 가능하겠죠.

$$매출액증가율 = \frac{당기매출액 - 전기매출액}{전기매출액} \times 100$$

$$영업이익증가율 = \frac{당기영업이익 - 전기영업이익}{전기영업이익} \times 100$$

$$순이익증가율 = \frac{당기순이익 - 전기순이익}{전기순이익} \times 100$$

다음은 화장품 ODM 기업 코스맥스의 손익계산서입니다. 화장품은 올리브영뿐 아니라 온라인의 수많은 이커머스 플랫폼에서 자유롭게 판매가 되다 보니 진입장벽이 가장 낮아진 품목이 되었습니다. 그래서 화장품 사업을 하는 회사들을 보면 제조업임에도 불구하고 공장을 짓거나 제품을 만들지 않습니다. 화장품을 매우 잘 만드는 코스맥스나 한국콜마 같은 ODM 기업으로부터 납품을 받아 자신들의 브랜드를 입혀 판매합니다. 그러다 보니 이들 기업들의 실적이 꽤 잘 나오는 편인데, 2003년 코스맥스의 매출액은 11%나 성장했습니다. 회사의 사업보고서를 보면, 코스맥스는 2023년에 원재료인 에탄올 가격이 13% 정도 오르는 바람에 주요 제품가격을 소폭 올렸습니다. 그러나 다행히 판매량이 계속해서 늘어 매출액 성장으로 이어졌죠.

코스맥스의 2022~2023년 손익계산서

(단위: 원)

	2023년	2022년	증감	증감율
매출액	1,777,494,448,320	1,600,125,770,194	177,368,678,126	11%
영업이익	115,685,779,856	53,100,853,848	62,584,926,008	118%
당기순이익(손실)	37,799,983,055	−16,446,826,860	54,246,809,915	흑자 전환

손익계산서를 볼 때 가장 기분 좋은 순간은 코스맥스처럼 매출액 증가 폭보다 영업이익 증가 폭이 더 클 때입니다. 코스맥스의 '비용의 성격별 분류 주석사항'을 보면 매출원가, 판매비와관리비의 57%가 원재료비에 해당되고, 나머지 43%는 고정비입니다. 즉 고정비 부담이 꽤 있는 회사인데, 판매량이 증가하니 자연스럽게 고정비 절감 효과, 앞서 살펴봤던 레버리지 효과가 발생되면서 영업이익이 더 크게 늘어난 것입니다.

화장품 업계의 진입장벽이 워낙 낮다 보니 브랜드가 많아져 판매사의 손익이 확 좋아지기는 어려운 환경이지만, 이런 생태계가 결국 ODM 기업들을 살판나게 만들어주었습니다. 코스맥스와 한국콜마는 2024년에도 판매량이 늘어 매출 증가 폭보다 영업이익 증가 폭이 더 증가한 모습을 보여주었습니다.

3. 안정성비율

안정성비율에 가장 큰 관심을 보이는 이해관계자는 바로 은행입니다.

은행이 이 지표를 가장 중요하게 볼 수밖에 없는 이유는 대출 상환 가능성을 검토해야 하기 때문입니다. 재무 구조가 안정적이면 실적이 조금 좋지 않아도 괜찮다고 생각할 수 있는데, 재무 구조가 좋지 않으면서 실적까지 악화되면 은행 입장에서는 대출채권에 대한 대손 위험을 높게 평가할 수밖에 없습니다.

주주도 마찬가지겠죠. 재무 구조가 안정성이 떨어지는데 실적까지 악화되면 상장폐지 가능성이 올라갈 것이고, 그런 회사에 소속된 구성원들의 불안감도 당연히 커질 것입니다. 그리고 외상으로 거래를 하는 거래처도 외상대 회수 가능성이 의심되니 안정성을 관심 있게 지켜볼 수밖에 없겠죠. 공식 자체는 간단하지만 주의해 해석해야 하니 숫자의 의미에 중점을 두기 바랍니다.

① 부채비율

부채비율은 재무상태표의 부채합계를 자본합계로 나누어 계산합니다. 부채는 적은 게 좋고 자본은 큰 게 좋으니 부채비율은 낮을수록 좋습니다. 그렇다면 부채비율이 낮으면 안정성이 있을까요? 대부분의 경우는 그렇지만 아닌 경우도 있으니 해석할 때 주의해야 합니다.

$$부채비율 = \frac{부채}{자본} \times 100$$

A사와 B사는 코스닥 상장 기업이었습니다. 지금은 상장폐지되었는데, 상장폐지되기 전과 전전기 부채비율을 보면 매우 낮습니다. 특히 B사는 부채가 자본 대비 26%밖에 안 될 정도로 재무 구조가 좋아 보입니다. 그런데 두 회사는 다음 해 회계감사 때 계속기업가정에 대한 중요한 불확실성으로 의견거절을 받았고, 결국 주식시장에서 퇴출되었습니다. 즉 회사가 망할 수도 있다는 의미입니다. 부채비율이 이렇게나 낮

은데 왜 망할 수도 있다고 본 것일까요?

A사와 B사의 부채비율

구분	상장폐지 1년 전	상장폐지 2년 전
A사	90%	55%
B사	26%	42%

부채가 적고 자본이 많다고 망하지 않는 것은 아닙니다. 처음에 살펴봤듯, 자본이라는 것은 과거에 주주들로부터 투자받은 자본금과 자본잉여금, 과거부터 지금까지 쌓인 이익잉여금 등으로 구성되어 있습니다. 이 자본은 회계적인 숫자이지, 현재 갖고 있는 돈이 아닙니다. 자본은 이미 자산 취득에 다 들어간 상황이므로 회사가 여유자금을 많이 갖고 있는지, 갚을 대출이 적은지 등을 살펴봐야 합니다. 아무리 부채비율이 안정성을 대표하는 재무비율이라 해도 그냥 참고 자료일 뿐, 절대적인 판단 기준은 되지 못합니다.

이 회사들의 자본이 유독 많은 이유는 분식회계를 해 이익잉여금이 쌓여서입니다. 가공 매출을 많이 만들어 이익이 많이 나는 것처럼 분식을 했습니다. 가공 매출이기 때문에 실제로 외상대가 회수되지 않습니다. 그러니 현금흐름에 문제가 생겨 결국 계속기업가정에 중요한 불확실성이 생긴 것입니다. 이런 부분은 뒤에 나오는 매출채권회전율이나 현금흐름 분석 등을 통해 사전에 충분히 감지할 수 있습니다.

중요한 건 '부채비율이 높으니 재무 구조가 좋지 않다'라고 판단하기도 이르고, '부채비율이 낮으니 재무 구조가 안정적이다'라고 단정 짓기도 위험하다는 것입니다. 따라서 재무제표를 전체적으로 뜯어보는 연습을 많이 해보는 것이 좋습니다.

② 차입금의존도

차입금의존도를 구하는 공식 역시 매우 간단합니다. 전체 자산 대비 차입금의 비중을 계산하는 것이죠. 어떠한 기업의 차입금의존도가 낮다면 그동안 발생시킨 이익의 누계인 이익잉여금과 납입자본인 자본금, 자본잉여금을 활용해 자산을 취득해왔다고 해석할 수 있습니다. 차입금의존도가 높게 계산된다면 자산 대부분을 차입금으로 취득했다고 해석할 수 있겠죠. 그런 기업은 뒤에 나오는 채무 상환 능력을 집중적으로 살펴봐야 합니다.

$$차입금의존도 = \frac{총차입금}{총자산} \times 100$$

"이런 재무지표에 대해 일정 수준을 넘어서면 위험하고, 그 이하면 괜찮다는 기준점이 있으면 좋겠다"라는 말을 많이 들었습니다. 그런데 기업들이 속해 있는 산업 환경이 다르고, 재무 구조나 담보 및 상환 능력이 제각각이라 일정 수치로 잣대를 삼는 것은 좋은 방법이 아닙니다.

참고로 국내 제조업체의 평균 차입금의존도는 25% 내외로 알려져 있고, 40%가 넘으면 위험 상태라는 통계가 있습니다. 그냥 통계일 뿐이니 참고만 하기 바랍니다.

LG에너지솔루션과 에코프로의 2024년 3분기 차입금의존도 (단위: 억 원)

	LG에너지솔루션	에코프로
총차입금	168,989	33,071
자산총계	566,271	75,363
차입금의존도	30%	44%

2차전지 대표 기업인 LG에너지솔루션과 에코프로의 재무상태표에서 총

차입금과 자산총계를 뽑아 나눠보면 각각 30%, 44%로 계산됩니다. 국내 제조업체의 평균 차입금의존도를 훌쩍 뛰어넘고, 에코프로는 위험 상태로 보이죠. LG에너지솔루션은 2024년에 매출액이 24%, 영업이익이 73% 넘게 감소했습니다. 에코프로는 매출액이 반토막이 났고, 영업적자에 빠졌습니다. 업계에서는 두 기업을 캐즘(Chasm)*으로 보고 있습니다.

사실 전기차시장의 성장 정체가 언제 끝날지는 예측할 수 없습니다. 경기가 좋지 않아 대표적인 내구재인 자동차의 판매량이 둔화되고 있는 상황이죠. 전기차와 관련된 사건과 사고도 많았지만 무엇보다 중요한 건 미국의 보호무역 정책으로 국내 전기차 관련 기업들의 성장 둔화가 길어질 수도 있다는 점입니다. 물론 이런 거시적인 환경은 계속해서 변하니 관심을 갖고 지켜볼 필요가 있습니다.

> **알아두세요**
>
> **캐즘**
> 바위나 얼음 속 등에 생긴 깊은 틈을 의미하는 것으로, 얼리어답터들의 수요가 끝난 뒤 다수 대중의 수요가 따라오지 않아 산업 성장이 정체되는 상황을 말합니다.

4. 채무 상환 능력

채무 상환 능력은 대출 원금을 상환할 수 있는지, 대출이자를 제때 낼 수 있는지 확인하기 위한 취지로 만든 재무비율입니다. 이 역시 공식은 간단하지만 정말 회사가 원금과 이자를 갚을 능력이 되는지는 재무제표 전체를 분석해봐야 합니다. 가장 좋은 분석 방법은 다음 장에 나오는 현금흐름 분석법입니다.

① 이자보상비율

이자보상비율은 손익계산서의 영업이익을 영업외비용에 있는 이자비용으로 나누어 계산합니다. 당연히 사업을 통해 벌어들인 영업이익이 연간 발생하는 이자비용보다 커야 좋습니다.

이자보상비율은 산식상 1(100%) 이상 나와야 합니다. 즉 영업이익이 이자비용 이상으로 창출되어야 이자를 갚을 수 있다는 의미죠.

$$이자보상비율 = \frac{영업이익}{이자비용}$$

경기가 침체되면 이자보상비율 관련 뉴스가 자주 등장합니다. 이자비용도 내지 못할 정도로 어려워지면 회사도 문제지만, 그 회사에 투자한 주주들, 그 회사에 돈을 빌려준 은행들까지 영향을 받기 때문에 중요한 지표로 봅니다.

단, 이자보상비율이 1(100%)을 훌쩍 넘는다 해도 안심할 수 없는 경우도 있습니다.

역대 최저를 기록한 이자보상비율

KBS 구독

지난해 기업 이자보상비율 역대 최저…10곳 중 4곳 "번 돈으로 이자도 못 내"

입력 2024.10.23. 오후 12:00 · 수정 2024.10.23. 오후 12:26 기사원문

김혜주 기자

이자보상비율 구간별 업체수 비중[1]   (%)

	2021	2022	2023
100% 미만	40.5	42.3	42.3
0% 미만	34.5	34.7	33.7
100 ~ 300% 미만	14.2	16.3	20.0
300 ~ 500% 미만	7.1	7.2	7.2
500% 이상	38.2	34.2	30.5

주: 1) 이자비용이 0인 기업을 제외한 445,456개(2021년), 468,248개(2022년), 474,308개(2023년) 대상

※ 출처: KBS, 2024년 10월 23일 자

C사와 D사는 같은 해에 부도가 나 이 세상에서 사라졌습니다. 아주 유명한 기업이었고, 다음 표의 부도 3년 전 이자보상비율을 보면 나름 실적이 좋았다는 것을 알 수 있습니다.

C사와 D사의 이자보상비율

구분	부도 1년 전	부도 2년 전	부도 3년 전
C사	271%	206%	156%
D사	1,366%	1,452%	1,019%

C사는 부도 1년 전에 영업이익이 이자비용보다 2.7배나 많고, D사는 13배 이상 많습니다. 이자를 충분히 낼 정도의 이익을 내니 원금 상환은 문제가 없어 보입니다. 그런데 왜 갑자기 부도가 난 걸까요?

역시 현금흐름에 문제가 있었습니다. 실적이 좋았다고 했지만 사실 두 기업 모두 분식회계로 그런 결과를 만들어낸 것이었죠. 가공 매출을 일으키다 보니 매출액과 영업이익은 나오는데, 허위 거래처들이니 외상대가 들어올 리 만무합니다. 흑자가 발생하지만 이렇게 부도가 나는 것을 '흑자부도'라고 합니다.

흑자가 발생하는데 왜 부도가 나는 걸까요? 발생주의 회계 때문입니다. 기업은 외상 거래로 거래처에 물건을 넘긴 시점에 매출을 잡으니까요. 그래서 이런 악덕 기업들이 분식회계로 손익계산서를 예쁘게 만드는 것입니다.

이런 일을 당하지 않으려면 매출채권이 회수가 잘되는지, 현금흐름이 좋은지 잘 따져봐야 합니다. 매출채권이 잘 회수되는지는 이후에 나오는 매출채권회전율로 살펴볼 예정이고, 현금흐름이 잘 돌아가는지는 현금흐름 분석에서 살펴보도록 하겠습니다.

② 차입금 상환계수

EBITDA는 'Earnings Before Interest, Taxes, Depreciation and Amortization'의 약어로, 영업활동으로 인한 현금흐름을 추정할 때 쓰는 지표입니다.

실무적으로 EBIT(Earning Before Interests and Taxes)를 손익계산서상의 영업이익으로 간주합니다. 이 영업이익에 현금으로 지출되지 않는 대표적인 비용인 감가상각비(Depreciation)와 무형자산상각비(Amortization)를 더해 EBITDA를 계산합니다. 손익계산서상 영업이익이 현금흐름을 의미하지 않기 때문에 영업이익에 비현금성 비용 2개를 더해 현금흐름을 추정하는 것입니다.

그러니 차입금 상환계수는 회사가 영업활동을 통해 번 돈으로 차입금 잔액을 상환하는 데 몇 년이 걸리는지를 계산하려는 취지로 만들었다고 볼 수 있습니다.

$$차입금상환계수 = \frac{차입금}{EBITDA}$$

다음은 지방에서 소주를 생산하는 기업의 요약 손익계산서와 차입금 정보입니다. 1년 동안 27억 원의 감가상각비가 발생되었는데, 매출원가에 26억 원, 판매비와관리비에 1억 원이 배부되었습니다. 무형자산상각비는 발생되지 않았을 때 이 회사의 EBITDA는 얼마일까요?

소주를 생산하는 기업의 요약 손익계산서

(단위: 억 원)

매출액	221
매출원가	154
매출총이익	67
판매비와관리비	70
영업이익(손실)	-3
영업외수익	4
영업외비용	10
이자비용	9

소주를 생산하는 기업의 차입금 정보

(단위: 억 원)

단기차입금	57
유동성장기부채	97
장기차입금	28
차입금 합계	182

정답은 24억 원(영업손실 -3억 원+감가상각비 27억 원)입니다. 손익계산서상 적자지만 실제로는 돈을 버는 회사입니다. 표에는 나오지 않지만 이 회사의 유형자산 총액은 367억 원으로, 전체 자산 449억 원 대비 82%나 됩니다. 유형자산 비중이 크기 때문에 감가상각비도 많이 발생됩니다. 그래서 회계적으로 적자가 충분히 나올 수 있는데 그건 비현금성 비용이 크기 때문이고, 실제로는 돈을 잘 법니다.

이 회사의 차입금 합계는 182억 원이니 EBITDA 24억 원으로 나누면 차입금 상환계수는 7.6이 나옵니다. 매년 24억 원 정도 번다면 차입금을 상환하는 데 약 7.6년 걸릴 것으로 예상됩니다. 단, 이 기간은 대략적인 추정치입니다. 유형자산 비중이 크다는 건 유형자산에 대한 투자가 많다는 것으로 해석할 수 있습니다. 즉 24억 원을 벌었다면 다시 공장에 시설투자를 하느라 돈이 들어갈 것이니, 그것을 고려하면 실제 상환하는 데 걸리는 기간은 더 늘어날 수도 있습니다.

회사가 꾸준히 이익을 창출할 수 있다면 은행 입장에서는 장기간 이자수익을 얻을 수 있으니 나쁘다고 볼 수는 없겠죠. 아무튼 재무비율로 계산한 숫자가 정답이 아닐 수도 있으니 항상 참고만 하기 바랍니다.

5. 유동성비율

유동성은 대체로 현금화 가능성을 의미합니다. 유동성이 풍부하다는 것은 돈이 많거나 금방 현금화할 수 있는 자산이 많다는 의미입니다. 그러나 재무제표의 숫자를 볼 때는 항상 해석을 조심해야 합니다.

① 유동비율

1년 이내에 현금화가 가능한 자산인 유동자산을 1년 이내에 갚아야 하는 부채인 유동부채로 나누어 계산한 것을 '유동비율'이라고 합니다. 아무래도 분자가 크고 분모가 작은 게 좋겠죠. 그래서 유동비율은 크면 클수록 좋습니다.

정확히 어느 정도 이상이면 좋다는 기준은 없습니다. 유동비율이 높으면 재무 구조가 안전해 보이는 것에 이견이 없는데, 주식시장에서는 꼭 긍정적인 요인으로 보지는 않습니다. 기업이 높은 기업가치(주가)를 보이려면 계속 성장해야 합니다. 성장하려면 금고에 돈을 쌓아놓지 말고 계속 투자해야 하죠. 그 결과 유동성이 높은 기업들의 주가가 저평가되는 경우가 많습니다.

재무제표를 보는 목적이 안정성 때문이라면 유동비율은 높을수록 좋고, 성장성 때문이라면 유동비율이 낮아도 큰 문제는 없을 것입니다.

$$유동비율 = \frac{유동자산}{유동부채} \times 100$$

1년 이내에 현금화가 가능한 유동자산과 1년 이내에 갚아야 하는 유동부채가 무엇으로 구성되어 있는지 오랜만에 계정과목들을 소환해보겠습니다.

구분	주요 계정
유동자산	현금및현금성자산, 단기금융상품, 매출채권, 재고자산, 선급금, 대여금, 미수금 등
유동부채	매입채무, 미지급비용, 미지급금, 선수금, 예수금, 단기차입금, 유동성장기부채 등

만약 회사의 유동비율이 높은 이유가 현금및현금성자산과 단기금융상품이 많아서가 아니라 매출채권, 재고자산, 선급금, 대여금, 미수금 등이 많아서라면 추가적인 검토가 필요합니다. 채권의 회수 가능성과 재고자산의 진부화 여부를 검토해야 하죠.

정말 현금화 가능성이 있는지를 따져야 합니다. 대주주나 계열사가 대여금으로 빌려간 돈을 갚지 못하고 있는 건 아닌지, 매출채권이나 재고자산이 쌓이는 건 아닌지 살펴봐야 합니다. 뒤에 나오는 매출채권회전율, 재고자산회전율을 통해 이런 내용들을 점검할 예정입니다.

다음에 소개하는 H사는 회계법인으로부터 의견거절을 받아 결국 상장폐지되었습니다. 의견거절을 받기 1년 전, 2년 전만 해도 유동비율이 꽤 높아 보입니다. 물론 유동비율이 100%를 초과하면 더 안정적이겠지만, 유동자산과 유동부채 간의 차이가 크지 않습니다.

의견거절을 받기 1년 전과 2년 전의 재무상태표를 자세히 뜯어보면 대여금과 매출채권이 너무 오랫동안 회수되지 않은 것을 확인할 수 있습니다. 그러다가 결국 현금흐름에 문제가 생겨 의견거절을 받은 것이죠.

감사 의견거절로 상장폐지된 H사의 재무상태표

구분	의견거절 1년 전	의견거절 2년 전
유동자산	1,296억 원	1,309억 원
유동부채	1,453억 원	1,407억 원
유동비율	89%	93%

재무비율만 보면 잘 보이지 않지만, 유동자산에 속해 있는 계정과목들을 하나씩 뜯어보면 보입니다. 그렇기 때문에 항상 재무제표 계정과목들을 점검하는 습관을 들여야 합니다.

다음은 최근 몇 년간 조선업 호황으로 수주가 증가하고 주가도 훨훨 날아간 HD현대중공업의 유동자산, 유동부채, 유동비율 정보입니다.

HD현대중공업의 유동자산, 유동부채, 유동비율 정보

	2024년 3분기	2023년	2022년
유동자산	85,056억 원	87,997억 원	80,009억 원
유동부채	102,053억 원	99,450억 원	90,720억 원
유동비율	83%	88%	88%

HD현대중공업은 최근 3년간 유동비율이 90%를 넘기지 못했습니다. 만약 주식투자자가 '유동비율이 낮으니 주식투자를 하면 안 되겠다'라고 생각했다면 200%가 넘는 주가상승률을 경험하지 못했을 것입니다. 조선업이 호황을 맞으니 이 회사의 일감도 크게 증가했습니다. 이럴 때는 빚을 내서라도 사업을 크게 벌이는 것이 좋습니다. 선박을 완성하고 인도하면 돈이 계속 들어올 테니 당장의 재무비율은 큰 문제가 되지 않겠죠? 실적도 좋지 않은데 빚만 늘어 유동비율이 낮게 나온다면 그 회사의 주식은 절대 사면 안 되지만, 회사가 성장하고 있다면 일부 수치가 조금 좋아 보이지 않아도 적극적으로 투자하는 것이 좋습니다.

② 당좌비율

당좌비율의 영문은 'Quick Ratio'입니다. 이것만 놓고 보면 '현금이 정말 빨리 회수되겠구나' 하는 생각이 절로 들지 않나요? 유동자산에 재고자산을 뺀 나머지 계정과목들을 묶어 '당좌자산'이라고 합니다.

$$당좌비율 = \frac{유동자산 - 재고자산}{유동부채} \times 100$$

재고자산은 원재료 매입부터 제품 완성 후 판매까지 다소 시간이 걸릴 수 있으니 이 부분을 제외하고 현금및현금성자산, 단기금융상품, 매출채권, 미수금, 대여금 등의 채권만 따져보자는 취지입니다.

역시 현금및현금성자산과 단기금융상품이 많아 당좌비율이 높다면 안정성이 담보될 것입니다. 그렇지 않고 매출채권, 미수금, 대여금 등의 채권이 많아 당좌비율이 높은 것이라면 채권 회수 가능성을 집중적으로 분석해야 합니다.

6. 효율성비율

효율성비율의 기본 취지는 보유한 자산으로 얼마나 많은 매출액을 창출시켰는지를 측정하는 것입니다. 그래서 분자는 매출액, 분모는 자산으로 구성됩니다.

분모에 매출채권을 대입하면 '매출채권회전율'이, 재고자산을 대입하면 '재고자산회전율'이, 총자산을 대입하면 '총자산회전율'이 됩니다. 회사의 매출액이 창출될 때 자산이 몇 번 회전했는지 보겠다는 취지인데, 식당의 테이블 회전율과 맥락이 같습니다.

테이블 회전이 빠를수록 장사가 잘되는 집이고, 회전이 느릴 수록 장사가 잘되지 않는 집이라는 건 경험을 통해 알고 있죠. 즉 적은 자산으로 매출액이 많이 창출되면 효율성이 높은 회사일 것이고, 자산 규모가 큼에도 불구하고 매출액이 작다면 효율성이 떨어지는 회사일 것입니다.

한편 효율성비율 중 매출채권회전율과 재고자산회전율은 이런 효율성보다는 매출채권 부실화 여부, 재고재산 진부화 여부를 측정하는 데 매우 좋은 지표입니다. 외상대가 빨리 들어오지 않거나 생산된 제품이 잘 팔리지 않는 회사는 현금흐름에 어려움을 겪습니다. 회사 내부에 있는 경영진과 구성원들은 이런 사실들을 잘 알겠지만, 재무제표 이용자들은 그런 내부 정보를 알기 어렵습니다.

그렇다고 답이 없는 것은 아닙니다. 효율성비율 중 매출채권회전율과 재고자산회전율을 측정해보면 판단할 수 있습니다. 매출채권회전율과 재고자산회전율이 빠르다는 건 채권 회수가 잘되고 있으며, 재고가 잘 팔린다는 것을 의미합니다. 현금이 잘 돈다는 의미죠. 아주 중요한 지표들이니 꼭 알아두기 바랍니다.

① 매출채권회전율

작년 말에 넘어온 매출채권은 400만 원이고, 올해 말에 남은 매출채권은 200만 원입니다. 회사는 1년 동안 3,000만 원의 매출액이 발생했습니다. 그렇다면 회사는 1년 동안 외상대가 얼마나 회수된 것일까요? 정답은 3,200만 원입니다.

$$\text{매출채권회전율} = \frac{\text{매출액}}{\text{평균매출채권[(기초+기말)/2]}}$$

회사가 올해 받을 돈은 총 3,400만 원입니다. 작년 말에 이월된 외상대 400만 원과 1년 동안 발생한 매출액 3,000만 원의 합이 회사가 받을 돈이죠. 그런데 올해 말에 결산을 해보니 매출채권이 200만 원 남아 있네요. 3,200만 원만 회수된 것입니다.

매출채권회전율을 계산하면 10이 나옵니다. 평균 매출채권이 300만 원인데 매출액이 3,000만 원이니 1년에 10회 정도 매출채권이 회수된 셈입니다.

분자는 1월 1일부터 12월 31일까지 발생한 매출액이니 분모인 매출채권 잔액은 평균값을 씁니다. 이 공식의 논리는 앞서 수익성비율에서 살펴본 총자산이익률(ROA), 자기자본이익률(ROE)과 같습니다.

$$\text{매출채권회전율} = \frac{3,000만 원}{(400만 원 + 200만 원)/2} = 10$$

분자인 매출액이 크고 분모인 매출채권이 작아야 좋다는 건 누구나 알고 있을 것입니다. 1년 동안 많이 팔고 연말에 받을 외상대가 작게 남았으니 현금이 잘 회수된다는 이야기겠죠.

사례를 하나 보겠습니다. 다음 재무제표의 주인공은 의료기기를 생산하는 중소기업입니다. 당기 말에 받아야 하는 매출채권 잔액은 116억 원이고, 1월 1일부터 12월 31일까지 발생한 매출액은 61억 원입니다. 뭔가 좀 이상하죠?

의료기기를 생산하는 중소기업의 재무제표

구분	당기	전기
매출채권	116억 원	103억 원
매출액	61억 원	82억 원

단순하게 생각해보겠습니다. 한 달 평균 매출액이 얼마인가요? 대략 5억 원(61억 원/12개월)으로 계산됩니다. 한 달 평균 5억 원 정도 매출이 발생하는 회사인데 12월 말에 받아야 하는 매출채권이 116억 원이라면 몇 달 치 외상대가 쌓인 것일까요? 약 23개월(116억 원/5억 원)로 계산됩니다. 23개월 치 외상대가 현금으로 들어오지 않으니 부실화가 빨라질 수밖에 없겠죠. 회사는 재무적인 문제로 결국 회생절차*로 넘어갔습니다. 이번에는 공식을 사용해 매출채권회전율을 계산해보겠습니다. 분자에 61억 원, 분모에 110억 원[(116억 원+103억 원)/2]을 대입하면 매출채권회전율은 0.55로 계산됩니다.

> 알아두세요
>
> **회생절차**
> 재정적인 어려움으로 파산에 직면한 채무자에 대해 채권자, 주주 등 여러 이해관계자가 법률 관계를 조정해 채무자 또는 그 사업의 효율적인 회생을 도모하는 제도입니다.

$$매출채권회전율 = \frac{61억\ 원}{(116억\ 원 + 103억\ 원)/2} = 0.55$$

즉 1년 동안 매출채권이 0.55회 회수되었다는 의미입니다. 외상으로 판매하면 2년에 한 번 대금이 회수될까 말까 한다는 계산이 나오죠. 매출채권이 며칠 간격으로 회수되는지 계산하고 싶다면 다음 매출채권 회수 기간 공식을 활용하면 됩니다.

$$\text{매출채권 회수 기간} = \frac{365일}{매출채권회전율}$$

공식에 숫자를 대입하면 664일(365일/0.55)의 결괏값이 나옵니다. 대략 22개월이네요. 상식적이지 않죠? 거래처에 외상을 주고 22개월 뒤에 갚으라는 이야기인데, 이렇게 사업하면 회사는 재정적인 어려움을 겪을 수밖에 없습니다.

회사에 돈이 들어오는 가장 큰 부분이 외상대 회수인데 여기서 막혀버리면 부족한 돈을 대출이나 유상증자로 해결해야 합니다. 그런데 대금 회수도 제대로 못하는 회사에 어느 은행이 돈을 빌려줄 것이며, 어느 주주가 투자를 해줄까요? 회생절차로 넘어가는 건 어찌 보면 당연한 일입니다.

매출채권회전율과 회수 기간은 과거 대비 빨라지고 있는지, 동종업계 대비 느리지 않은지 등으로 판단하는 것이 가장 좋습니다. 예를 들어 기업 대 소비자 간 거래를 하는 기업은 채권 회수가 매우 빠를 것입니다. 고객들이 신용카드나 페이로 결제하면 며칠 내에 돈이 입금되기 때문이죠. 이런 기업들은 매출채권 대손 위험이 거의 없습니다.

기업 대 기업 간 거래를 하는 기업은 채권 회수가 제각각입니다. 대기업과 거래하는 기업은 빠른 편이고, 중소기업과 거래하는 기업은 느린 편입니다. 그리고 생산과 동시에 판매가 이루어질 정도로 업황이 좋은 기업은 채권 회수가 빠른 편이고, 그렇지 않은 기업은 느린 편입니다.

다음은 기업 대 기업 간 거래를 하는 자동차 부품 회사들의 재무제표입니다. S사는 현대·기아차 협력사이고, D사는 협력사에 부품을 납품하는 중소기업입니다.

S사와 D사의 재무제표

S사	당기	전기
매출채권	626억 원	747억 원
매출액	7,643억 원	5,978억 원

D사	당기	전기
매출채권	307억 원	281억 원
매출액	1,489억 원	1,321억 원

S사의 매출채권회전율은 11.1{7,643억 원/[(626억 원+747억 원)/2]}로 계산되고, D사의 매출채권회전율은 5.1{1,489억 원/[(307억 원+281억 원)/2]}로 계산됩니다. 매출채권 회수 기간을 계산하면 S사는 33일(365일/11.1), D사는 72일(365일/5.1)입니다.

대기업은 중소기업과의 상생 협력 촉진법 등으로 대금 지급이 빠른 편입니다. S사처럼 한 달 내외죠. 그러나 D사처럼 대기업이 아닌 중소기업 또는 중견기업과 거래하는 경우에는 대금 회수가 비교적 느린 편입니다. 그래서 이런 재무비율을 분석할 때는 구조가 비슷한 동종업계 기업과 비교하는 것이 가장 좋습니다.

② 재고자산회전율

재고자산회전율을 구하는 공식은 다음과 같습니다.

$$재고자산회전율 = \frac{매출원가}{평균재고자산[(기초+기말)/2]}$$

다음 두 회사의 재고자산과 매출원가를 비교해보고, 재고가 잘 팔리는 기업이 어디인지 맞춰보세요.

G사와 H사의 재무제표

G사	당기	전기
재고자산	362억 원	374억 원
매출원가	6,703억 원	6,878억 원

H사	당기	전기
재고자산	464억 원	381억 원
매출원가	227억 원	373억 원

G사의 기말에 남아 있는 재고자산금액이 H사보다 적으니 G사의 재고가 더 잘 팔리는 것일까요? 당연히 그렇지 않습니다. 우리는 앞서 매출원가와 재고자산의 관계에 대해 배웠습니다. 원재료, 재공품, 제품 등을 가지고 있으면 재고자산, 제품이 팔리면 매출원가로 회계 처리됩니다.

G사의 재고는 1년 동안 6,703억 원어치 팔렸으니 월평균 발생한 매출원가는 약 559억 원(6,703억 원/12개월)입니다. 연말에 재고자산이 362억 원 남아 있는데, 이 재고는 약 0.6개월(362억 원/559억 원) 치밖에 안 된다는 해석이 가능합니다. 생산되는 즉시 팔리다 보니 기말재고 보유액이 적은 편입니다.

반면 H사의 재고는 1년 동안 227억 원어치 팔렸으니 월평균 발생한 매출원가는 약 19억 원(227억 원/12개월)입니다. 연말에 재고자산이 464억 원 남아 있는데, 이 재고는 무려 24.4개월(464억 원/19억 원) 치나 됩니다. 재고가 많이 쌓였습니다. G사는 재고가 잘 팔리고, H사는 재고가 잘 팔리지 않아 재고자산이 쌓였다고 볼 수 있습니다.

이번에는 재고자산회전율 공식을 써보겠습니다. G사의 회전율은 18.2{6,703억 원/[(362억 원+374억 원)/2]}이고, H사의 회전율은 0.5{227억 원/[(464억 원+381억 원)/2]}입니다. G사는 1년 동안 원재료 매입부터 판매까지 18회 하는 데 반해, H사는 0.5회밖에 하지 않는다는 이야기이니 H사는 공장을 1년 동안 닫아도 문제가 없을 것 같네요.

매출채권 회수 기간처럼 재고자산도 며칠 간격으로 회전되는지 구하는 공식이 있습니다.

$$재고자산회전기간 = \frac{365일}{재고자산회전율}$$

공식에 숫자를 대입하면 G사는 20일(365/18.2), H사는 730일(365일/0.5)의 결괏값이 나옵니다. G사는 원재료 매입부터 판매까지 20일 이내에 끝나는데, H사는 한 번 생산하면 창고에 2년 가까이 쌓인다고 볼 수 있습니다. 앞서 배운 대로 H사는 재고자산 진부화가 심하니 재고자산평가손실을 인식해야 할 것입니다.

참고로 효율성비율은 '보유한 자산이 얼마나 많은 매출액을 창출하는가'라는 취지로 만들다 보니 재고자산회전율의 분자에 매출원가가 아닌 매출액이 놓여야 한다고 주장하는 사람도 있습니다. 일견 맞는 말처럼 보이지만, 분모의 재고자산은 원가 기준인 반면 분자는 판가 기준으로 대입한다는 문제가 발생합니다. 특히 소비재 기업들은 매출액 대비 매출원가가 매우 낮기 때문에 분자에 매출액을 대입하면 왜곡된 결괏값이 발생할 수도 있습니다.

다음은 골프 의류 전문 기업 크리스에프앤씨의 재무 정보입니다.

크리스에프앤씨의 재무 정보

구분	당기	전기
재고자산	1,559억 원	1,432억 원
매출액	3,670억 원	3,809억 원
매출원가	1,151억 원	981억 원

크리스에프앤씨는 핑(PING), 팬텀(FANTOM), 파리게이츠(PEARLY GATES) 등의 골프 의류를 생산해 판매하는 상장 기업인데, 매출액 대비 매출원가가 낮은 편입니다. 예를 들어 당기에 36만 7,000원짜리 의류를 구입했다면 이 옷의 원가는 11만 5,000원이라는 이야기입니다.

이 회사의 재고자산회전율을 계산할 때 매출원가가 아닌 매출액을 기준으로 하면 당기 회전율은 2.5(3,670억 원/[(1,559억 원+1,432억 원)/2])가 나옵니다. 365일을 2.5로 나누면 재고자산 회전 기간은 146일입니다. 즉 옷의 원재료를 사와 판매될 때까지 5개월이 안 걸린다는 이야기죠.

이렇게 잘 팔리면 전국에 아울렛이 존재할 이유가 없을 것입니다. 그런데 골프 의류를 포함해 전국 아울렛에 옷 가게가 무척 많습니다. 왜 그럴까요? 재고자산회전율이 떨어지기 때문입니다. 재고자산회전율은 매출액이 아닌 매출원가로 계산되어야 합니다. 분모가 원가 기준이기 때문에 분자 역시 판가 기준의 매출액이 아닌 원가 기준의 매출원가를 대입시켜야 합니다.

매출원가를 대입해 다시 회전율을 계산하면 0.8(1,151억 원/[(1,559억 원+1,432억 원)/2])이 나옵니다. 365일을 0.8로 나누면 재고자산 회전 기간은 456일입니다. 즉 옷이 다 팔릴 때까지 1년 하고도 3개월 이상 걸린다는 이야기입니다. 전국의 아울렛에 이월 재고가 산더미처럼 쌓이는 데는 다 이유가 있는 것입니다.

따라서 재고자산회전율을 계산할 때는 분자에 매출액이 아닌 매출원가를 대입하기 바랍니다.

③ 총자산회전율

총자산회전율은 회사가 보유한 자산으로 매출액을 얼마나 창출했는지 계산할 때 사용합니다. 회전율이 크게 나오면 사업을 잘한다는 의미입니다. 반대로 회전율이 낮게 나오면 갖추어놓은 자산 대비 매출액 규모가 작으니 효율성이 떨어진다는 의미입니다.

$$총자산회전율 = \frac{매출액}{평균자산[(기초+기말)/2]}$$

기업을 비교할 때는 동종업계끼리 비교해야 의미가 있습니다. 제조업은 유형자산, 재고자산 등 숫자가 크기 때문에 회전율이 낮게 나올 수밖에 없습니다. 이에 반해 서비스업은 공장이 없기 때문에 유형자산 규모가 작고 재고자산은 아예 없습니다. 그래서 회전율이 높게 나옵니다.

또한 비영업자산 보유액이 큰 부자 기업은 회전율이 낮게 나옵니다. 예금, 적금, 주식, 채권 등이 매출액 증가에 전혀 기여하지 않지만 자산으로 갖고 있어 분모를 크게 하는 효과가 있기 때문에 산술적으로 그럴 수밖에 없습니다. 이런 점들을 고려해 회전율을 분석해야 합니다.

예를 들어 반도체 웨이퍼를 위탁받아 전문적으로 생산하고 있는 DB하이텍의 총자산과 매출액 정보를 보면 회전율이 낮게 계산됩니다.

DB하이텍의 재무제표

구분	2023년	2022년
총자산	20,434억 원	21,422억 원
매출액	11,542억 원	16,695억 원

DB하이텍의 2023년 총자산회전율은 0.6[11,542억 원/[(20,434억 원+21,422억 원)/2]]밖에 안 됩니다. 2조 원 이상의 자산을 깔아놨지만 창출된 매출액은 1조 1,000억 원이 조금 넘으니 효율성이 낮아 보입니다. 반도체 산업이 시설투자가 워낙 많이 들어가니 어쩔 수 없습니다. DB하이텍 자산의 47%인 9,509억 원이 유형자산이라 자산 규모가 꽤 큽니다.

이에 반해 같은 반도체 업계에 속한 미국의 엔비디아는 총자산회전율이 비교적 높게 계산됩니다.

엔비디아의 재무제표

구분	2023년	2022년
총자산	65,728백만 달러	41,182백만 달러
매출액	60,922백만 달러	26,974백만 달러

엔비디아의 2023년 총자산회전율은 1.1[60,922백만 달러/[(65,728백만 달러+41,182백만 달러)/2]]로, DB하이텍과 단순 비교하면 2배 가까이 됩니다. 같은 업계인데 왜 이렇게 차이가 많이 나는 것일까요? 반도체 분야를 잘 아는 분들은 단번에 답을 말할 것입니다. DB하이텍은 생산 전문 기업, 즉 파운드리(Foundry)* 기업이고, 엔비디아는 개발과 설계가 전문인 팹리스(Fabless)* 기업이기 때문입니다.

엔비디아의 전체 자산에서 유형자산이 차지하는 비중은 6%에 불과합니다. 오히려 비영업자산이 전체 자산의 40%나 될 정도로 여유자금이 많이 쌓였습니다. 몇 년 동안 돈을 그렇게 잘 벌었으니 그럴 만도 하죠. 이런 모습은 다른 업종에서도 마찬가지 양상을 보입니다. 화장품, 의류, 신발 등 소비재 기업들은 대부분 생산을 전부 위탁하거나 ODM 기업들로부터 완제품을 사와 판매하기 때문에 매출액 대비 자산 규모가 작습니다. 그에 반해 위탁 생산과 ODM을 전문적으로 하는 기업들은 자산 규모가 클 수밖에 없습니다.

당연히 전자는 매출액회전율이 크고, 후자는 작습니다. 매출액회전율이 작다고 반드시 나쁜 건 아닙니다. 효율성 문제일 뿐입니다. 오히려 생산시설을 갖추느라 자산이 큰 기업들은 매출액이 늘어나기 시작하면 고정비 절감 효과로 이익이 더 크게 늘어날 수 있으니 좋은 경우도 많습니다. 그러니 매출액회전율은 업종과 직접 생산 여부 등을 고려해 같은 그룹끼리 묶어 비교하는 것이 좋습니다.

 알아두세요

파운드리
원래는 금속이나 유리를 녹여 제품을 만드는 주조 공장을 뜻하는 말이지만, 요즘에는 위탁 생산을 전문적으로 하는 기업을 일컬을 때 사용합니다. 대만의 TSMC가 가장 유명하고, 국내에는 삼성전자, SK하이닉스, DB하이텍 등이 있습니다.

알아두세요

팹리스
'Fabrication(제조)'과 'less'의 합성어로, 직접 생산을 하지 않는다는 의미입니다. 엔비디아 같은 기업들은 반도체 개발, 설계, 판매 등을 전문적으로 합니다. 애플도 마찬가지입니다. 아이폰이나 아이패드의 개발, 설계, 판매 위주로 담당하고, 생산은 대만의 폭스콘 같은 곳에 맡기고 있습니다.

063 현금흐름표를 분석해봅시다

현금흐름표를 만드는 이유

외부감사를 받아야 하는 일정 규모 이상의 기업들은 현금흐름표, 자본변동표, 주석사항도 작성해야 합니다. 이런 표들은 회계 프로그램이 완벽하게 만들어내지 못합니다. 그래서 각 회사의 실무자는 상당한 수준의 회계 지식과 경험을 갖고 있어야 합니다. 그러나 이번 장에서는 현금흐름표 작성 방법보다는 어떻게 현금흐름표를 분석할 것인지를 살펴볼 예정입니다.

우선 퀴즈를 통해 현금흐름표를 만드는 이유를 알아볼까요?

회사는 1월 1일부터 12월 31일까지 90억 원의 매출이 발생했습니다. 전기말에 남아 있던 매출채권은 20억 원이고, 당기말에 남은 매출채권은 10억 원이 되었습니다. 이 건 외에 아무런 거래나 사건이 없다고 가정한다면 1년 동안 이 회사에 유입된 현금은 총 얼마일까요?

손익계산서에 매출액은 90억 원으로 기록되겠지만, 발생주의 회계에 따라 회계 처리된 숫자일 뿐 회사에 들어온 돈은 절대 아닙니다. 외상으로 판매하는 것이 일반적이니 실제 돈이 얼마나 들어왔는지는 따져봐야 합니다.

작년 말에 받지 못한 돈 20억 원과 올해 1년 동안 발생한 매출액 90억 원을 합치면 110억 원입니다. 총 받을 돈이 110억 원인데 당기말에 결산해보니 매출채권 잔액이 10억 원으로 줄었습니다. 즉 100억 원의 돈이 들어왔다는 이야기죠.

회사의 매출액(수익)은 90억 원이지만 회사에 1년 동안 들어온 돈은 100억 원입니다. 전자는 손익이고, 후자는 현금흐름입니다. 이렇게 발생된 수익만큼 현금 유입이 잘되는 회사는 큰 문제가 없습니다. 반대로 그렇지 않은 회사가 문제죠.

예를 들어 회사는 1월 1일부터 12월 31일까지 90억 원의 매출이 발생했습니다. 전기말에 남아 있던 매출채권은 60억 원이고, 당기말에 남은 매출채권은 80억 원이 되었습니다. 이 건 외에 아무런 거래나 사건이 없다고 가정한다면 1년 동안 이 회사에 유입된 현금은 총 얼마일까요? 작년 말에 받지 못한 돈 60억 원과 올해 1년 동안 발생한 매출액 90억 원을 합치면 150억 원입니다. 총 받을 돈이 150억 원인데 당기말에 결산해보니 매출채권 잔액이 80억 원으로 늘었습니다. 즉 70억 원의 돈이 들어왔다는 이야기죠.

올해 발생한 매출액 90억 원 대비 70억 원의 돈이 들어왔으니 괜찮다고 생각할 수 있지만, 받아야 할 150억 원 중 70억 원만 들어온 것이기 때문에 매우 심각한 상황입니다. 어쩌면 작년부터 넘어온 매출채권은 부실채권인지도 모릅니다. 가공 매출로 만들어낸 거래처가 없는 채권일 수도 있고, 정상 매출인데 고객사가 망해 받기 어려운 것일 수도 있죠.

어쨌든 재무제표 정보 이용자는 회사에 현금이 잘 유입되고 있는지 판단해야 하기 때문에 반드시 현금흐름표를 분석해야 합니다.

현금흐름표의 구성

다음은 지평막걸리를 판매하는 지평주조주식회사의 현금흐름표입니다.

지평주조주식회사의 현금흐름표

(단위: 원)

과목		제8(당)기
Ⅰ. 영업활동으로 인한 현금흐름		9,537,216,136
1. 당기순이익	2,964,261,370	
2. 현금의 유출이 없는 비용등의 가산	7,112,707,706	
3. 현금의 유입이 없는 수익등의 차감	-3,725,273	
4. 영업활동으로 인한 자산부채의 변동	-536,027,667	
Ⅱ. 투자활동으로 인한 현금흐름		-14,013,662,673
1. 투자활동으로 인한 현금유입액	107,324,057	
2. 투자활동으로 인한 현금유출액	-14,120,986,730	
Ⅲ. 재무활동으로 인한 현금흐름		7,522,068,057
1. 재무활동으로 인한 현금유입액	9,797,640,000	
2. 재무활동으로 인한 현금유출액	-2,275,571,943	
Ⅳ. 현금의 증가(감소)(Ⅰ+Ⅱ+Ⅲ)		3,045,621,520
Ⅴ. 기초의 현금		1,424,403,705
Ⅵ. 기말의 현금		4,470,025,225

실제 회사가 작성한 표를 최대한 줄였지만 그래도 복잡해 보입니다. 배경색이 입혀진 부분만 먼저 살펴보겠습니다.

① 영업활동으로 인한 현금흐름

영업활동(막걸리 생산, 외상 판매, 대금 회수 등)을 통해 회사에 유입되고 유출된 돈을 의미합니다. 이 회사는 1년 동안 막걸리 사업을 해 95억 3,721만 6,136원을 벌었습니다. 들어온 돈과 나간 돈을 상계한 최종 금액이 95억 3,721만 6,136원인데, 사실 계산하는 과정은 매우 복잡합니다. 실제로 손익계산서상 당기순이익은 29억 6,426만 1,370원인데, 번 돈이 훨씬 큽니다. 이 계산 과정은 이후에 하나씩 소개할 예정이니 이번에는 큰 그림만 보도록 하겠습니다.

② 투자활동으로 인한 현금흐름

회사가 투자 때문에 들어온 현금과 나간 현금을 계산한 것입니다. 예를 들어 막걸리 공장 땅과 건물, 기계장치 등을 매입했다면 투자활동으로 봐야 할 것이고, 돈이 나갈 테니 투자활동으로 인한 현금유출액이 될 것입니다. 은행에 정기예금을 가입하는 것과 증권계좌로 주식을 매수하는 것도 투자활동인데, 역시 현금이 유출됩니다.

반대로 회사에 필요 없는 기계장치나 땅을 매각하거나 주식을 매도하면 현금이 유입됩니다. 정기예금이 만기가 되어 은행에서 돈을 찾으면 현금이 유입됩니다. 이런 것들을 투자활동으로 인한 현금유입액으로 집계하는 것입니다.

③ 재무활동으로 인한 현금흐름

은행 대출과 주주 관련 현금흐름입니다. 회사가 은행으로부터 대출을 받으면 돈이 들어옵니다. 유상증자를 하면 주주들로부터 사업자금이 들어오므로 이때에도 현금이 유입됩니다. 이렇게 돈이 들어오면 재무활동으로 인한 현금유입액에 집계합니다. 반대로 은행에 차입금을 상환하거나 주주들에게 배당금을 지급하면 현금이 유출됩니다. 이런 내용은 재무활동으로 인한 현금유출액에 집계됩니다.

회사는 1년 동안 벌어진 거래나 사건을 회계 처리해 재무상태표와 손익계산서를 작성합니다. 그런 다음 재무상태표와 손익계산서 그리고 회계 처리 내역들을 활용해 현금흐름표를 만듭니다. 1년 동안 유입되고 유출된 현금의 성격을 정리하면 영업, 투자, 재무활동밖에 없습니다. 이 3가지로 인해 현금이 증가되고 감소됩니다.

지평주조는 1년 동안 막걸리 사업으로 약 95억 원의 돈을 벌었고, 시설 투자 및 금융상품 투자 등에 140억 원의 돈이 나갔습니다. 그리고 대출 및 차입금 상환, 증자 및 배당금 지급 등으로 75억 원의 돈이 들어왔습니다. 1년 동안 이런 활동으로 약 30억 원의 현금이 증가했는데, 연초에 갖고 있던 현금이 14억 원이어서 기말에는 현금이 약 44억 원이 된 것입니다.

이렇게 현금흐름을 따라가는 것은 크게 어렵지 않습니다. 그런데 막상 현금흐름표를 보면 조금 복잡해 보이므로 활동별 작성 방법부터 하나씩 살펴보겠습니다.

1. 영업활동현금흐름

지평주조주식회사의 현금흐름표에서 영업활동현금흐름만 뽑아보면 다음과 같습니다.

지평주조주식회사의 영업활동현금흐름

(단위: 원)

과목		제8(당)기
Ⅰ. 영업활동으로 인한 현금흐름		9,537,216,136
1. 당기순이익	2,964,261,370	
2. 현금의 유출이 없는 비용등의 가산	7,112,707,706	
3. 현금의 유입이 없는 수익등의 차감	-3,725,273	
4. 영업활동으로 인한 자산부채의 변동	-536,027,667	

영업활동으로 인한 현금흐름은 회사의 사업인 막걸리 생산, 판매, 외상대금 회수 등과 관련해 유입되고 유출된 현금을 의미합니다. 다음과 같이 표현할 수도 있습니다.

(단위: 원)

과목	제8(당)기	
Ⅰ. 영업활동으로 인한 현금흐름		9,537,216,136
1. 외상대금 회수	x,xxx,xxx,xxx	
2. 원재료비 지급	-xxx,xxx,xxx	
3. 인건비, 경비 등 지급	-xxx,xxx,xxx	
4. 기타 현금 유입 및 유출액 등	xxx,xxx,xxx	

'회사에 95억 원의 돈이 들어온 이유가 뭘까'를 생각하면 사실 원래 표보다는 수정한 표가 더 보기 편하고 이해하기도 쉽습니다. 그러나 이 회사뿐 아니라 삼성전자, 애플 등 전 세계 모든 기업이 원래의 표 양식으로 현금흐름표를 만듭니다. 즉 결산이 끝난 손익계산서의 당기순이익에서 현금흐름만 발라내는 작업을 하는 것이죠.

다행히 투자활동현금흐름과 재무활동현금흐름은 이렇게 만들지 않습니다. 투자와 재무활동은 아주 쉽게 작성되기 때문에 현금흐름표 작성법을 배울 때는 영업활동현금흐름에서만 고생하면 됩니다.

재무제표를 분석하는 정보 이용자들은 영업활동현금흐름의 작성 논리만 이해하면 됩니다. 지엽적으로 따라가는 것은 바람직하지 않습니다. 분석하는 입장에서는 이 회사가 1년 동안 사업을 통해 번 돈이 얼마인지, 왜 당기순이익과 현금흐름의 차이가 큰지 정도만 살펴보면 됩니다. 당기순이익과 영업활동현금흐름의 차이가 가장 큰 이유는 대개 비현금성비용 때문입니다. 지평주조의 현금의 유출이 없는 비용등의 가산, 즉 비현금성 비용은 71억 원이 넘습니다. 당기순이익은 29억 원이고, 영업활동으로 인한 현금흐름은 95억 원이니 이 과목으로 설명이 다 가능할 정도입니다.

지평주조의 현금의 유출이 없는 비용등의 가산 세부 항목을 풀어보면 다음과 같습니다.

지평주조주식회사의 현금의 유출이 없는 비용등의 가산 세부 항목

(단위: 원)

과목	제8(당)기	
I. 영업활동으로 인한 현금흐름		9,537,216,136
1. 당기순이익	2,964,261,370	
2. 현금의 유출이 없는 비용등의 가산	7,112,707,706	
감가상각비	6,629,135,911	
무형자산상각비	223,736,895	
대손상각비	1,394,485	
기타의대손상각비	14,340,000	
매도가능증권처분손실	21,585,034	
유형자산처분손실	14,938,117	
수선유지비	456,447,272	
퇴직급여	162,129,992	
3. 현금의 유입이 없는 수익등의 차감	-3,725,273	
4. 영업활동으로 인한 자산부채의 변동	-536,027,667	

총 8개 항목이 나오네요. 감가상각비 외에 무형자산상각비, 대손상각비 등 대부분의 계정과목은 앞에서 이미 살펴봤고, 왜 현금 유출이 수반되지 않는지도 이해할 수 있을 것입니다. 감가상각비 숫자만 보더라도 당기순이익과 영업활동으로 인한 현금흐름의 차이가 왜 클 수밖에 없는지 알 수 있습니다.

사실 현금흐름표를 분석하는 정보 이용자가 영업활동현금흐름을 살펴볼 때 생각해야 할 내용은 딱 2가지입니다.

> 1. 영업활동현금흐름은 양수(+)가 좋다.
> 2. 영업활동현금흐름은 당기순이익보다 크다.

영업활동현금흐름은 복잡한 계산법으로 작성되었지만 분석하는 방법은 이렇게 간단합니다. 영업활동현금흐름의 숫자는 당연히 음수(-)보다 양수(+)가 좋습니다. 지평주조의 사례에서 영업활동현금흐름의 의미는 막걸리를 생산, 판매, 대금 회수 등에서 유입된 현금과 유출된 현금의 상계값입니다. 막걸리를 판매해 들어온 돈이 생산과 판매 때문에 나간 돈보다 커야 돈을 벌 수 있습니다. 당연히 양수(+)가 좋겠죠.

유형자산 비중이 큰 제조업의 경우에는 감가상각비가 많이 발생하기 때문에 영업활동현금흐름이 당기순이익보다 클 수밖에 없습니다. 지평주조의 재무상태표를 보면 자산총액이 787억 원인데, 이 중 유형자산은 644억 원이나 됩니다. 전체 자산의 82%가 유형자산이니 1년 동안 감가상각비가 66억 원씩 나오는 것도 이해가 됩니다.

우리나라에서 유형자산이 가장 큰 회사는 단연 삼성전자입니다. 자산총계 456조 원 중 유형자산은 187조 원입니다. 연중 발생된 감가상각비가 35조 원입니다. 당연히 영업활동현금흐름이 당기순이익보다 클 것입니다. 2023년 당기순이익은 15조 원인데, 영업활동현금흐름은 44조 원이 넘습니다.

한편 영업활동현금흐름이 당기순이익보다 크지 않은 예외적인 경우도 있습니다. 서비스업이 그렇죠. 서비스업은 제조업처럼 공장을 갖추고 있지 않으니 감가상각비가 크게 발생하지 않습니다. 사옥이 있으면 건물 감가상각비가 제법 나올 수 있는데, 임차한 사무실을 쓰고 비품 정도밖에 없는 서비스업이라면 감가상각비가 매우 적을 수밖에 없습니다.

영업활동으로 인한 자산부채의 변동

2024년의 당기순이익을 구하는 공식은 다음과 같습니다.

> 2024년의 수익(현금, 비현금) − 2024년의 비용(현금, 비현금)

대부분의 거래가 외상으로 이루어지다 보니 2024년 현금유입액 중에 2023년 외상매출분이 회수된 것이 있을 겁니다. 반대로 2024년 현금유출액 중에 2023년 외상매입분이 지급된 것이 있을 겁니다. 또한 2024년에 판매해 매출을 잡았는데 거래처로부터 2025년에 돈을 받는 경우도 있을 것이고, 2024년에 매입했는데 회사가 거래처에 2025년에 돈을 주는 경우도 있을 것입니다.

2023년에 발생한 수익과 비용은 2023년의 당기순이익에 반영되었지만, 2024년의 당기순이익에는 반영되지 않았습니다. 하지만 현금 유입과 유출은 2024년에 이루어졌습니다. 이 금액들은 2024년 영업활동현금흐름을 계산할 때 반영해야 합니다. 반대로 2024년에 발생한 수익과 비용은 2024년의 손익계산서에 반영되었지만, 2024년의 현금흐름에는 반영되면 안 됩니다. 현금 유입과 유출은 2025년에 일어날 것입니다. 그래서 이 부분은 2024년 현금흐름을 계산할 때 빼야 합니다. 이런 작업을 하는 것을 '영업활동으로 인한 자산부채의 변동'이라고 합니다.

① 사례 1

예를 들어보겠습니다. 회사는 1월 1일부터 12월 31일까지 90억 원의 매출이 발생했습니다. 전기말에 남아 있던 매출채권은 20억 원이고, 당기말에 남은 매출채권은 10억 원이 되었습니다. 이 건 외에 아무런 거래나 사건이 없다고 가정한다면 1년 동안 이 회사에 유입된 현금은 총 얼마일까요? 정답은 '100억 원'입니다.

이 내용을 증감표로 만들면 다음과 같습니다.

매출채권			
기초	20억 원	감소	100억 원
증가	90억 원	기말	10억 원
계	110억 원	계	110억 원

왼쪽에 증가가 90억 원인 이유는 다음 회계 처리처럼 매출액이 발생하면서 매출채권이 증가했기 때문입니다.

⟨차변⟩		⟨대변⟩	
매출채권(자산 증가)	90억 원	매출액(수익 발생)	90억 원

오른쪽 감소에 있는 100억 원은 다음의 회계 처리처럼 매출채권 회수를 의미합니다.

⟨차변⟩		⟨대변⟩	
현금및현금성자산(자산 증가)	100억 원	매출채권(자산 감소)	100억 원

즉 왼쪽(차변)은 자산 증가, 오른쪽(대변)은 자산 감소이므로 매출채권 증감표를 만들 수 있습니다. 그리고 우리는 항상 '기초+증가=감소+기말'이 성립한다는 것을 상식적으로 알고 있기 때문에 매출채권 증감표를 만들어보면 답을 찾을 수 있습니다.

이번에는 앞의 퀴즈에 2가지를 추가해보겠습니다. 이 회사는 감가상각비 5억 원과 유형자산처분이익 1억 원이 발생했습니다. 이외에 비용과 수익은 아무것도 없다고 할 때 회사의 순이익과 현금유입액은 각각 얼마일까요?

순이익을 계산해보면 매출액 90억 원에서 감가상각비 5억 원을 빼고 유형자산처분이익 1억 원을 더하니 86억 원이 됩니다. 하지만 현금흐름은 변함없이 100억 원입니다. 감가상각비는 현금 유출이 수반되지 않는 비용이고, 유형자산처분이익도 비현금성수익이니 현금흐름에 영향을 미치지 않습니다. 이 100억 원을 다음과 같이 계산해볼 수도 있습니다.

당기순이익	86억 원
감가상각비	+5억 원
유형자산처분이익	−1억 원
매출채권증감	+10억 원
현금흐름	100억 원

현금흐름을 계산하기 위해 당기순이익에 현금으로 유출되지 않은 감가상각비를 더했고, 유입되지 않는 유형자산처분이익을 뺐습니다. 그리고 기초 매출채권 20억 원에서 기말 매출채권 10억 원의 차이인 10억 원을 더했습니다. 매출액은 당기순이익에 이미 반영되어 있으니 증감만 가감하면 현금흐름이 계산됩니다. 기초 매출채권보다 기말 매출채권이 작아졌으니 작년에 발생한 매출채권이 올해 회수되었다는 의미이므로 매출채권증감을 더한 것입니다. 만약 기초 매출채권보다 기말 매출채권이 커졌으면 올해 발생한 매출채권 일부가 회수되지 않았다는 의미이므로 매출채권증감을 빼면 됩니다.

기업들은 이런 식으로 현금흐름표를 작성합니다. 아주 간단한 사례를 통해 현금흐름표 작성 원리를 이해해 보았습니다.

② 사례 2

이번에는 사례 1에 2개의 계정과목을 추가해 조금 복잡하게 살펴보겠습니다. 회사는 차입금과 관련해 이자비용 10억 원이 발생했습니다. 단, 작년 말의 미지급비용은 2억 원이고, 당기말의 미지급비용은 1억 원으로 감소했습니다. 이때의 현금흐름을 계산해봅시다.

손익계산서의 이자비용도 완전 현금흐름을 의미하지 않습니다. 우리는 앞서 발생주의 회계와 관련해 이자비용을 연말에 발생한 기간만큼 인식한다는 것을 배웠습니다. 7월 1일에 40억 원의 대출을 금리 5%로 받았고, 이자 지급일은 익년 6월 30일이라고 한다면 회사는 12월 31일에

6개월 치 이자인 1억 원(40억 원×5%×6/12)을 다음과 같이 회계 처리해야 합니다.

〈차변〉		〈대변〉	
이자비용(비용 발생)	1억 원	미지급비용(부채 증가)	1억 원

이 이자비용 1억 원도 역시 현금흐름을 수반하지 않았습니다. 하지만 손익계산서에는 비용으로 잡힙니다. 실제로 낸 이자비용도 있고 발생주의 회계 때문에 미지급비용으로 잡는 이자비용도 있는데 그 금액을 다 합치니 10억 원이라는 이야기겠죠.

일단 당기순이익부터 구하면 '매출액 90억 원-감가상각비 5억 원+유형자산처분이익 1억 원-이자비용 10억 원'이므로 76억 원이 됩니다. 손익계산서에 당기순이익은 76억 원으로 기록되겠지만 발생주의 회계에 따라 회계 처리된 숫자일 뿐, 역시 회사에 들어온 돈은 절대 아닙니다.

이번에는 이자비용과 관련해서 실제로 돈이 얼마나 나갔는지 따져보겠습니다. 작년 말에 미지급한 이자비용이 2억 원이고, 올해 1년 동안 발생한 이자비용이 10억 원이니 회사는 12억 원의 내야 할 돈이 있습니다. 그런데 당기말에 결산을 해보니 미지급비용 잔액은 1억 원으로 줄었습니다. 즉 11억 원의 돈을 냈다는 이야기겠죠. 이 내용을 증감표로 만들면 다음과 같습니다.

미지급비용			
감소	11억 원	기초	2억 원
기말	1억 원	증가	10억 원
계	12억 원	계	12억 원

오른쪽 증가가 10억 원인 이유는 다음의 회계 처리처럼 이자비용이 발생하면서 미지급비용이 증가했기 때문입니다.

〈차변〉		〈대변〉	
이자비용(비용 발생)	1억 원	미지급비용(부채 증가)	1억 원

왼쪽 감소에 있는 11억 원은 다음의 회계 처리처럼 미지급비용이 감소하면서 현금이 나갔음을 의미합니다.

〈차변〉		〈대변〉	
미지급비용(부채 감소)	11억 원	현금및현금성자산(자산 감소)	11억 원

즉 오른쪽(대변)은 부채 증가, 왼쪽(차변)은 부채 감소이므로 미지급비용 증감표를 만들 수 있습니다. '기초+증가'는 매출채권 같은 자산은 차변에서, 미지급비용 같은 부채는 대변에서 시작합니다. 그리고 '감소+기말'은 매출채권 같은 자산은 대변에, 미지급비용 같은 부채는 차변에 놓으면 됩니다.

결국 현금흐름을 계산하면 매출채권 회수로 인한 현금 유입 100억 원에서 미지급비용 지급으로 인한 현금 유출 11억 원을 뺀 89억 원 유입으로 계산됩니다. 이 89억 원을 다음과 같이 계산해볼 수도 있습니다.

당기순이익	76억 원
감가상각비	+5억 원
유형자산처분이익	−1억 원
매출채권증감	+10억 원
미지급비용증감	−1억 원
현금흐름	89억 원

당기순이익에 감가상각비 5억 원을 더하고 유형자산처분이익 1억 원을 빼고 매출채권증감 10억 원을 더하는 것은 앞서 살펴봤던 내용이고, 여기에 미지급비용증감 1억 원만 차감했습니다. 역시 이자비용이 당기

순이익에 이미 반영되어 있으니 증감만 가감하면 현금흐름이 계산됩니다. 기초 미지급비용보다 기말 미지급비용이 작아졌으니 작년에 발생한 이자비용이 올해 지급되었다는 의미이므로 미지급비용증감을 뺀 것입니다. 만약 기초 미지급비용보다 기말 미지급비용이 커졌으면 올해 발생한 이자비용 일부가 지급되지 않았다는 의미이므로 미지급비용증감을 더하면 됩니다.

매출채권 외에 재고자산, 미수금, 선급비용, 선급금 등의 유동자산, 미지급비용 외에 매입채무, 미지급금, 예수금, 선수금 등의 유동부채들도 마찬가지입니다. 수익과 비용이 발생한 해와 돈이 들어오고 나가는 해가 서로 다른 경우들이 있기 때문에 이런 자산부채의 변동을 당기순이익에 가감해 영업활동현금흐름을 만든다고 이해하면 됩니다.

2. 투자활동현금흐름

지평주조주식회사의 현금흐름표에서 투자활동현금흐름만 뽑아보면 다음과 같습니다.

지평주조주식회사의 투자활동현금흐름

(단위: 원)

과목		제8(당)기
Ⅱ. 투자활동으로 인한 현금흐름		-14,013,662,673
1. 투자활동으로 인한 현금유입액	107,324,057	
유형자산의 처분	48,909,091	
매도가능증권의 처분	38,414,966	
단기대여금의 감소	20,000,000	
2. 투자활동으로 인한 현금유출액	-14,120,986,730	
유형자산의 취득	-11,653,780,709	
무형자산의 취득	-3,000,000	

단기금융상품의 증가	-2,000,000,000
장기금융상품의 증가	-95,747,051
장기대여금의 증가	-359,685,970
임차보증금의 증가	-8,773,000

투자활동현금흐름은 유·무형자산의 처분과 취득, 금융상품과 매도가능증권 등의 처분과 증가로 나눌 수 있습니다. 회사의 사업을 위해 대규모 투자가 들어가는 유·무형자산, 여유자금을 운용하기 위해 투자하는 매도가능증권(주식, 채권), 장·단기금융상품(예금, 적금), 그 밖에 대여금, 임차보증금 등이 있습니다.

작은 계정부터 살펴보면 대여금은 주주, 임원, 계열사 등에 돈을 빌려주고 추후에 원금과 이자를 돌려받을 것이기 때문에 예금과 성격이 비슷합니다. 회사가 토지나 건물을 사면 유형자산이 되지만 빌려서 쓰면 보증금을 내야 하니 임차보증금은 유형자산과 맥락이 같습니다.

투자활동현금흐름은 영업활동현금흐름과 달리 취득, 처분에 대한 회계처리에서 현금 유출, 유입만 모아 현금흐름표를 만들기 때문에 작성법이 매우 쉽습니다. 예를 들어 회사가 기계장치를 취득하는 데 10억 원을 쓰고, 1년짜리 정기예금에 20억 원을 넣었다면 다음과 같이 회계 처리가 될 것입니다.

〈차변〉		〈대변〉	
유형자산-기계장치(자산 증가)	10억 원	현금및현금성자산(자산 감소)	30억 원
단기금융상품(자산 증가)	20억 원		

이 회계 처리로 유형자산과 단기금융상품의 증가와 현금및현금성자산의 감소분은 재무상태표의 각 계정과목으로 가고, 여기서 발생한 현금및현금성자산 감소 30억 원은 현금흐름표의 투자활동현금흐름에 그대로 표시하면 됩니다.

만약 회사가 매도가능증권 6,000만 원짜리를 갖고 있는데 38,414,966원에 매도했고, 유형자산 장부가액 63,847,208원(취득원가 1억 원, 감가상각누계액 36,152,792원)짜리를 48,909,091원에 매각했다면 다음과 같이 회계 처리가 됩니다.

〈차변〉		〈대변〉	
현금및현금성자산(자산 증가)	38,414,966원	매도가능증권(자산 감소)	6,000만 원
매도가능증권처분손실(비용 발생)	21,585,034원		
현금및현금성자산(자산 증가)	48,909,091원	유형자산(자산 감소)	1억 원
감가상각누계액(자산 증가)	36,152,792원		
유형자산처분손실(비용 발생)	14,938,117원		

이 회계 처리로 인해 매각된 매도가능증권과 유형자산, 감가상각누계액은 재무상태표에서 삭제되고, 현금및현금성자산은 재무상태표에 추가될 것입니다. 매도가능증권처분손실과 유형자산처분손실은 손익계산서의 영업외비용으로 표시되겠죠. 그리고 처분으로 인해 증가된 현금및현금성자산은 투자활동현금흐름에 그대로 표시하면 됩니다.

매도가능증권처분손실과 유형자산처분손실은 비현금성비용이므로 영업활동현금흐름을 작성할 때 당기순이익에서 가산합니다. 앞서 영업활동현금흐름에서 유형자산처분이익이 비현금성수익이라 차감한 것과 같은 논리입니다.

투자활동현금흐름의 부호는 보통 음수(-)가 많이 나옵니다. 특히 제조업은 대부분 음수가 나옵니다. 그 이유는 매년 유·무형자산 취득에 많은 돈이 들어가기 때문입니다. 지평주조는 앞서 투자활동현금흐름표에서 보았듯, 유형자산 취득에 116억 원의 현금 유출이 있었고, 장·단기금융상품을 취득하느라 21억 원 가까이 돈을 썼습니다.

우리나라에서 유형자산 규모가 가장 큰 삼성전자의 2021~2023년 투자활동현금흐름과 유·무형자산 취득액을 살펴봅시다.

삼성전자의 2021~2023년 투자활동현금흐름과 유·무형자산 취득액 (단위: 억 원)

구분	2023년	2022년	2021년
투자활동현금흐름	-169,228	-316,028	-330,478
유형자산의 취득	-576,113	-494,304	-471,221
무형자산의 취득	-29,229	-36,963	-27,069

매년 투자활동현금흐름에 큰돈이 나가는 이유는 유형자산과 무형자산 취득에 수십조 원이 나가기 때문입니다. 2023년 같은 경우에는 유형자산과 무형자산 취득에 60조 원 이상이 나갔습니다. 돈을 벌면 다시 공장에 투자하기 바쁩니다.

삼성전자의 시가총액보다 16배, 14배 이상 큰 애플과 엔비디아가 유·무형자산 취득에 더 많은 돈을 쓸 것 같지만, 오히려 삼성전자보다 규모가 훨씬 작습니다. 왜 그럴까요?

두 회사는 제품을 직접 생산하지 않기 때문입니다. 앞서 살펴봤던 팹리스 기업의 전형이죠. 애플은 유·무형자산 취득에 약 94억 달러, 엔비디아는 약 11억 달러밖에 투자하지 않습니다. 1달러당 1,450원으로 계산하면 애플은 13조 7,000억 원, 엔비디아는 1조 6,000억 원 정도입니다. 삼성전자는 사업을 해서 번 돈의 대부분이 생산시설로 재투자되는데, 애플과 엔비디아는 그럴 필요가 없습니다. 저 정도 금액은 신제품 개발을 위한 테스트 장비 등에 투자하는 데 들어가는 돈일 것입니다.

전 세계에서 엄청나게 돈을 긁어모으고 있는 애플과 엔비디아는 공장에 대한 투자 대신 연구개발과 인수·합병에 올인하니 실적이 계속 늘어날 수밖에 없고, 자연스럽게 기업가치(주가)가 올라갈 수밖에 없습니다. 이것이 바로 많은 투자자가 국장(한국 주식시장)을 버리고 미장(미국 주식시장)으로 넘어가는 이유이기도 합니다.

재무활동현금흐름을 결정하는 잉여현금흐름

박득근 대표는 부업을 하기로 결심하고 목이 좋은 대로변에 카페를 오픈했습니다. 그리고 1년 뒤 결산을 하면서 다음과 같이 현금흐름표를 만들었습니다.

(단위: 만 원)

영업활동현금흐름	48,000,000
투자활동현금흐름	−8,000,000
유형자산 취득	−7,000,000
무형자산 취득	−1,000,000

박득근 대표는 카페 사업을 통해 월 400만 원, 연간 4,800만 원의 돈을 벌었습니다. 음료와 케이크 등을 판매해 유입된 현금에서 재료비, 인건비, 임차료, 각종 경비 등을 뺀 순현금유입이 4,800만 원이었죠. 그런데 1년 동안 테이블, 의자, 커피머신 등을 교체하느라 700만 원의 유형자산을 취득했고, 키오스크(Kiosk)와 포스(POS) 프로그램 등을 교체하느라 100만 원의 무형자산을 취득했습니다. 매년 800만 원 정도의 유·무형자산을 취득해야 카페가 정상적으로 운영될 것 같습니다. 그렇다면 박득근 대표는 최소한 얼마를 벌어야 할까요?

최소 800만 원 이상 벌어야 합니다. 그래야 집에 돈을 가지고 갈 수 있습니다. 올해 박득근 대표가 집에 가지고 갈 수 있는 돈은 4,800만 원이 아니라 800만 원을 뺀 4,000만 원입니다. 800만 원은 카페에 투자되어야 하니까요.

이렇게 영업활동현금흐름에서 유·무형자산 취득액을 뺀 것을 '잉여현금흐름(Free Cash Flow)'이라고 합니다. 즉 자유롭게 쓸 수 있는 돈의 개념으로 이해할 수 있습니다.

회사가 주주들에게 배당금을 많이 주려면 많이 벌어야 합니다. LG에너지솔루션처럼 4조 원 넘게 벌어도 시설투자에 10조 원이 들어가면 부족한 돈 대부분을 차입해야 하기 때문에 배당금을 주는 것이 부담이 됩니다. 즉 영업활동현금흐름에서 유·무형자산을 취득하고도 돈을 남길 수 있어야 배당금도 많이 줄 수 있습니다.

실제로 주주들과 배당금을 약속한 기업도 있습니다. 삼성전자와 SK하이닉스가 대표적입니다. 삼성전자의 사업보고서에서 배당 정책을 찾아보면 다음과 같이 적혀 있습니다.

> 2024년부터 2026년까지 3년간 발생하는 잉여현금흐름의 50%를 재원으로 활용하여 연간 9.8조 원 수준의 정규 배당을 유지하되, 정규 배당 이후에도 잔여 재원이 발생하는 경우에 추가로 환원할 계획입니다.

안타깝게도 삼성전자는 매년 넉넉한 잉여현금흐름을 만들어내지 못해 3년 연속 9조 8,000억 원의 배당금을 풀고 있습니다. 매년 삼성전자의 1주당 배당금은 1,444원에서 변동이 없습니다. 만약 영업활동현금흐름이 80조 원까지 늘어나고, 유·무형자산 취득에 30조 원 정도만 들어갈 정도로 현금흐름이 좋아진다면 삼성전자는 12조 5,000억 원[(80조 원-30조 원)×50%]의 배당금을 풀 것입니다. 지금보다 28% 증가하는 것인데, 배당금이 꼭 큰 폭으로 늘어나길 기대해봅니다.

SK하이닉스는 사업보고서에 배당 정책을 다음과 같이 명시했습니다.

> **[2022~2024 사업연도의 연간 현금배당 산식]**
> 주당 1,200원(고정배당금)+연간 Free Cash Flow의 5% 지급
> (연간 Free Cash Flow가 마이너스(-)일 경우, 고정배당금만 지급)
>
> **[Free Cash Flow 산식]**
> 결산기 연결 기준 현금흐름표상의 영업현금흐름-유형자산취득금액

SK하이닉스는 1주당 1,200원의 배당금은 무조건 지급합니다. 만약 잉여현금흐름이 창출되면 여기에 5%를 더 준다고 적어놓았고, 잉여현금흐름 계산 시 영업활동현금흐름에서 유형자산취득금액만 차감하는 것으로 산식을 정해두었습니다.

SK하이닉스는 2022년과 2023년에 잉여현금흐름을 만들어내지 못해 매년 1주당 1,200원의 배당금을 지급했습니다. 그러나 2024년에는 고대역폭메모리(HBM)가 초대박이 나면서 2023년보다 매출액이 2배 증가했고, 창사 이래 최대 영업이익을 달성하면서 많은 잉여현금흐름을 남겼습니다. 그래서 배당금도 2,204원으로 84%나 늘렸습니다. 물론 SK하이닉스 1주가 20만 원 내외에서 거래되는 점을 고려하면 그렇게 높은 배당수익률은 아닙니다.

단, 모든 기업이 이렇게 배당 정책을 정하는 것은 아닙니다. 배당 정책은 회사마다 다릅니다. 자신이 투자한 회사들의 배당 정책이 궁금하다면 전자공시시스템(DART)에 공시되는 사업보고서에서 '배당에 관한 사항' 목차를 찾아 확인해보기 바랍니다.

3. 재무활동현금흐름

투자활동현금흐름보다 더 쉬운 것이 바로 재무활동현금흐름입니다. 은행 대출과 주주 관련 현금흐름이 재무활동현금흐름인데, 회사의 연간 대출 실행 건수나 상환 건수가 그렇게 많지 않기 때문에 1년 동안 차입금 증가와 감소만 모아 현금흐름표에 작성하면 됩니다.

주주 관련 현금흐름은 더 쉽습니다. 유상증자는 몇 년에 한 번 일어날까 말까 한 이벤트이고, 배당금도 1년에 한 번 주거나 아예 주지 않는 기업도 많습니다. 삼성전자처럼 분기마다 배당금을 지급하는 상장 기업도 있으니 제각각이긴 하지만, 역시 쉽게 집계되므로 그 숫자를 재무활동현금흐름에 기입하면 됩니다.

지평주조주식회사의 현금흐름표에서 재무활동현금흐름만 뽑아보면 다음과 같이 매우 간단합니다.

지평주조주식회사의 재무활동현금흐름

(단위: 원)

과목	제8(당)기	
Ⅲ. 재무활동으로 인한 현금흐름		7,522,068,057
1. 재무활동으로 인한 현금유입액	9,797,640,000	
장기차입금의 증가	9,797,640,000	
2. 재무활동으로 인한 현금유출액	−2,275,571,943	
유동성장기부채의 상환	−2,121,571,943	
배당금의 지급	−154,000,000	

은행으로부터 장기차입금으로 빌려온 돈이 98억 원 가까이 됩니다. 장기차입금이었다가 유동성장기부채로 유동성이 대체된 뒤 21억 원 정도를 상환했습니다. 그리고 주주들에게 배당금으로 1억 5,400만 원을 지급했네요. 이게 다입니다. 정말 간단하죠? 현금흐름표에서 계산 과정이 복잡한 것은 영업활동현금흐름뿐입니다.

지평주조는 막걸리 사업을 통해 95억 원 이상의 영업활동현금흐름을 창출했지만, 막걸리 공장을 증설하느라 유·무형자산 취득에 116억 원 이상을 썼습니다. 번 돈보다 시설투자에 나가는 돈이 더 크니 대출을 할 수밖에 없었고, 이 부분은 재무활동현금흐름에 집계되었습니다.

지평주조의 재무상태표에서 차입금 계정과목만 뽑아 분석해보면 다음과 같습니다.

지평주조주식회사의 차입금 계정과목

(단위: 원)

구분	2023년	2022년	증감
유동부채			
단기차입금	500,000,000	500,000,000	-
유동성장기부채	5,337,022,212	2,121,571,943	3,215,450,269
비유동부채			
장기차입금	37,179,645,845	32,719,028,057	4,460,617,788

2022년 말 유동성장기부채 잔액인 2,121,571,943원은 2023년에 상환되었습니다. 그래서 현금흐름표에 유동성장기부채 상환으로 같은 금액이 표기되어 있죠. 장기차입금 중 5,337,022,212원은 2024년에 상환 예정인 것 같습니다. 그래서 2023년 말 유동성장기부채에 이 금액이 올라와 있습니다.

2022년 말 장기차입금은 32,719,028,057원인데, 2023년에 유동성 대체로 5,337,022,212원이 감소되었지만 잔액은 37,179,545,845원입니다. 즉 5,337,022,212원이 감소되었지만 신규 대출로 받아온 돈이 재무활동으로 인한 현금유입액에 표시된 9,797,640,000원이기 때문입니다. 그래서 증감이 4,460,617,788원(9,797,640,000원-5,337,022,212원)이 되는 것입니다.

한편 지평주조는 유·무형자산 취득액 116억 원에서 영업활동현금흐름 95억 원을 뺀 21억 원 정도만 차입하면 될 것 같은데, 차입금 규모가 꽤 큰 편입니다. 자세한 이유는 당연히 회사만 알고 있겠죠. 재무제표 주석사항에서 장기차입금 내역을 살펴보면 시설자금대출 명목으로 산업은행에서 대부분 빌려왔는데 금리가 2.91~4.13% 정도입니다. 회사 신용이 좋아 금리를 낮게 받은 것 같은데, 쌀 때 많이 빌려서 2024년 마무리 공사 때 쓰기 위함이 아닐까 추정해봅니다.

현금흐름이 좋은 기업과 나쁜 기업

지금까지의 내용을 종합해 정리해봅시다. 먼저 다음 요건을 모두 충족하는 경우라면 꽤 이상적인 현금흐름을 갖고 있다고 볼 수 있습니다.

① 영업활동현금흐름 > 0
② 영업활동현금흐름 > 당기순이익
③ 영업활동현금흐름 > 유·무형자산 취득액
④ 투자활동현금흐름 < 0
⑤ 재무활동현금흐름 < 0

① 영업활동현금흐름이 0보다 크다는 건 사업을 해서 들어온 돈이 나간 돈보다 많다는 것을 의미합니다. 즉 돈을 버는 기업의 영업활동현금흐름은 0보다 큽니다.

② 영업활동현금흐름이 당기순이익보다 크다는 것은 정상적인 기업임을 의미합니다. 감가상각비 같은 비현금성비용으로 인해 당기순이익이 영업활동현금흐름보다 작을 수밖에 없습니다. 만약 영업활동현금흐름이 당기순이익보다 일시적으로 작게 나왔다면 다음 경우에 해당할 가능성이 큽니다.

㉠ 주요 판매 고객사 중 한 곳이 연말까지 큰돈을 보내주기로 했는데 입금일을 다음 연도로 넘긴 경우
㉡ 회사가 갚아야 하는 큰 금액의 외상대를 다음 연도에 입금해주면 되는데 올해 말에 보낸 경우

③ 영업활동현금흐름이 투자활동현금흐름 중 유·무형자산 취득액보다 크다는 건 잉여현금흐름을 창출한다는 것을 의미합니다. 즉 사업을 해서 돈을 충분히 남기니 대출 상환이나 주주에 대한 배당이 가능한 상태가 될 것입니다.

④ 투자활동현금흐름이 음수라는 것은 회사가 내년에도 돈을 잘 벌기 위해 시설투자(유형자산 취득)를 하거나 올해 돈을 잘 벌어 금융상품이나 금융자산에 투자했다는 이야기입니다. 돈을 벌지도 못하고 대출도 막힌 기업이라면 자금을 마련하기 위해 갖고 있는 금융상품이나 금융자산을 깰 것이고, 더 심한 경우에는 토지나 건물 같은 유형자산을 매각할 테니 투자활동현금흐름에서 양수가 뜨게 됩니다.

⑤ 재무활동현금흐름이 음수라는 것은 회사가 대출을 갚았거나 주주들에게 배당금을 지급했기 때문입니다. 그러려면 영업활동현금흐름이 양수여야 가능합니다. 잉여현금흐름을 충분히 창출한 기업일수록 재무활동현금흐름에 음수가 뜰 것입니다.

반면 다음 요건을 모두 충족하는 경우라면 꽤 좋지 않은 현금흐름을 갖고 있다고 볼 수 있습니다.

① 영업활동현금흐름 < 0
② 영업활동현금흐름 < 당기순이익
③ 영업활동현금흐름 < 유·무형자산 취득액
④ 투자활동현금흐름 > 0
⑤ 재무활동현금흐름 > 0

① 영업활동현금흐름이 0보다 작다는 건 사업을 해서 들어온 돈보다 나간 돈이 많다는 것을 의미합니다. 즉 돈을 벌지 못하는 기업의 영업활동현금흐름은 0보다 작습니다. 만약 회사가 창업한 지 얼마 되지 않았다면 0보다 작다는 걸 주주나 은행도 어느 정도 용인할 것입니다. 그러나 업력이 꽤 된 회사임에도 계속해서 0보다 작다면 회사 사업이 쇠퇴기로 접어들었을 가능성이 크다는 것을 의미할 수 있습니다.

② 영업활동현금흐름이 당기순이익보다 지속적으로 작다면 분식회계 가

능성을 의심해봐야 합니다. 분식회계가 적발되었던 수많은 사례 중 하나가 가공 매출을 일으켜 순이익을 뻥튀기시키는 경우입니다. 가공 매출을 통해 순이익을 조작할 수는 있지만 현금흐름은 조작하기 어렵습니다. 가공 매출이기에 현금이 유입되지 않기 때문입니다.

③ 영업활동현금흐름이 투자활동현금흐름 중 유·무형자산 취득액보다 작다는 건 잉여현금흐름을 창출하지 못한다는 것을 의미합니다. 기업이 창업 초기라 아직 성장 발판을 마련하지 못했다면 그럴 수 있는데, 업력이 꽤 된 회사가 계속 잉여현금흐름을 만들어내지 못하면 도산 가능성이 매우 빨라질 수밖에 없습니다.

④ 투자활동현금흐름이 양수라는 건 회사가 갖고 있는 유형자산이나 금융상품, 금융자산을 매각했다는 것을 의미합니다. 물론 부동산이나 주식이 고점일 때 잘 매각해 돈을 버는 것은 좋은 일입니다. 하지만 영업활동현금흐름에서 지속적으로 음수가 뜨는, 즉 돈을 벌지 못하고 대출도 불가능해 갖고 있는 자산을 매각하는 거라면 꽤 좋지 않은 징조임을 암시하는 것입니다.

⑤ 재무활동현금흐름이 양수라는 것은 회사의 대출이 늘었거나 유상증자를 했기 때문입니다. 영업활동현금흐름이 음수이거나 잉여현금흐름을 충분히 창출하지 못하니 대출이나 증자를 활용해야 합니다. 물론 사업 초기에는 그럴 수 있지만 지속적으로 그렇게 되면 재무 구조 악화는 불 보듯 뻔하니 이 점을 잘 살펴봐야 합니다.

다음 현금흐름표의 주인공은 2024년에 상장폐지된 T사입니다. 상장폐지된 이유는 기업의 계속성 및 경영의 투명성 등이 상장폐지 기준에 해당되었기 때문입니다. 이 회사는 횡령 사건도 터져 경영 투명성 문제도 발생했는데, 현금흐름표만으로 회사가 그 전에는 정상적이었는지 따져보도록 하겠습니다.

T사의 현금흐름표

(단위: 억 원)

구분	2023년	2022년	2021년	2020년
영업활동현금흐름	-50	-86	-17	-74
당기순이익(손실)	-75	-85	-55	-66
투자활동현금흐름	7	-88	220	65
유·무형자산취득	-3	-3	-8	-3
재무활동현금흐름	-	-3	4	-12

4년 연속 영업활동현금흐름이 음수입니다. 당기순손실이 영업활동현금흐름보다 큰 것으로 보아 분식회계는 아닌 듯합니다. 회사는 반도체 팹리스 기업이기 때문에 유형자산 취득 규모가 작은 편이지만, 영업활동현금흐름이 계속 음수이니 대출을 받거나 증자를 받아야 합니다.

그러나 팹리스 기업이기 때문에 유형자산 규모가 작아 은행에 담보를 맡기고 돈을 빌리기가 어렵습니다. 맨날 영업활동현금흐름이 음수이니 설사 담보가 있다 해도 상환 능력을 의심받을 가능성이 커 대출이 쉽지 않을 것입니다. 오히려 조기 상환 압박이 들어올 수도 있습니다. 결국 2020년과 2021년에 투자활동현금흐름이 양수일 정도로 갖고 있는 금융상품과 자산을 많이 매각했습니다. 하지만 2022년 이후에도 업황은 나아지지 않았고, 결국 2024년에 회사는 상장폐지되었습니다.

대기업이야 워낙 여러 사업을 하기 때문에 한두 사업이 부진해도 망하지 않습니다. 그러나 규모가 작은 기업은 단일 사업을 하는 경우가 많기 때문에 이런 중소 상장 기업에 투자할 때는 최소한 몇 년 치 현금흐름을 살펴보는 것이 좋습니다.

다음 현금흐름표의 주인공은 코스닥 시가총액 5위 기업인 레인보우로보틱스입니다. 2024년 12월 삼성전자는 이 회사의 지분을 60% 가까이 취득해 대주주가 되었습니다. 이 이슈로 주식시장에서는 주가가 불을 뿜었죠.

레인보우로보틱스의 현금흐름표

(단위: 억 원)

구분	2023년	2022년	2021년
영업활동현금흐름	−5	12	−26
당기순이익(손실)	−8	57	−78
투자활동현금흐름	−159	−35	−50
유·무형자산취득	−35	−9	−6
재무활동현금흐름	589	−3	542

3년 치 현금흐름을 보면 한숨이 절로 나옵니다. 3년 동안 영업활동현금흐름은 거의 음수입니다. 2022년에 유일하게 양수를 기록했지만, 크게 의미 있는 숫자는 아닙니다. 이 회사는 본격적으로 성장기에 진입하지 않았기 때문에 매출 규모가 작습니다. 지속적으로 투자를 해야 하지만 돈을 벌지 못하니 은행은 대출을 해주기가 부담스럽습니다. 그래서 이 회사는 2021년과 2023년에 2번 유상증자를 했습니다. 주주들은 당장의 숫자보다는 미래의 성장 가능성에 베팅을 한 것이죠. 이렇게 창업 초기 또는 성장 전에 기업들의 현금흐름은 좋지 않습니다.

무작정 따라하기

알쏭달쏭 회계 퀴즈

▼Q1 다음 기업 중에서 판매비와관리비가 매출원가보다 많이 발생할 것으로 예상되는 곳은 어디일까요?
① 삼성전기   ② 이니스프리
③ 롯데칠성음료   ④ 아이더
⑤ 코웨이

▼정답 ② 이니스프리   ④ 아이더   ⑤ 코웨이

▼해설 삼성전기는 B2B 기업으로, 판매비와관리비 비중이 크지 않습니다.
이니스프리, 아이더, 코웨이는 B2C 기업으로, 유통비와 판매수수료가 많이 발생해 판매비와관리비 비중이 큽니다.
롯데칠성음료는 B2C 기업이지만 유통 구조가 복잡하지 않기 때문에 유통비나 판매수수료 비중이 크지 않습니다.

(단위: 억 원)

구분	삼성전기	이니스프리	롯데칠성음료	아이더	코웨이
매출액	89,094	2,738	32,247	2,435	39,665
매출원가	71,885	1,033	19,893	978	13,950
매출총이익	17,209	1,705	12,354	1,457	25,715
판매비와관리비	10,815	1,602	10,247	1,232	18,402
영업이익	6,394	103	2,107	225	7,313
매출원가/매출액	81%	38%	62%	40%	35%
판매비와관리비/매출액	12%	59%	32%	51%	46%

▼Q2 다음은 4개 기업의 재무상태표 중 일부 계정과목입니다. 재무 구조가 가장 좋은 곳은 어디일까요?

(단위: 억 원)

구분	A사	B사	C사	D사
자산	989	1,307	1,132	3,234
금융상품, 금융자산 등	266	99	59	188
유형자산, 재고자산 등	723	1,208	1,073	3,046
부채	305	736	595	833
단기차입금, 장기차입금 등	90	472	584	327
매입채무, 미지급금 등	215	264	11	506
자본	684	571	537	2,401

▼정답 A사

▼해설 부채보다 자본이 더 큰 기업은 A사와 D사입니다. 특히 D사는 자본이 부채의 3배가량 되기 때문에 부채비율이 낮아 보입니다. 그래서 D사의 재무 구조가 가장 좋아 보일 수 있습니다.

그러나 비영업자산(금융상품, 금융자산 등)에서 차입부채(단기차입금, 장기차입금 등)를 차감해 계산해보면 A사는 176억 원을 보유한 반면, D사는 차입금이 139억 원 더 많습니다.

B사와 C사는 보유한 비영업자산보다 갚아야 하는 차입부채가 월등히 많습니다. 따라서 4개 기업 중에서 재무 구조가 가장 좋은 기업은 A사입니다.

▼ Q 3   제조업을 하는 4개 기업 중에서 분식회계가 의심되는 곳은 어디일까요?

(단위: 억 원)

구분	A사	B사	C사	D사
영업활동현금흐름	10	20	-10	1
당기순이익	-10	1	10	-20

▼ 정답   C사

▼ 해설   A사, B사, D사는 당기순이익(손실)보다 영업활동현금흐름이 큽니다. 감가상각비 때문에 순이익이 작아서 그렇습니다. C사는 10억 원의 순이익이 발생했지만, 영업활동현금흐름은 음수입니다. 순이익을 부풀리기 위해 가공 매출을 했을 가능성이 있어 보입니다.

▼Q4 제조업을 하는 4개 기업 중에서 현금흐름이 가장 좋은 기업은 어디일까요?

(단위: 억 원)

구분	A사	B사	C사	D사
영업활동현금흐름	10	20	30	100
투자활동현금흐름	-2	-10	-20	-75
유·무형자산 취득액	-5	-19	-10	-95

▼정답 C사

▼해설 4개 기업의 잉여현금흐름(영업활동현금흐름-유·무형자산 취득액)은 다음과 같습니다.

- **A사:** 10억 원-5억 원=5억 원
- **B사:** 20억 원-19억 원=1억 원
- **C사:** 30억 원-10억 원=20억 원
- **D사:** 100억 원-95억 원=5억 원

D사는 영업활동현금흐름을 가장 많이 창출하지만 유·무형자산 취득액 규모가 커 5억 원밖에 남기지 못합니다. C사는 D사보다 버는 돈은 적지만 유·무형자산 취득액을 취득하고도 20억 원이나 남습니다. 따라서 C사의 잉여현금흐름이 가장 큽니다.

MEMO